高中学生生涯规划教育实践与探索

曹　钧　栾永祖　主编

吉林大学出版社

图书在版编目(CIP)数据

高中学生生涯规划教育实践与探索 / 曹钧,栾永祖主编 .
——长春:吉林大学出版社,2019.4
ISBN 978-7-5692-4738-1

Ⅰ.①高… Ⅱ.①曹… ②栾… Ⅲ.①高中生—职业选择
Ⅳ.① G635.5

中国版本图书馆 CIP 数据核字(2019)第 087253 号

书　　名:高中学生生涯规划教育实践与探索

GAOZHONG XUESHENG SHENGYA GUIHUA JIAOYU SHIJIAN YU TANSUO

作　　者:曹　钧　栾永祖　主编
策划编辑:朱　进
责任编辑:高欣宇
责任校对:代景丽
装帧设计:美印图文
出版发行:吉林大学出版社
社　　址:长春市人民大街 4059 号
邮政编码:130021
发行电话:0431-89580028/29/21
网　　址:http://www.jlup.com.cn
电子邮箱:jdcbs@jlu.edu.cn
印　　刷:三河市嵩川印刷有限公司
开　　本:787mm×1092mm　1/16
印　　张:16.25
字　　数:260 千字
版　　次:2019 年 6 月　第 1 版
印　　次:2023 年 5 月　第 3 次
书　　号:ISBN 978-7-5692-4738-1
定　　价:65.00 元

《高中学生生涯规划教育实践与探索》

编委会

策　划：姜晓波

主　编：曹　钧　栾永祖

副主编：焦尊怡　徐晓青　于秀英

编　委：于巧红　郑典利　刘治品

参与编写人员：（排名不分先后）

崔　扬　马丽岩　李　笑　姜　禾　杨　钰

马延霞　王晋基　殷巧丽　王　瑛　邢　妮

朱　玲　孙永艳　孙文玲　张　容　公丕亮

王可文　张宇龙　孙　杰　张希玲　李延宾

蔡沅满　闫　娜　刘延玲

目 录

第一篇章

行路致远　砥砺前行

精彩人生　始于规划

古希腊著名思想家、西方哲学的奠基者——苏格拉底说过：没有思索的人生是没有意义的人生。

生涯规划是实现人生意义的前提和基础，因为生涯规划就是对自己的生涯进行思索、规划，进而实现人生的意义和价值。

生涯教育实现每粒种子都萌发、每个生命都精彩！

众所周知，高中阶段是学生世界观、人生观、价值观形成的关键时期，也是他们选择未来人生方向和绘制幸福人生画卷的关键时期。高中学生这黄金三年的主要任务是自我觉察、自我探索与选择方向。在这过程中，他们不断地认识自我、管理自我和规划自我，进而逐渐形成自己的生涯目标。我们作为教育工作者，有责任有义务让学生结合时代发展的需要，根据自己的兴趣爱好、人格特点、能力、价值观，科学地进行自己的人生规划。

随着高考综合改革的稳步推进，高中生拥有了更多的自主选择权——分类考试、综合评价、多元录取，无一不凸显生涯规划教育的重要性。如何让学生在面对多种选择时不迷茫困惑，学会正确选择，是我们高中生涯规划教育面临的最为迫切的问题和最为严峻的挑战。因此，生涯规划教育被推上了教育改革的最前沿。我们龙口第一中学作为区域内重点学校，必须率先走在队伍的最前列。

为更好地适应课程改革和高考改革的要求，有效地开展学生发展指导工作，引导学生正确地进行人生规划，培养和建设一支专业的生涯规划导师和成长导师队伍，切实推动我校教育教学多样化、特色化、专业化，提高学校育人水平，促进学校创新发展，实现立德树人的根本目标。我们秉承“办人

民满意教育　为学生一生奠基”的教育理念，遵循“发展自我、唤醒潜能、科学规划、助力成长”的育人原则，根据《山东省教育厅关于做好普通高中学生发展指导工作的意见》《山东省普通高中2017级学生课程实施指导意见》《山东省深化考试招生制度改革实施方案》《山东省普通高中学业水平考试实施方案》《山东省普通高中学生综合素质评价实施办法》等文件精神，开启了我们的生涯教育探索之路。

自2016年开始，我们龙口一中本着“走出去　请进来”的发展理念，先后派出100多人次骨干教师到上海、浙江学习新高考改革经验，并到杭州、深圳、香港、澳门探取学生生涯教育的思路。

2016年12月，我校与香港胡陈金枝中学缔结国际友好学校。

2017年4月，学校与“教育部中国人生科学学会学生发展指导专业委员会”“北京师范大学教育培训中心”“北京一诺世纪指导力学院”联合开启“生涯规划导师”岗位能力培训项目。

2017年10月，我校专门成立“学生发展指导中心”，拟订了方案、计划、办法等相关文件，组建了以班主任、心理健康教师为主体，专职教师为骨干，学科教师共同参与的生涯规划导师核心团队，为每个学生配备了专职或兼职的生涯规划导师。又与北京林业大学合作开展“学生发展指导及生涯规划教师培训”活动，进一步拓展导师的专业技能。

2018年1月，我校被省教育厅基础教育处，确立为全省8所高中生涯教育实验基地之一，优先与青岛蛙人网络技术有限公司合作，对学生进行多维度标准化职业测评，为学生选课走班提供了有力保障。我校又先后参与了“教育部中国人生科学学会学生发展指导专业委员会”在青岛、北京、西安等地举办的“生涯规划教育与学科融合教学研讨会”。

2018年5月27日，鉴于我校生涯教育的实际效果，我校正式成为全国学生发展指导“全生涯”教育联盟理事单位。作为第一届轮执主席单位，在教育部中国人生科学学会指导下，依托中科院心理研究所等学术权威机构，参与了重点项目的推动工作。一是整合国内外优质教育资源，开展学生发展与生涯教育的学术研究；二是通过科学有效的联盟机制，构建生涯教育优质资源共享平台；三是通过多样化的联盟活动（论坛研讨、课题研究、同课异构、案例征集、互访交流等），推动我国生涯教育科学高效发展。

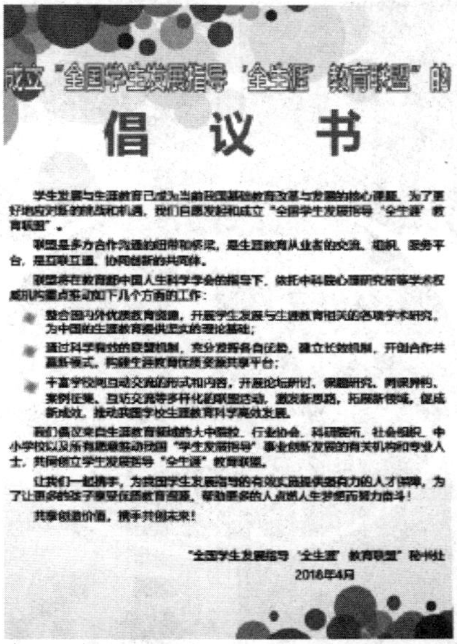

成立"全国学生发展指导'全生涯'教育联盟"的

倡议书

学生发展与生涯教育已成为当前我国基础教育改革与发展的核心课题。为了更好地应对面临的挑战和机遇，我们自愿发起和成立"全国学生发展指导'全生涯'教育联盟"。

联盟是多方合作沟通的纽带和桥梁，是生涯教育从业者的交流、组织、服务平台，是互联互通、协同创新的共同体。

联盟将在教育部中国人生科学学会的指导下，依托中科院心理研究所等学术权威机构重点推动如下几个方面的工作：

- 整合国内外优质教育资源，开展学生发展与生涯教育相关的各项学术研究，为中国的生涯教育提供坚实的理论基础；
- 通过科学有效的联盟机制，充分发挥各自优势，建立长效机制，开创合作共赢新模式，构建生涯教育优质资源共享平台；
- 丰富学校间互动交流的形式和内容，开展论坛研讨、课题研究、同课异构、案例征集、互访交流等多样化的联盟活动，激发新思路，拓展新领域，促成新成效，推动我国学校生涯教育科学高效发展。

我们倡议来自生涯教育领域的大中院校、行业协会、科研院所、社会组织、中小学校以及所有愿意推动我国"学生发展指导"事业创新发展的有关机构和专业人士，共同创立学生发展指导"全生涯"教育联盟。

让我们一起携手，为我国学生发展指导的有效实施提供强有力的人才保障，为了让更多的孩子享受优质教育资源，帮助更多的人点燃人生梦想而努力奋斗！

共享创造价值，携手共创未来！

"全国学生发展指导'全生涯'教育联盟"秘书处

2018年4月

经过一路的实践探索和不懈努力，符合我校教育教学实际的生涯教育体系已初步形成，并取得了一定的阶段性成果。

我校现有专业导师 77 名，每周我们开设一节“生涯教育”课，每月举办一次“生涯教育”大讲堂，每学期开展社会职业体验活动。

迄今为止，我校已课堂实录生涯教育示范课 50 多节，报送“教育部中国人生科学学会学生发展指导专业委员会”和“北京师范大学教育培训中心”作为示范研讨课例。有 8 篇“学生生涯规划优秀案例”报送省教育学会，其中有 2 篇获得一等奖，4 篇获得二等奖。2018 年 4 月，“学

证 书

曾钧同志：

经专家组评审，山东省基础教育科学规划管理办公室批准，您主持申报的课题《学校生涯规划教育与学科教学融合策略研究》列为山东省基础教育科学“十三五”规划 2018 年度立项课题。

课题批准号：SDJG13618136

特颁此证

山东省基础教育科学规划管理办公室

二〇一八年五月十五日

校生涯规划教育与学科教学融合策略研究”课题成功申报山东省基础教育科学“十三五”规划2018年度课题和中国人生科学学会创新教育专业委员会科研规划课题。立足于我校生涯教育实践和教育教学实际的校本教材《高中生生涯规划指导》已成稿。在今年暑假，我们选取了16名优秀导师将教材的24课全部录制，并制作成优秀资源课程。

同时为了整合国内外优质教育资源，搭建学校之间的协同发展，互联互通地共享机制平台，帮助学校有效开展生涯教育，我校拟定与中国人生科学学会携手，联合中科院心理研究所、北京师范大学和南京师范大学等科研院所，共同举办“全国学生发展指导‘全生涯’教育联盟”现场交流会。

新高考评价录取的方式更加多元，学生要结合自己的兴趣特长选择考试科目，这将考验学生的选择能力。学生发展指导就是让学生自主掌握、学会规划自己未来职业、理想的能力，也是选课走班最为核心的前提和基础。基于此并结合教学实际，我们在课程建设中，在生涯规划教育与学科教学融合上进行了大胆的尝试和探索。并专门组建了课题研究小组，定期举行课题实践研讨，分析教学效果，汇集实践经验。已取得了初步的成果。

我们在高一第二个学期末，着重通过学科融合对学生进行生涯规划教育，以此激发学生学科学习的主动性，激活高中阶段乃至今后人生各阶段学习和发展的动力源泉。在日常的课堂教学活动中，每位教师始终坚持把生涯规划教育与学科知识有机融合，以学科教研组为单位进行磨课，开展了“优秀示范课教学”观摩活

动、“优秀融合教学案例”评比活动，并且录制了生涯规划与学科融合的典型教学案例，邀请专家跟踪指导。本书撷取了几篇学科融合优秀案例与大家分享。

时代的召唤，形势的需要，再结合我校学生生涯教育实践和我校教育教学实际情况，我们感到很有编写本书的必要。我们融入自己的思想和智慧。根据学校以及学生的实际情况，依据导师的业务能力和综合素质，创造性地对已有的生涯教育理论进行重组、整合，进而拓展。形式上不拘一格，内容上有所增减。去除不符合实际的，加入自己的探索实践，辅之一些非常实用的素材。因地制宜，因人而异，灵活多变，不离其宗。

本书收纳了我校 15 位优秀生涯导师的 24 个精彩课堂案例，8 个优秀生涯指导实例，10 个生涯规划教育与学科融合课堂案例。这些案例是我们在实践探索旅途中的足迹，也是我们的心血和成果。现在，我们把这些优秀成果编撰成书，旨在提供一本具有研讨性、参考性、实操性的书，给所有的同路人以帮助和启迪。这将为生涯规划导师在进行生涯教育时提供有成效的、有价值的、有意义的参考和借鉴。

古罗马哲学家塞内卡有句名言：“如果我不知道要驶向哪个港口，就没有任何风向适合我。”

一个人若是看不到未来，他就掌握不住现在；

一个人若是掌握不住现在，他就看不到未来。

由于本书编写时间仓促，编写人员的水平所限，难免会有不足和不当之处，恳请不吝赐教。全体编写人员在此表示万分感谢！

生涯教育之路，我们永不止步！

第二篇章

科学规划　不负韶华

第一单元　我就是我

每个人都以独特的方式存在和发展着，为了使自己的生命更加精彩，让我们的生活更富有意义，并能充分体现自我价值，我们高中生需要在学习和生活中认识和了解自我。

我们独特的个性特质和不断完善的价值观体系相互作用，共同构建着与众不同的自我概念，并指导着我们的行为方式，让我们各自的生涯道路日趋坦荡并精彩纷呈。在不断地认识自我、了解自我的过程中，自我定位的觉醒促使着我们不断地进行自我审视和自我追问，从而逐渐走向完善和成熟。

希腊阿波罗神庙的门楣上镌刻着这样一句箴言：认识你自己。千百年来，这句话在时时刻刻提醒着世人众生。虽然我们都知道“知人者智，自知者明”的道理，但是我们有的时候非但不了解自己的缺点和不足，甚至也不了解自己的能力和专长。因此，我们需要重新审视自己，科学、合理地分析自己，为未来的学习和工作生活迈出最重要的第一步。

人生犹如一片汪洋大海，我们每个人就是汪洋中的一条船，人生之舟将驶向何方，我们自己就是那船上决定方向的掌舵人。如何成为一名优秀的舵手，我们首先要知道我们现在是一个怎样的舵手，我们的优势在哪里，我们的劣势又是什么。我们只有扬长避短，才能避开那些急流险滩，驶向成功的彼岸。

本单元我们从高中生的梦想、性格、兴趣、能力、价值观以及未来六个方面进行探索学习。在探索过程中，我们认识到了梦想对“未来的我”的重要意义。唯有那些有目标的学生才有干劲，他们怀揣梦想，劲头十足。他们把“未来的我”也勾画得更为具体、形象。让我们谨记：有梦想才有希望，有希望就有未来。

第一课　我的青春我的梦

——开启梦想之旅

“生活不只是眼前的苟且，还有诗和远方”，高晓松如是说。简单来讲，这句话的意思就是“心怀梦想，脚踏实地”。心怀梦想，放眼人生更高处，才有方向和目标；脚踏实地，俯身做好眼前事，才能变梦想为现实。无梦想，不青春。青春的航船，如果不知道要驶向哪个码头，那么任凭什么风向都不会是顺风。高中生要有自己的梦想，认准了就去做，不跟风，不动摇。光明和希望总是降临在那些真心相信梦想一定会成真的人的身上。本节课我们要让学生了解梦想的重要性，更要帮助他们掌握探索梦想的方法，进而让他们知道实现梦想的基本条件。为了我们的无悔人生，开启我们的梦想之旅吧！

优秀教学案例　生涯规划导师　于巧红

<table>
<tr><td>课　题</td><td>第一课　我的青春我的梦——开启梦想之旅</td><td>1课时</td></tr>
<tr><td>教学目标</td><td colspan="2">1. 了解梦想的重要性；
2. 思考梦想的定义和实现梦想的基本条件；
3. 掌握探索梦想的方法。</td></tr>
<tr><td colspan="3">教学过程
一、课堂导入
同学们：欢迎你们的到来！祝贺你们开启人生的新一段旅程！龙口一中将成为你们梦想起航的地方！
高中阶段是学生世界观、人生观和价值观形成的关键时期，也是学生选择未来人生发展方向的关键时期。我省已步入“新高考时代”，新的招考方案，将考验同学们的选择能力，学生发展指导就是让同学们自主掌握、学会规划自己未来职业、理想的能力，也是选课走班最为核心的前提和基础。因此学生的发展指导工作提到了新的高度，“生涯规划”课程亦将成为中学生的必修课和高中学校的重要课程。</td></tr>
</table>

续表

二、明确学习目标

1. 了解梦想的重要性；

2. 思考梦想的定义和实现梦想的基本条件；

3. 掌握探索梦想的方法。

课件出示本节课的三大学习目标，并进行简单介绍。

三、梦想的重要性

1. 观看《星空日记》短片，思考现实与梦想哪个更重要？为什么？

看完短片后教师用短片中一句话回答这个问题："不是现实支撑了梦想而是梦想支撑了现实。"并请同学们各抒己见。

2. 通过小组活动"回想身边梦想成功人士"，进行以下思考：

（1）这些实现梦想的成功人士有哪些共同点？

（2）如果想实现梦想应该具备哪些条件？从而进一步强调梦想的重要性。

3. 教师总结实现梦想的人士所具备的共同特点：

兴趣、毅力、勇气、能力、行动等。

四、思考梦想的定义和实现梦想的基本条件

1. 请同学们用一句话概括梦想（头脑风暴）。

2. 思考梦想实现的基本条件。

通过问题引导学生思考梦想要想实现需要具备哪些条件？

三大条件：第一，做我喜欢做的事情；

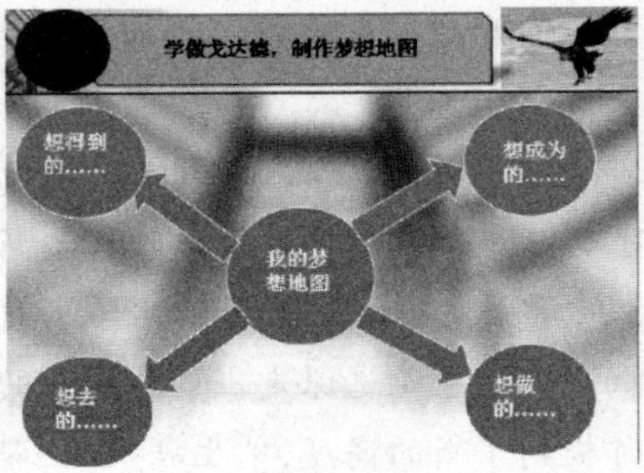

第二，做我能做好的事情；

第三，做有价值的事情。

五、探索梦想的方法

介绍两大探索梦想的方法。

1. 制作梦想地图

以伟大梦想实现家约翰·戈达德为例，介绍梦想地图的制作方法并给出模板，制作梦想地图可以从多维度进行，并且可以根据自己的需要增加或减少维度，从而对自己的梦想进行初步探索。

续表

2. 制作梦想列表

在绘制梦想地图的基础上，通过填写梦想列表的方式详细罗列梦想，并以导师自身为例，先列出梦想列表，为学生提供参考。

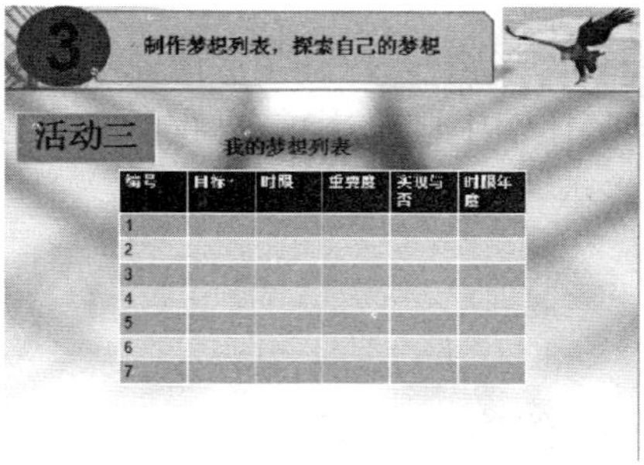

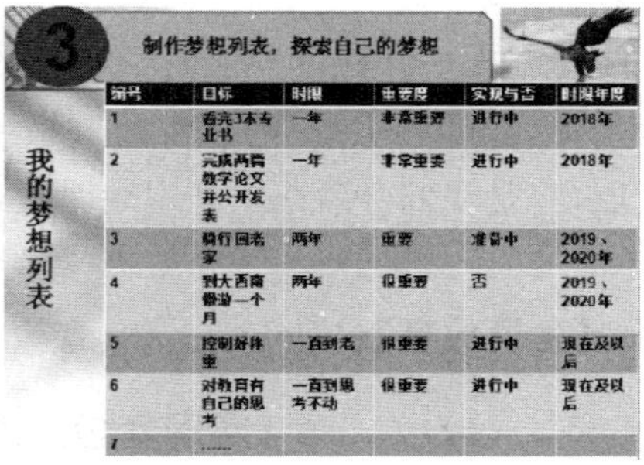

六、课堂总结

每个人都有自己的梦想，梦想是美好的，是对现实的支撑，是我们生活的方向，愿大家怀揣梦想，过好每一天。最后祝大家梦想成真！

教学准备

教学活动需要准备的资料、材料（多媒体、表格、挂图、调查表、画图笔等）及提前印发的梦想地图、梦想列表、画图笔、双面贴。

注意事项	1. 突出学生的主体地位； 2. 激发学生的参与热情。
课后探究（调查、访谈、体验等）	访谈两位身边实现梦想的人士，了解他们的梦想以及梦想实现的过程，并总结他们的成功经验。

【课后反思】

本课为生涯规划课程的开篇，学生大都怀着好奇、期待的心情望着授课教师，因此课堂开头不能呆滞死板。此外，再结合学生刚升入高中的情况，所以在开始我进行了一个亲切的欢迎仪式，调动起学生的情绪后，自然过渡到高考改革和由此而设置的生涯规划课程，对这两部分内容逐一进行了介绍。我认为“生涯规划”课程与高考改革的关系应该讲得详细透彻些；在成功人士实现梦想所具备的条件上，应该给学生充足的时间讨论、总结，而不是更多地给出导师的观点，这样才能给予学生更多的思维探索乐趣，充分体现以“学生为主体”。本节课总体上学生体验感较强，参与度较高，师生互动较多，大多数学生能在导师梦想列表的引导下，用心探索自己的梦想，列出自己的梦想清单。

生涯规划课程更多强调的是学生自己的探索与参与，是最能体现“学生为主体，教师为主导”的学生发展指导课。让学生自我认知、自我探索、自我发展，将是我们今后在生涯规划课程教学中不懈坚持的原则。

【生涯故事】

实现梦想的人——约翰·戈达德

约翰·戈达德，世界上最伟大和著名的人类学家、探险者和冒险家之一，1924 年 7 月 29 日出生于美国犹他州盐湖城。在一个雨天的下午，他坐在洛杉矶家中的饭桌上，满怀雄心壮志地在黄色便条的顶端写下了“My Life List”（我的生命清单）。在这个标题下他写下了人生的 127 个目标。从此，他开启了古往今来最伟大的探险家和目标实现者的传奇生涯。迄今为止，他已经完成了其中的 110 个。他的梦想可不简单，包括了攀越世界上的主要山峰，探险世界著名大河，在 5 分钟内跑完一英里（1609.344 米），阅读完莎士比亚全集以及《不列颠百科全书》等。

第二课 我的性格自画像

——不一样的烟火

性格是生涯发展的基石，它对我们的学习、人际交往以及未来职业的选择等方面都会产生重要的影响。杰克·霍吉在《习惯的力量》中说："性格决定命运"。诚然如此，性格不但会决定命运，性格也能主宰人生。不过，性格本身并无优劣之分，只要我们应用得好，将性格优势的一面表现出来，就会做好自己想做的事，也能成为自己想成为的人，进而拥有自己想拥有的人生。只有了解自己的性格类型和不同类型性格的价值，以及性格与职业之间的关系，我们才能扬长避短，实现个人特质与职业特征的完美匹配，让我们各自的生涯道路日趋坦荡，让我们的人生更加精彩纷呈，最终实现自己的人生梦想。

优秀教学案例 生涯规划导师 崔 扬

<table>
<tr><td>课　题</td><td>第二课 我的性格自画像——不一样的烟火</td><td>1 课时</td></tr>
<tr><td>教学目标</td><td colspan="2">1. 了解自己的性格类型；
2. 了解不同性格的价值；
3. 了解性格与职业之间的关系。</td></tr>
<tr><td colspan="3">教学过程
一、课堂导入
英国哲人查尔斯曾说过：播下一种思想，收获一种行为；播下一种行为，收获一种习惯；播下一种习惯，收获一种性格。美国畅销书作家杰克·霍吉说过：思想决定行为，行为决定习惯，习惯决定性格，性格决定命运。这两位名人都说到了"性格"的重要，今天我们就来探索一下性格的奥秘。
二、教学目标
1. 了解自己的性格类型；
2. 了解不同性格的价值；</td></tr>
</table>

续表

3. 了解性格与职业之间的关系。 三、课堂活动 1. 列举四大名著中主要人物的不同性格，并用事例加以说明。如《红楼梦》中的林黛玉、《三国演义》中的曹操、《西游记》中的唐僧、《水浒传》中的李逵的不同性格。通过性格描述，教师让学生猜出人物是谁。这四个人物其实不难区分，因为他们性格迥异。如果说相貌是区别人的外在特征，那么，性格就是区别人的内在特征。 2. 性格猜猜猜 导师表演特征，学生猜测性格。 遇事总喜欢自己动手，自己思考，自己的事情自己做——独立。 考试时总不细心，简单的题目容易出错——马虎。 自己做错的事勇于承认——诚实。 特别胆小，课堂上不敢举手发言——胆怯。 3. 我来猜同学 4. 日常生活中我们接触的性格特点还有很多，一起看看吧！（课件出示其他的性格特点） 5. 性格自画像 在生活中，每个人身上往往既有某种性格的优点，也有某种性格的缺点。难怪人们常说："世界上没有两片完全相同的树叶，也没有性格完全相同的两个人，每个人都有自己独特的性格特征。"首先让我们先来认识一下自己吧！ 请从黑板的这些词汇中挑选出最能表述自己性格特征的词。如果你认为自己的一些性格特征在上面的词汇中没有体现出来，也可以自己说说。 接下来认识一下同学眼中的自己。 6. 性格访谈 要求： （1）现场采访时间为 3 分钟，请你至少采访三个人。 （2）采访内容为：谁是你最喜欢的人？她（他）有什么性格特点？ （3）采访后请小组讨论：受人欢迎的人共有的性格特点有哪些？ 从上面的访谈可以看出：性格上的优点不仅可以使我们成为受欢迎的人，还能为我们多一把开启成功大门的钥匙。

续表

<table>
<tr><td colspan="2">
7.MBTI 的理论基础来源于瑞士心理学家荣格（Carl Jung）的有关知觉、判断和人格的性格理论。由美国的布莱格斯（Briggs）和她的女儿迈尔斯（Myers）共同研究发展为性格测试工具。让学生从四个维度上来分析自己的性格类型，并引出所对应的职业类型，为学生以后进行职业选择提供一定的方向。

8. 性格咨询室
通过洪战辉的故事，让学生谈感想，并说明性格的重要性。
好的性格会成就我们的美好人生，但性格的弱点将会影响我们的学习、生活，甚至人生的成败。由此看来，从小养成良好的性格尤为重要，所以请赶快进入我们的“性格咨询室”吧。
9. 我们帮帮他
老师这里有个同学需要你们的帮助：明明是个 12 岁的男孩，读三年级以前，同学们都喜欢和他一起玩，因为他对人热情，大方。可慢慢地大家发现：他脾气有些暴躁，碰到同学开玩笑特别容易发怒，于是大家开始疏远他。他十分苦恼，我们大家能给他一些建议吗？（头脑风暴）
四、课堂总结
由于今天课堂时间有限，回家后请同学为自己性格弱点开“药方”。但更重要的是落实在你们的行动中。同学们，克服自己性格的弱点，我们的生活才会更健康、更快乐。让我们一起“播种行动，收获习惯；播种习惯，收获性格；播种性格，收获人生”。
</td></tr>
<tr><td colspan="2">
教学准备
教学活动需要准备的资料、材料（表格、挂图、调查表、画图笔等）及多媒体课件，调查表，MBTI 分析表。
</td></tr>
<tr><td>注意事项</td><td>1. 要注意对自己的性格有正确的认识；
2. 为自己制订未来的职业目标。</td></tr>
<tr><td>课后探究（调查、访谈、体验等）</td><td>1. 访谈两个自己熟悉的具有不同性格、从事不同职业的人，了解他们对自我性格与职业之间的关系；
2. 深度思考性格和职业之间的关系。</td></tr>
</table>

【课后反思】

课后，我试着去了解班里几个“特别学生”，他们的回答让我很欣慰。他们有的说：“以前我总是认为别的同学都很优秀，今天这堂课让我懂得：其实他们也有自己的缺陷，我也有自己的优点”；有的说：“您让每一位学生都必须上台表达，从没上过讲台的我有了第一次尝试，也就拥有了一分喜悦。其实站在讲台上说话也很简单，并没有我想象中的那么令人恐惧”；还有的说：“我认识到人要充满自信、勇于尝试，这对于生活很重要！”这堂课的成功之处在于让学生们明白了“尺有所短，寸有所长”。诚然，青春期的孩子们是有可塑性的，尤其在性格方面，只要他们愿意，就会朝着理想的目标不断完善。

【生涯故事】

不被父亲看好的文学家——卡夫卡

19世纪末，在布拉格的一个犹太家庭里降生了一个男孩。随着男孩一天天长大，父母发现他虽为男儿身，却没有半点男子汉气概。他性格十分内向忧郁，也非常敏感多虑。男孩的父亲竭尽全力，想让他具有宁折不弯、刚毅勇敢的性格；想把他培养成一个无畏坚强、英姿勃发的男子汉。然而，在父亲粗暴严厉的培养下，他的性格不但没有朝着父亲期望的方向发展，反而更加内向沉默，懦弱自卑。他从根本上丧失了自信心，以致生活中的每一个细节、每一件小事对他而言都是一个不大不小的灾难。他在惶惑中长大，常常独自躲在角落里，小心翼翼地察言观色、猜度周遭。这样性格的孩子，如果让他去当兵，去冲锋陷阵，也许部队还没有开拔，他就当逃兵了；如果让他去从政，让他凭借勇气和决断力从各种纷繁复杂的矛盾冲突中找到一种平衡妥当的解决方法，那更是幻想。然而内向忧郁、敏感多虑的性格使他对世界、对人生、对命运，有着更尖锐、更敏感、更深刻的思索，因而他给我们留下了许多不朽的文学巨著，像《变形记》《城堡》，等等。他就是蜚声世界、闻名遐迩的捷克文学家——卡夫卡。

第三课　因为热爱所以卓越

——我的兴趣成就我

“知之者不如好之者，好之者不如乐之者”。如果我们自发地对某些事物念念不忘，心驰神往，并从中体验到乐趣和满足；如果我们专注于它的时候，不知疲倦，甚至废寝忘食，这就是我们的兴趣所在。兴趣是建立在需要的基础上，是带有积极情绪色彩的认知和活动倾向。当我们从事感兴趣的活动时，就会乐在其中，乐此不疲。著名的兴趣测量专家爱德华说过：“兴趣是一艘船的舵，它决定着一个人的生涯发展方向”。对于我们高中学生而言，兴趣对我们的学科学习、职业选择以及幸福人生都意义重大。请谨记：兴趣是学习的发动机，是职业选择的原动力，是人生幸福感的源泉。

优秀教学案例　生涯规划导师　马丽岩

课　题	第三课　因为热爱所以卓越——我的兴趣成就我	1 课时
教学目标	1. 了解职业兴趣的意义和重要性； 2. 了解自己的职业兴趣类型； 3. 了解兴趣与职业之间的关系。	
教学过程 一、课堂导入 同学们都知道这样一句话——兴趣是最好的老师。因为兴趣是我们对某些事物的偏好和热爱，当我们热爱某个事物时，我们就会在从事它的时候体验到乐趣，即使长期从事，也不会感到烦、累。我们不仅会乐此不疲，更会因为对它的热爱而创造卓越。不同的人有不同的兴趣，这堂课上，我们就来认真思考和探索一下自己的兴趣所在。 二、课堂活动 首先利用“我擅长的活动”，让学生在自己擅长的活动中进行标记。展示对应的 6 个职业兴趣类型的英文字母，让学生记住自己的代码。随即开展“我的兴趣岛”活动。		

续表

A:美丽浪漫的岛屿,岛上有美术馆、音乐馆,弥漫着浓厚的艺术文化气息。同时,当地的原住民还保留了传统的舞蹈、音乐与绘画,许多文艺界的朋友都喜欢来这里找寻灵感。 S:温暖友善的岛屿,岛上居民个性温和、十分友善、乐于助人,社区均自成一个密切互动的服务网络,人们多互相合作,重视教育,弦歌不辍,充满人文气息。 E:显赫富庶的岛屿,岛上的居民热情豪爽,善于企业经营和贸易。岛上的经济高度发展,处处是高级饭店、俱乐部、高尔夫球场。来往多是企业家、经理人,政治家、律师等。 C:现代井然的岛屿,岛上建筑十分现代化,是进步的都市形态,以完善的户政管理、地政管理、金融管理见长。岛民个性冷静保守,处处有条不紊,善于组织规划。 R:自然原始的岛屿,岛上保留有热带的原始森林、自然生态保护甚佳,也有相当规模的动物园、植物园、水族馆。岛上居民以手工见长,自己种植花果蔬菜、修缮房舍、打造器物、制作工具。 I:深思冥想的岛屿,岛上人迹较少,建筑物多僻处一隅,适合夜观星象,岛上有很多天文馆、科博馆以及科学图书馆等。岛上居民喜好沉思,喜欢与来自各地的哲学家、科学家、心理学家等交换心得。 让学生阅读活动资料里的6个不同的岛屿并思考如下问题: 1. 选择自己喜欢的岛屿。 2. 如果这个岛屿住满了,你会选择哪个? 3. 最不想去的岛是哪一个? 分组登岛 1. 白纸上写上自己的岛名、座右铭或口号。 2. 在自己岛上最想做的事。 3. 喜欢哪个岛的岛民,不喜欢哪个岛? 为什么? 三、学生展示、导师点评 各组发表整理完的内容,教师进行适当点评,要明确指出:没有好的类型和差的类型,只是存在不同的价值而已。提示同学们:测评只是了解自己的有效工具,但并不能盲目信任测评的结果,也不要因为测评结果与自己的想法有出入而失望。

续表

<table>
<tr><td colspan="2">四、导师讲授
导师讲授每种兴趣类型的特点、代表人物和典型职业。
R 岛常见行业和职位：技术性行业工作人员、工程师、机械师、运动员、特技演员、园丁、厨师；
S 岛常见行业和职位：教师、护士、社工、学校辅导员；
A 岛常见行业和职位：编辑、作家、音乐人、演员、艺术家、手工艺人；
C 岛常见行业和职位：公务员、行政、财务、秘书；
I 岛常见行业和职位：计算机编程员、机械师、自然科学家；
E 岛常见行业和职位：企业家、销售管理、市场营销。
并分析每种兴趣组合与未来职业领域的关系。
五、课堂总结
通过本节课，同学们了解到职业兴趣和意义的重要性，了解自己的职业兴趣类型以及兴趣与职业之间的关系，这有助于我们进一步明确自己在学业、专业、职业以及休闲等领域的选择和投入。兴趣的探索对我们意义非凡。</td></tr>
<tr><td colspan="2">教学准备
教学活动需要准备的资料、材料（表格、挂图、调查表、画图笔等）及画图笔、白纸、双面贴。</td></tr>
<tr><td>注意事项</td><td>1. 调动学生的积极性；
2. 强调霍兰德理论违背人的发展性。</td></tr>
<tr><td>课后探究（调查、访谈、体验等）</td><td>根据你的兴趣和心仪的职业，查找探究这些职业有什么样的要求。</td></tr>
</table>

【课后反思】

兴趣是最好的老师，想要深度挖掘学生的兴趣，首先要做的是让他们感觉到我们的亲和力，能够毫无保留地与我们做各种活动并积极回答问题，这样才能确保我们生涯规划的有效性。所以我认为应当用朋友的语气、态度来完成类似的课程，避免出现传统学科教学中老师与学生出现的距离感。其次，关于活动的设计，我是依据霍兰德兴趣岛的方式进行的，相对来说更科学，但其中霍兰德理论忽略了人的发展性。兴趣并不是一成不变的，这也要求我们在课堂上必须要和同学们讲清楚，以免学生在以后的日子里因为兴趣的冲突而迷茫。再次，本节课列举的职业还相对比较粗略，有些职业学生们可能从来没有接触过，甚至闻所未闻，这就需要我们在以后的教学中选择更大众化的职业或者改进一下内容，这样会更好地贴近生活，让学生感到更真实。

【生涯故事】

从“清华学子”到“音乐诗人”—— 李健

兴趣是最好的老师，这句话在“音乐诗人”李健身上被诠释得淋漓尽致。李健，我们眼中的“音乐诗人”，正是对音乐的这份执着的热爱，成就了他的精彩人生。

1993 年，上高三的李健参加了清华大学面向全国文艺爱好者举办的冬令营。在活动中他以一首《说句心里话》获得了全国第一名，为高考加了 50 分，最终被保送进入清华大学电子工程系。然而，成功实现“清华梦”的李健发现，在清华大学这个人才济济、高手如云的地方，自己在高中的优越感荡然无存，当年叱咤风云的“学霸”，转瞬沦为每天为通过考试而疲惫不堪的无名小卒。在困惑、迷茫中只有最心爱的音乐能给他以慰藉。清华毕业之后，李健为了解决北京户口，就职于广电总局任网络工程师，然而对音乐的热爱，召唤着他最终听从了自己内心的声音，放弃了“铁饭碗”，自主创业，成立了“水木年华”。他的首张专辑《一生有你》一发布就获得了“第 8 届全球华语音乐榜中榜神州音乐”特别推介奖、最受欢迎新人奖，从而开启了他的精彩音乐人生。

不错，就是兴趣的指引让他在音乐里如鱼得水，创作了一首又一首经典的歌曲，像王菲演唱的《传奇》，2013 年春晚和孙俪合唱的《风吹麦浪》，以及受邀为吴宇森执导的史诗爱情《太平轮》创作的推广曲《假如爱有天意》，都大获成功。

李健的故事诠释了我们本课的主题——因为热爱所以卓越！

第四课　天生我材必有用

——我有我精彩

能力是一种能够直接影响我们的活动效率，促使我们的活动顺利完成的个性心理特征。有时候我们会感到茫然：我有什么能力？这件事我能不能干得好？不同的人有不同的擅长领域和能力特长，正所谓"尺有所短，寸有所长"，没有谁是一无是处的，也没有谁是完美无缺的。因为，每个人都拥有不同的智能优势组合，单纯与其他人比较某一个方面的能力优势是没有意义的。多元智能理论为同学们能够积极、客观地认识自己的能力提供了更为科学而宽广的视角，也可以帮助同学们寻找到更适合自我发展方向的职业选择和生活空间，帮助大家在相关领域中取得更为突出的成就。

优秀教学案例　生涯规划导师　李　笑

课　题	第四课　天生我材必有用——我有我精彩	1 课时
教学目标	1. 了解职业能力的意义和重要性； 2. 探索自己的能力优势； 3. 了解能力与职业之间的联系。	
教学过程 一、课堂导入 从学生了解的智力商数即平时所说的 IQ 引入话题，向学生抛出问题"IQ 是由什么测得的"，引出传统的智力商数是由语言能力和逻辑能力测得的，而这样显然是不公平的，故抛出问题"怎样才算公平"，由此引出了多元智能理论。		

续表

二、导师讲授 (1)介绍多元智能理论的理论背景 美国哈佛大学心理学教授加德纳认为:从基本结构上来讲,人的智力不是一种能力而是一组能力。也就是说人的智力不是单一的而是多元的,分别有:语言智能、数学逻辑智能、运动智能、空间智能、人际智能、内省智能和自然智能。八种智能不存在谁优谁劣,都具有自己独特的展现形式。这八种智能,在我们每个人身上都存在,只是不同的人有不同擅长的能力组合。 (2)解释智能的定义,即:智能,是智力和能力的总称。 (3)介绍多元智能理论的八个智能,以及每种智能所适合的职业,并举出例子。 例一:语言智能 语言智能即口头及文字表达能力。擅长语言智能的人,往往善于表达自我、描述事件,拥有较强的沟通能力。作家、演说家、记者、主持人、律师等职业的人,这种能力表现得更加突出。 例二:数字逻辑智能 数字逻辑智能善于运用数字和逻辑推理,喜欢提出问题并探索答案,喜欢对事物量化、归类、分析。适合从事研究性的工作。 例三:运动智能 运动智能发达的人善于用肢体语言来表达自己内心的想法和感受。动手能力强,喜欢户外活动。一般舞蹈演员、运动员、外科医生以及一线操作工人都比较擅长运动智能。 例四:空间智能 空间智能发达的人对色彩、线条、形状、空间的敏感度很高。他们擅长感受和记忆物体间的空间关系,并借此表达思想及情感,他们擅长图像思考和记忆。空间智能又可以划分为形象空间和抽象空间。画家擅长形象空间智能,而钻研几何学的人,擅长抽象空间。我们常见的建筑设计师,则需要形象思维和抽象思维都具备。 例五:音乐智能 音乐智能发达的人主要指能敏感地感知音调、旋律、节奏和音色的能

续表

力。作曲家、乐师、指挥家、歌手、乐评人等等都是音乐智能突出的人。 例六：人际智能 人际智能发达的人主要是指能够很好地与人相处以及交往的能力。组织能力、协调能力、分析能力以及善于体察他人的能力，都是人际智能的表现。外交官就需要突出的人际智能。 例七：自然智能 自然智能强的人在农业研究、动植物的观察研究方面有着出色的表现。 例八：内省智能 内省智能发达是一个人情商高的体现。内省智能突出的人，对自己有清晰的认知与判断，能够认识到自己的不足与优势，善于把握自己的情绪，对自己的生活有规划、自律，喜欢深入地思考和独立工作。内省智能突出的人喜欢做哲学、政法、历史和心理方面的研究。 三、课堂活动 给出几个知名人物，一起讨论他们的哪一项智能较强。 四、反观自己 判断出自己的哪个智能更为强势，如果你想知道自己到底哪个智能擅长，你可以回想让你觉得自己最有成就感的一件事。找个人与他分享事情的起因、经过、结果以及你在完成过程中的困难和挑战，而你又是怎么克服的以及你最后取得的成就。反思，在这个事情上，体现了你哪方面的智能呢？ 在这个世界上，每个人擅长的领域是不同的，没有谁比谁好，只是方式不同。当我们认识到这些的时候，取长补短，把我们的优势充分地发挥出来，才能使我们在专业学习和职业工作中，发挥我们的最大价值，体验到工作给我们带来的价值感与成就感。 五、课堂总结 在这个世界上，每个人擅长的领域是不同的，没有谁比谁好，只是方式不同。当我们认识到这些的时候，取长补短，把我们的优势充分地发挥出来，才能使我们在专业学习和职业工作中，发挥我们的最大价值，体验到工作给我们带来的价值感与成就感。如果把人的生涯发展比作一艘在

续表

<table>
<tr><td colspan="2">海中行驶的船，能力就像是发动机的引擎，它会决定船的航行速度，如果我们能发现自己的优势，并结合它规划未来的生活，它将成为人生航行的加速器。</td></tr>
<tr><td colspan="2">教学准备
教学活动需要准备的资料、材料（表格、挂图、调查表、画图笔等）及多媒体课件。</td></tr>
<tr><td>注意事项</td><td>1. 不能轻易反驳学生的理解；
2. 不轻易对学生的能力进行评价；
3. 不能对学生的兴趣进行负面抨击；
4. 多鼓励以取得良好的效果，激发学生的自信心。</td></tr>
<tr><td>课后探究（调查、访谈、体验等）</td><td>1. 调查几个学生对于自身所具备智能的了解；
2. 带领学生体验自己的理想职业。</td></tr>
</table>

【课后反思】

在“我的能力”这节生涯规划课的教学过程中，导师的主要目的是让学生理解智能以及多元智能理论中所提到的八项智能，并能够理解多元智能理论在生涯规划中的作用，搭建兴趣与职业之间的能力这架桥梁。通过对四个耳熟能详的名人所具备的智能进行的分析，锻炼了学生将职业与八项智能联系起来的能力。最后通过女排队长朱婷的分析，让学生知道：能力是可以锻炼的。我们不能将学生的能力一票否决，而是应该鼓励他们努力学习，从而进行能力的提升，以获得将来从事自己喜爱的职业的优秀能力。

不足之处是：在教学过程中，活动较少，课堂缺乏生动性以及师生互动。

【生涯故事】

做最好的自己——李开复

李开复，十一岁留学美国之后，一直在美国成长。1972 年，他进入了美国哥伦比亚大学学习“政治科学”专业。然而两年的学习让他知道自己的能

力并非在政治方面。学习的枯燥经常让他在课堂上昏昏欲睡，学习成绩也不尽如人意。但是，他发现他在选修的计算机课上，有着惊人的天赋和能力，往往是别人还在苦思冥想如何写出程序时，他早就把程序写完而无事可做、怡然自得。因此，在大学二年级时，他自己做出了一个惊人的决定——“转系。”这意味着他将从一个全美排名第三的专业转到一个毫无名气可言、前途并不明朗的专业。但是，他内心的声音告诉他，他具备计算机方面的能力，一定会在这个领域中有所成就。这个决定，改写了他一生的轨迹。

多年以后，李开复说：“若不是那个决定，我今天就不会取得在计算机领域如此之大的成就，而很可能只是在美国某个小镇上，做一个既不快乐，也不成功的律师。”

第五课 人生航标的指引

——我的价值观

“在殿堂和田垄间，你选择后者，脚踏泥泞，俯首躬行，在荆棘和贫穷中拓荒。洒下的汗水是青春，埋下的种子叫理想，守在熟悉耕耘的大地，静待收获的时节”。这段颁奖词是对心系乡村，服务于基层的“大学生村官”秦玥飞价值观的最好诠释。

价值观影响着一个人对生活或工作的选择，它因人而异，是指向我们内心最重要的观念，是判断是非曲直、权衡得失利弊的天平，也是我们决定行为和方向的驱动器。由于生命的曲折、环境的变化，以及自身的不断发展，在不同的生涯阶段，价值观也可能发生变化。高中生如果不清楚自己的生命价值，不思考自己生命的意义，在面对生涯的挑战和抉择时，难免会感到迷茫和困惑、犹豫与彷徨。本课的目标就是要让学生树立正确的价值观，会正确选择，因为“我的人生我做主”！

优秀教学案例　生涯规划导师　姜　禾

课　题	第五课　人生航标的指引——我的价值观	1课时
教学目标	1. 职业意义与价值观; 2. 职业价值观澄清; 3. 职业价值观与选择。	

教学过程

一、课堂导入

价值观是什么？价值观是指一个人对周围的人、事、物的意义的重要性的总评价或态度。在生活中面临同一个问题的时候，不同的人会给出不同的答案，而不同的选择会造就不同的人生。价值观指向我们内心最重要的观念，是判断是非曲直的标尺，权衡利弊的天平，它的重要性不言而喻。今天我们来认真审视一下我们自己的价值观。

二、教学目标

1. 职业意义与价值观；

2. 职业价值观澄清；

3. 职业价值观与选择。

三、职业之辨

1. 通过对古籍修复师、中药学家、京剧服装师、小学班主任、村党支书记、宿舍服务员等，这几个职业的认识，引出如下问题：

假设右侧工作你能胜任，你愿意干什么？不愿意干什么？小组交流并讨论，然后找几个小组来分享。

2. 让同学们了解到关于这个职业的优秀人物(刘建刚、屠呦呦、郭春慧、陈慧、石磊、袁苏妹)，以及他们的典型事例，让同学们知道职业价值观的意义所在。从而引出一个问题：他们为什么坚持做而且还满意？请几位同学分享，从而引出了职业意义的重要性。职业意义是一种重要的心理表征，它代表一个人是以这种观点来工作的。让同学们了解到职业意义的重要性，而价值观则是意义的中心。价值观带来目的感，像星星一样指引个人去到生命空间内的某些地方，那里是意义的中心，需要得到满足的地点，兴趣得以表达的场所。

续表

<table>
<tr><td colspan="2">四、我的理想职业
在理想的工作中，你最看重或最想要的是什么？
请几位同学交流其想法。然后带领同学们针对这几位同学的想法进行分析。在为自己做职业生涯规划之前，一定要清楚和明确自己的价值观和职业价值观。价值观和职业价值观决定了哪些因素对你是重要的，哪些是不重要的；哪些是你优先考虑和选择的，哪些不是。
五、理想的工作能使自己怎样
施展才干、提高行业的世界竞争力、得到他人羡慕、与家庭生活不冲突、发挥创造性、解决凸显的社会问题等。小组讨论并分享，然后带领同学们再次分析应该考虑的因素。
第一，发展因素。包括符合兴趣爱好、机会均等、公平竞争、工作有挑战性，能发挥自身才能；
第二，保障因素。包括工资高、福利好、职业稳定、工作环境舒适、交通便捷，生活方便等等；
第三，声望因素。主要指社会地位和影响力。
六、明确职业价值观的功能
处理好职业价值观与个人兴趣和特长的关系。
七、通过一个选择让同学们深入了解自己的价值观偏向（成就实现、名利追求、家庭维护、社会促进）
八、课堂总结
学生对价值进行取舍的时候会比较艰难，价值观的澄清并不是一劳永逸的事情，现在认为重要的，几年以后也可能会发生变化，这些都是正常的。重要的是从现在开始，在生活和学习中，有意识地去关注自己内心的期待，了解我们生活的环境中大家所提倡和认可的价值观念，从而不断完善自己的价值观体系。</td></tr>
<tr><td colspan="2">教学准备
教学活动需要准备的资料、材料（表格、挂图、调查表、画图笔等）及多媒体课件。</td></tr>
<tr><td>注意事项</td><td>1. 积极引导学生树立正确的职业价值观；
2. 让学生明白价值观没有好坏之分。</td></tr>
</table>

续表

课后探究（调查、访谈、体验等）	通过调查得知学生们对于自己未来职业的正确认识。

【课后反思】

在教学过程中应细化各个环节，如：第一，发展因素。包括符合兴趣爱好、机会均等、公平竞争、工作有挑战性、能发挥自身才能；第二，保障因素。包括工资高、福利好、职业稳定、工作环境舒适、交通便捷、生活方便，等等；第三，声望因素。包括单位知名度、单位的规模、单位的职能、行政级别和社会地位等等。

然后通过一个选择让同学们深入了解自己的价值观偏向（成就实现、名利追求、家庭维护、社会促进）哪个方面。最后进入第三板块：明确职业价值观的功能。要正确处理好职业价值观与个人兴趣和特长的关系。职业价值观、个人兴趣和特长是人们在择业时需要考虑的最重要的三个因素。要考虑它是否与自己的兴趣和特长相适应。据调查，如果选择了自己喜欢的工作则可以充分调动人的潜能，获得职业发展的源动力。选择一项自己擅长的工作，也会事半功倍。

【生涯故事】

黑土麦田守望者——秦玥飞

秦玥飞，耶鲁大学毕业，现任湖南省衡山县福田铺乡白云村村干部、黑土麦田公益（Serve for China）联合发起人。大学毕业时，秦玥飞选择回到祖国农村服务。

2011 年，秦玥飞到衡山县贺家乡任“大学生村官”，为当地改善水利灌溉系统、硬化道路、安装路灯、修建现代化敬老院、为乡村师生配备平板电脑、开展信息化教学……2013 年他被评为央视“最美村官”，立个人一等功一次。2014 年服务期满，秦玥飞认为“输血”

并非最可持续的乡村发展模式，所以他放弃提拔机会，转至白云村续任大学生村官，用“造血”建设乡村。他带领村民创办农民专业合作社发展山茶油产业，通过创业创新为当地创造可持续发展动力。为吸引更多优秀人才服务乡村，秦玥飞与耶鲁的中国同学发起了“黑土麦田公益”项目，招募支持优秀毕业生到国家级贫困县从事精准扶贫和创业创新，得到当地政府与村民一致好评。这就是“黑土麦田守望者”的价值观最好的诠释，也是他精彩人生的无悔选择。

第六课 我的人生我做主

——未来，为我而来

所有的努力和探索，都是为了我们能拥有精彩人生和灿烂未来。我们的未来会怎样？未来的我们又将会是什么样？只要我们做好自己的生涯规划，选择好自己的发展方向，为自己的人生做主，未来，定会为我们而来。

第六课是本单元的最后一课，在此，我们很有必要对本单元做一个总结。通过整个第一单元的探索和学习，学生们对自己的特质、性格、兴趣、能力，以及价值观都有了一定程度的认知。而下一个单元就要进行“了解职业”的学习和探索。因此本课既是对本单元的总结概括，又是下一单元的延展和深入。本课要通过学生自我认识的提高，制作自己30年后的名片，从而激发他们对未来理想职业的向往，增加其向梦想迈进的动力。

优秀教学案例 生涯规划导师 杨 钰

课 题	第六课 我的人生我做主——未来，为我而来	1课时
教学目标	1. 对第一单元“了解自我”的内容做个总结； 2. 将自己的梦想和自己期望的职业联系起来； 3. 通过舞台剧的形式提高学生合作学习的能力。	

续表

教学过程 一、课程导入 这节课首先带领学生观看一个与梦想有关的视频，激发起学生兴趣。自然而然地进入本课要学习和探索的内容，这个视频会起到破冰作用。 1. 学生观看视频时，教师要注意观察每位学生的表情和行动的变化，对提高授课效率将起到重要作用。 2. 视频结束后，教师向学生提问，引导学生思考视频中实现梦想的主人公有什么样的特点。 梦想是什么？梦想是做梦都想成就的事，梦想是我遇到挫折时能够支持我走下去的动力，梦想能成就“未来的我”。 二、教学目标 1. 对第一单元“了解自我”的内容做个总结； 2. 将自己的梦想和自己期望的职业联系起来； 3. 通过舞台剧的形式提高学生合作学习的能力。 三、梦想的基本条件 是不是所有梦想都能实现？ 对你最重要的梦想是什么？ 什么样的梦想才是真正的梦想？ 梦想的基本条件： 第一，做我喜欢的事； 第二，做我能做好的事； 第三，做有价值的事。 四、我的梦想 1. 你的梦想是什么？ 2. 你长大了想干什么？ 3. 30 年后你会成为什么样的人？ 五、课堂活动 1. 制作自己 30 年之后的名片； 2. 名片的大小、形状、内容、颜色、种类等无限制，尽情发挥个人的创意； 3. 组内相互交换 30 年后的名片。

续表

<table>
<tr><td colspan="2">六、策划舞台剧《30 年后的一天》
1. 以 30 年后名片里出现的职业人物为基础，创作一个微型舞台剧；
2. 舞台剧的主题是“30 年后的一天”。所有组员要参与编写剧本、表演等环节，每个表演者都要有台词。
七、分享
分享这堂课你的收获。
八、课堂总结
作为第一单元的总结，同时为了过渡到第二单元“了解职业”，让学生制作 30 年后自己的名片，其实就是进行职业畅想，激发他们思考梦想成真之后自己的样子，展现自己内心期望的职业。</td></tr>
<tr><td colspan="2">教学准备
教学活动需要准备的资料、材料（表格、挂图、调查表、画图笔等）及 A4 纸、画图笔、双面贴等。</td></tr>
<tr><td>注意事项</td><td>1. 每位同学多设计几张个人名片，便于跟组内其他同学交换；
2. 让每一位同学都参与到名片制作和舞台剧的策划过程。</td></tr>
<tr><td>课后探究（调查、访谈、体验等）</td><td>调查家庭成员的职业，绘制家庭职业树。</td></tr>
</table>

【课后反思】

本节课是第一单元最后一节课，是对前面内容的总结，也为下一单元内容的展开做铺垫，具有承上启下的作用。

本节课的教学应以学生自主探究为主，由于学生对各种职业了解较少，对自己的未来可能从事的职业并没有一个清晰的认知，所以，本节课的课前工作应该充分做好。首先，应该让学生根据前几节课对自己兴趣、能力等的探索，充分了解自己；其次，可以让学生课后了解一下社会的各行各业，以及未来社会和科技的发展方向，以确定自己未来期望从事的职业。

教学中结合社会生活实际，通过开展活动，营造探究氛围，不仅有助于激发学生的学习兴趣与探究学习的欲望，而且能启动学生的思维，激发他们思考梦想成真之后的样子，展现内心期望的职业。

本节课结束后，为学生预留作业，让学生调查家庭成员的职业，绘制家庭职业树，为下一节课做准备。

【生涯故事】

从“北漂”到巨星——草根演员王宝强

王宝强，1984年5月29日出生在河北省邢台市一个贫寒的家庭里。童年时期，王宝强因为看了李连杰的《少林寺》，萌发了想要演电影的想法，从那时起他就在脑海中勾勒出未来自己的样子。为了成为梦想中未来的自己，王宝强开始在河南嵩山少林寺做俗家弟子。在少林寺里，入门最初3年是基本功练习：冬季在清晨5时起床跑步，夏季则提早至4时。周一和周二是素质训练，从少林寺跑到登封市区，再返回来，几乎相当于一个半程马拉松。早上做完基本训练，下午还得学习文化课，晚上再将当天的训练内容复习一次。在少林寺的6年中，王宝强只在过年的时候回过家。从少林寺出来，他开始了自己的北漂生涯，跑过龙套，当过替身。他的《盲井》无意间被冯小刚导演看见，于是2004年王宝强参演了冯小刚贺岁剧《天下无贼》，因其朴实的个性和独特的表演获得关注。2006年主演30集电视连续剧《士兵突击》，成功地塑造了许三多这个角色，其自然的表演才能在这部剧集中得到完美展现，并凭借电视剧《士兵突击》主人公许三多形象登上百度LOGO。2007年，王宝强入选由网友投票选出的“2007年80后十大影响力人物”。

曾经的“北漂”，今日的巨星，王宝强怀揣最初的梦想，像许三多一样一路坚持，不抛弃，不放弃，最终变成理想的自己。所以，只要我们有梦想，只要我们能坚持，我们心中想要的未来，定会为我们而来。

【拓展导读】

浩渺宇宙，茫茫人海，我们每一个人，都只不过是沧海之一粟。可是，如果我们能真正认识自己，了解自己，把握自己，相信自己，并且最终成为最好的自己，那么，即使最微不足道的一点星星之火，也可以借助好风之力，成一片燎原火光；即使最不值一提的一个小小水滴，也能凭借太阳的照耀，折射出万丈光芒。你，独一无二的你，只要用心思索，精心规划，定会拥有自己的灿烂人生，成为众人眼中最璀璨的明星。

苹果之父——乔布斯

被誉为苹果之父的乔布斯，1955年出生于美国加州旧金山。他虽短暂却绚烂的一生，像是一个传奇。而他自己就是书写这不朽传奇故事的人。

任何一个有所作为，能获取成功的人，都是有梦想的人，乔布斯也不例外。他曾经说过"We are here to put a dent in the universe. Otherwise why else even be here□——活着，就是为了改变世界。难道还有其他原因吗？"这就是他的梦想。他把梦想贴到自己随处可见的地方，并一直都在为这个梦想而努力。结果，他做到了，苹果成功了，苹果成了一个神话。乔布斯也成功了，他把一款电子产品变成了如同LV一样的时尚单品，这是一种时髦，同时也成了一种生活方式。对很多苹果迷们而言，很多时候购买苹果，已经不是一种单纯的消费行为，而是带有一种类似信仰的膜拜。

乔布斯也曾说过"我很幸运，在年轻时就知道自己喜爱什么，对什么感兴趣"，正是他对艺术的强烈兴趣和对美的惊人的直觉能力，或许，今天个人电脑才会有如此出色的版式功能；也正是由于他对电脑疯狂的热爱，才成功地创造了"苹果"，并在"苹果"低迷时让它复活。人必须有自己的兴趣和热爱的所在，只有这样才能在困难和挫折面前坚持下来，也唯有热爱，才能激发一个人的灵感，使他作出最杰出的成就。

"Following a vision，not a path——追随着自己的理想，而不是循规蹈矩"。梦想、理想、责任感、使命感、改变世界，所有的这一切，都需要有勇气听从自己内心的声音。"我们不需要有任何权威来评判，哪怕这个人是比尔·盖茨。""活着就是要改变世界"，这是一个时代英雄的梦想和追求。我们每个人也一样，也需要聆听自己的心声，坚持做自己想做的事。记住，人生的航程，自己才是生命之舟的唯一舵手。与其望洋兴叹，不如乘一叶扁舟；与其羡慕别人，不如完善自我。千里之行，始于足下；科学规划，不负韶华，让我们现在就出发！

第二单元　了解职业

在第一单元认识自我之后，本单元旨在让学生多维度、系统地认识周围的世界。在“我的家族职业树”里，让学生了解家族成员的各种职业和职业观，并明确自己的职业观。在“生活中的职业与变化”中，让学生了解生活中的职业世界，了解自己对职业的认识程度，并激发他们探索职业世界的兴趣。在了解职业的前提下，我们继续引导学生去发现不同行业的不同要求与前景，“探索行业和职业”就是要学生了解不同的行业，为以后选对“行”打好基础。职业与行业并不是一成不变的，它们中有很多随着时间和技术的变化而发生着翻天覆地的变化。在“技术发展与职业的变化”中，要让学生了解技术发展给职业世界带来的变化。以及我们在面对这些变化时所应具备的能力。随着世界的发展，许多新的行业和职业会不断出现，我们要引导学生勇于创新，敢于踏足新行业、进入新职业，甚至自己去创造新的行业或者职业，这就需要学生具有企业家的精神，在“我的企业家精神”中，通过创业者的故事，了解企业家的精神，并通过自我测评了解自己初步具备了多少企业家精神。良好的精神品质具备之后，对所要从事职业的模拟会极大地激发学生的热情，并让他们的目标落到实处。“如果我要创办企业”一课通过模拟创办企业，激发学生的创新、创业意识，让学生体会到人才的重要性和团队合作的重要价值。

第七课　我的家族职业树

本节课通过让学生了解家族职业树的意义和重要性。通过对自己家族先辈职业的了解，一方面加深对先辈们的认识，增加自己家族整体认同感。更为重要的是让学生通过分析家族亲人的职业，从中加深对职业的了解，总结出自己的职业观。同时通过课堂小活动让学生一步步了解职业，了解适合自己的职业。通过家族职业树的探索，激发学生的探索精神，让学生对职业的认识形成新的思路，进而选择合适的职业。

优秀教学案例　生涯规划导师　马延霞

<table>
<tr><td>课　题</td><td>第七课　我的家族职业树</td><td>1 课时</td></tr>
<tr><td>教学目标</td><td colspan="2">1. 了解家族成员的各种职业和不同的职业观；
2. 了解家族成员的职业观对自己职业观的影响程度，并明确自己的职业观。</td></tr>
<tr><td colspan="3">教学过程
一、课堂导入
从小就和自己的爸爸、妈妈、爷爷、奶奶等亲人一起生活，但是你真的了解他们吗？了解他们的工作吗？他们的工作是什么类型的？平常都做些什么呢？今天，我们就一起走进家族中亲人的职业，看看他们的职业选择是什么样子的？他们的职业对我们又会有什么样的影响呢？下面我们就一起走进“我的家族职业树”。
二、家族职业树
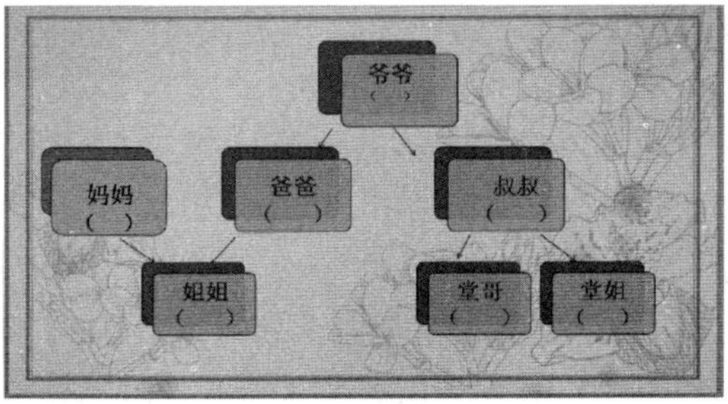
同学们看一下大屏幕，这里老师给大家展示了一个家族模板，同学可以结合一下自身的实际情况，把相应亲人的职业填写在下面的括号中。如果家族成员和老师的模板不一样的，也可以参考老师的图样，自己绘画出家</td></tr>
</table>

续表

族职业树，并把所列出家族成员的职业一并填写完整。老师给大家5分钟的时间。

时间差不多了，同学们你们完成了吗？哪个同学想和大家分享一下你的家族职业树？（小王同学举手示意）下面我们有请小王同学和大家说一下。

三、分析职业树

1. 刚才小王同学已经给我们展示了他的家族职业树。老师想问大家几个问题："现在每个人的家族职业树都在自己眼前，你发现家族成员之间职业的选择有什么特点？在众多家族成员中，你比较喜欢或者比较排斥哪个成员的职业？理由是什么？家族成员中谁的家族职业观给你的印象是最深刻的？你最亲的父母亲他们又倾向哪种职业呢？他们的这种倾向会最终对你的职业选择有什么影响吗？"看到同学们迷茫的眼神，老师知道大家可能心里还没有想明白。所以再给大家10分钟的时间，小组讨论一下。老师会把刚才的问题，一一展示在幻灯片中。同学们可以选择其中任何一个问题，发表自己的见解。10分钟后，找同学和大家分享一下。

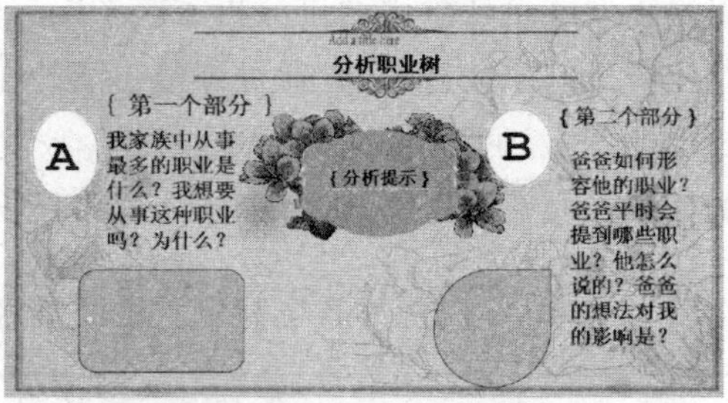

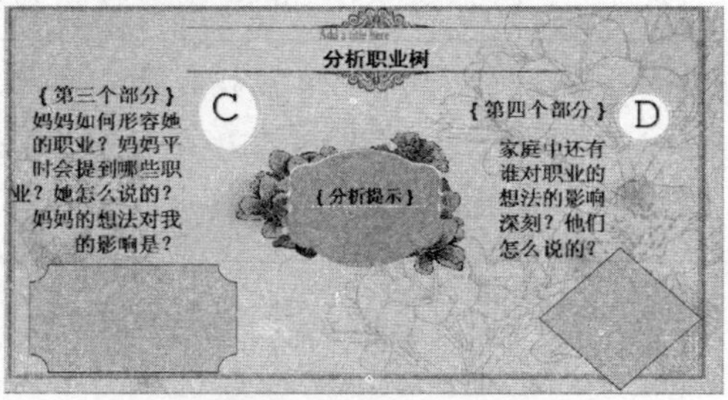

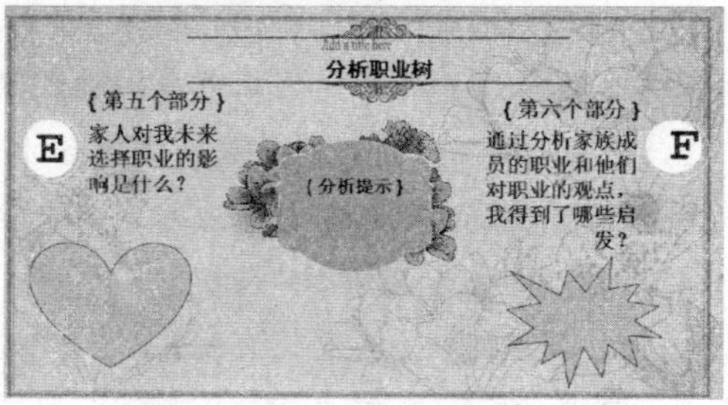

（10分钟后，小李同学举手示意）下面有请小李同学给大家分享一下。

2. 通过刚才小李同学的分享，我们了解到在他的家族中，从事商业的比较多，在整个家族中发财致富的观念比较浓厚。就像刚才小李说的，他们认为自己做生意，一方面报酬比较可观，另一方面就是比较自由，通

续表

<table>
<tr><td colspan="2">过小李同学的例子，其实我们不难发现，家族中亲人的职业价值观是可以相互影响的。（可以找更多几位同学进行分享）
四、我的职业观
通过前面几个同学的分享，我们不难看出，家族中成员的职业观念是会影响到自己的职业选择的。这个影响可能正向的，比如小李同学，可能选择和家族成员类似的职业。当然这个影响也可能是负向的，比如小张同学（前面没展开，可根据课堂时间自行调度）。那对你的影响是什么样的呢？老师给大家准备了几个问题，同学可以好好考虑一下再回答。回答完这些问题后，可以很明确地知道家族成员对你的影响是正向还是负向，并最终得出自己的职业价值观。
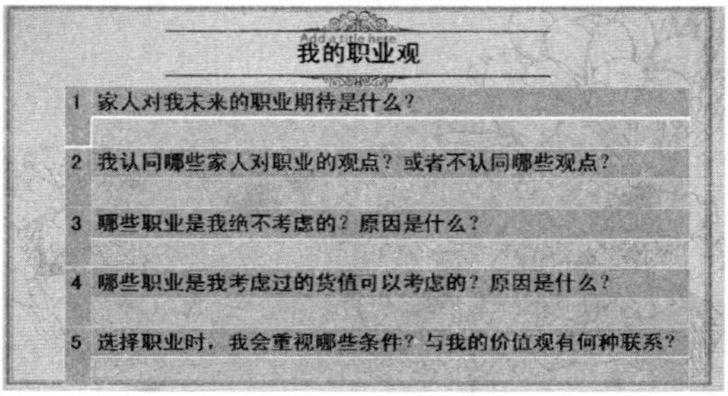

五、课堂总结
本节课我们对家族众多亲人的职业进行了探索与研究，总结了他们职业的特点，进而分析得出自己的职业观，加深了对整个职业世界的整体认知，这些都将在我们选择职业的时候发挥重要作用。</td></tr>
<tr><td colspan="2">教学准备
教学活动需要准备的资料、材料（表格、挂图、调查表、画图笔等）。</td></tr>
<tr><td>注意事项</td><td>家族职业树的调查可能涉及一些学生的隐私，需要事先征得学生的同意，并预备相应的保护措施。</td></tr>
<tr><td>课后探究（调查、访谈、体验等）</td><td>上网查阅六小龄童等名人的事迹，分析一下他们的家族职业树对他们职业选择的影响。</td></tr>
</table>

【课后反思】

一般的家谱只是客观地记录先辈们生活的状况，而家族职业树则可以通过对先辈职业的分析，进而推断分析出自己的职业观。从而得出家庭环境对职业选择的影响。在这个过程中，首先，学生在追忆祖先时不再是模糊的状态，加深了对家族的整体印象，进而增强自己的家族归属感。其次，通过对家族先辈们职业的分析，可以更好地设计自己的未来。这是本人设计教授这节课的初衷，但是有很多学生只是知道自己家族中的亲人一般都从事什么职业，对于本职业缺乏更深入的了解，有些甚至有误解、有偏见，这就需要学生更深入地了解自己亲人们职业的特点，希望越来越多的学生可以从这节课中找到自己的不足，明确自己的收获。

【生涯故事】

跟着父亲打篮球——科比

布莱恩特一家在意大利生活了 8 年，换了 4 个城市，但每到一处都大受欢迎。“在意大利，家庭是至高无上的，人们彼此信任，在大街上见到你，他们都会亲热地说‘你好’，这和印象中的美国大不相同。” 当然，对科比影响最大的还是意大利人悠闲的生活方式。在NBA，球员有一半时间在客场比赛，训练通常在上午进行。但在意大利，一个星期只有一场比赛，而且基本上是下午训练，这给了小科比接触职业篮球的机会。

科比的父亲，乔•布莱恩特在意大利极为成功，他得到了广阔的空间，发挥自己的篮球创造力，在意大利球迷眼中，被看成是篮球场上的艺术家。看到父亲的成功，科比内心感到强烈的震撼，所以科比每次都会跟着父亲去训练馆训练。父亲的球队在球场一头进行热身时，小科比会拿着一只篮球在另一边投篮。等到球队开始正规训练了，科比就在场边跟着父亲做各种准备工作。看到作为职业球员的父亲严格科学的训练，科比在脑海里留下了对篮球深刻的印象。于是，他不断地对父亲进行模仿，不断地从现场观看训练和比赛，进而对各种动作和战术进行一次又一次的印证，最终使得他的篮球意识远远超出了同龄人。在意大利自由的阳光下，科比的球技茁壮成长，同龄人早已不是他的对手。

“父亲教给我最可贵的东西就是对篮球的热爱，对球迷的热爱。他告诉我不要让压力和人们对你的期望，破坏了你自己从篮球中体会到的乐趣。他让我在比赛中充分表露自己的情感，想做什么动作就大胆地去做。篮球是一种艺术，打球是一种寻找幸福的过程。”

第八课　生活中的职业与变化

本节课让学生了解生活中的各种不同职业，通过图片、视频让学生了解职业，吸引学生关注职业。同时通过课堂小视频让学生初步了解职业，并对学生提出职业该如何关注。通过高中生关注的职业激发学生的探索精神，通过介绍新的途径了解职业，让学生对职业的认识形成新的思路，并了解自己关注的职业未来前景如何。让同学深刻了解适应社会的发展，选择合适的职业。

优秀教学案例　生涯规划导师　王晋基

课　题	第八课　生活中职业与变化	1课时
教学目标	1. 了解生活中的各种不同职业，并思考这些职业的变化给我们职业生涯带来怎样的影响； 2. 了解自己对职业的认识程度，并探索我所关注的职业类型都有哪些。	

教学过程

一、课堂导入

通过几张图片，让学生思考为何要上学，进而引出本节课的主要研究项目——职业。

二、初步了解职业

续表

通过一些生动形象的图片让学生了解何为职业，并进行解释，从而对职业有个初步了解。 三、我们身边的职业 我的一天 今天是星期天，我早晨一睁眼，就感觉有点不对劲，怎么感觉床的方向不对呢？我犹豫半晌，才缓过神来。 原来我昨天到了老家，昨天住的父母家，是我20多年前离开的地方，虽然每年都回来一两次，但是有时候醒来就是这样的感觉。难道我老了吗？ 高铁确实带来了方便，以前从北京到老家要坐20多个小时的火车，所以基本上都是坐飞机。平时可以通过携程买到打折票，但是一到夏天旅游季节，都是全价票。自从通了高铁，9小时就可以解决战斗，虽然比坐飞机时间长了点，但是费用也便宜不少，而且有人也不愿意坐飞机。我儿子就是高铁“铁粉”，他提前两周就到老家来看爷爷奶奶。对他来说，老家就是天堂。 星期天，也就是今天，我表弟为孩子办百日宴。他在日本工作。我打心里佩服他，他大学毕业去了日本，周围没人帮他，他是自己脚踏实地干出。 听说，二舅找了最好的婚庆公司包办了今天的所有活动。 我看时间还早，打开电脑看了下邮件。助理跟我说，跟××公司合同正式签定了，需要下周支付首付款。我正在搭建一个在线学习系统，跟之前的公司谈好了价格。我给助理回了邮件，让他转账给这个公司。但是网上支付真的安全吗？ 等百日宴结束之后，我就带孩子去看球赛。另外，该球队有个职业经理人是我在学校时的晚辈，正好跟他打个招呼。 通过阅读文章《我的一天》和同学们一起看看文章中涉及的职业，进而让同学们思考自己平常都会碰到哪些职业。

续表

四、展示高中学生应该了解的50种职业

职业大分类	职业名称	职业大分类	职业名称
建筑	建筑设计师	电气	电子工程师
机械	飞机修理员	电子	计算机安保专家
材料	化学工程技术员	信息	信息技术咨询师
化学	园林工程师	通讯	计算机程序员
饮食	机械工程师	运输	数据库管理者
美容	调酒师	食品	飞行员
住宿	化妆师	环境	面点师
警卫	厨师	法律保障	食品工程技术员
农林	警卫	社会福利	环境工程技师
渔业	皮肤美容师	军人	律师
教育	花卉装饰师		中医
研究	职业运动员		医生
文化	图书教育教师		护士
艺术	展览策划		兽医
	记者		职业军人
	画家		警官
	动画制作		紧急救助员
	电视制片人		社会工作者
	生命科学工程师		
	室内装修设计师		
	演员		

续表

看看同学们认识多少职业。如何了解职业才算是真正地了解职业？

五、如何了解职业

播放一段关于职业的视频，进而告诉同学们这样了解职业才算真正地了解。并让同学们课后对某个职业做进一步深入了解。

六、变化的职业

2015年	1999年
1481个职业	1838个职业
8个大类，75个中类，434个小类	8个大类，66个中类，413个小类

展示我们职业分类大典。通过里面的职业数据让同学们清楚地看到职业种类数量是变化的，进而告诉同学们职业是会发生变化的。

七、课堂总结

通过本节课的学习我们应知道职业是多种多样的，了解它们对我们将来生活影响深远，同时我们也应知道有些职业随着时间发展是会发生变化的，我们要适应社会的发展，了解职业的变化。

教学准备

教学活动需要准备的资料、材料（表格、挂图、调查表、画图笔等）。

续表

注意事项	讲课过程注意引导学生,让同学们自己感觉就应该是这样,而不是硬生生地塞给学生。注意调动学生的参与性、主动性,让学生成为这节课的主人,自己起到引导作用。
课后探究(调查、访谈、体验等)	1. 自己周末会碰到哪些职业,对这些职业初步了解一下; 2. 挑选个自己想了解的职业按照课上的介绍进行深入了解。

【课后反思】

1. 本节课通过对学生困扰的问题逐渐导入到本节课的主题职业,在导入的过程中,图片的运用增强了教学直观性。

2. 通过一些职业图片进行职业含义介绍,内容更加丰富。

3. 《我的一天》可以交给学生自己分组进行,最后进行总结。

4. 课上播放视频中的职业该如何了解,在播放完之后应该通过上面列出的 50 种职业,随便找一个引领学生一起分析,顺便介绍这些数据应该在哪些地方寻找,给学生提供一些途径。

【生涯故事】

张艺谋

张艺谋已经成为中国电影界的一面旗帜。张艺谋导演拍摄的电影不仅好看,而且他的职业发展历程也值得同学们借鉴。

1. 职业准备期

特殊的历史环境,使得年轻时的张艺谋未能上高中就插队当了农民,很多人像他一样没有选择,但能像他一样坚持自己梦想的却不多。终于,在 1978 年张艺谋以 27 岁的年龄去学习自己钟爱的摄影,为自己未来的转型进行积累。

2. 职业转型期

重新进入课堂学习后,张艺谋老老实实地做起了摄影,虽然他的志向是导演,但他显然十分清楚自己要做什么。这个时候的他仍在学习,不是在课堂上,而是在实践中学习。

3. 职业冲刺期

在《黄土地》获奖后，张艺谋有两个选择：继续作为一个已经很成功的摄影师或者转型开始做导演。然而，意料之外，他却做了另外的选择——做一名演员，并且也获得了一定的成功。不过也可以说，这实在是最明智的选择。要做导演，特别是要想成为较有建树的导演，当然最好能亲身体验过做演员的感受，才能在拍片的时候和演员能够契合。

4. 职业发展期

《红高粱》成功以后，张艺谋拍了一段时间的文艺片，在全国受众都熟悉了他的名字后，张艺谋敏锐地捕捉到了商业片的市场价值，并与中国电影市场的需求相契合，他开始转向了商业大片，开始了自己的大片之旅，并一直延续到现在。尤其是借助2008年北京奥运会开幕式的无形宣传，使得张艺谋蜚声海内外，风头无人能及。

张艺谋的成长历程告诉我们，清晰的职业规划是成功的保障。既然同学们有更好的学习环境，也有更好的成才条件，就应该抓住机遇，合理规划职业发展，获得职业生涯的成功。

第九课　探索行业和职业

高中生自我意识高度发展，自我意识成分分化成理想的自我和现实的自我，自我形象逐渐达到稳定，大部分高中生能进行适当的自我评价。但是目前高中学生较少接受职业生涯规划教育，相当部分学生在面临职业生涯重要选择的时候（比如高中选课走班、高考志愿填报等），认识不够，准备不足。本节课旨在引导学生掌握了解行业和职业的方法，帮助他们选择职业方向，确定未来的生活道路。

优秀教学案例 生涯规划导师 殷巧丽

课题	第九课 探索行业和职业	1课时
教学目标	1. 了解各种不同的行业，并探索自己关注的行业； 2. 了解不同的职业，并探索自己关注的职业信息。	

教学过程

一、课堂导入

要想对行业和职业进行探索，我们首先要了解什么是行业？什么是职业？通常很多人会混淆行业和职业，实际上它们是有很大区别的。

行业是按工作对象来划分，比如计算机行业、保险行业、农牧业……

职业是按工作职能来划分，比如企业家、科学家、老师、军人……

在做个人发展规划的时候，行业的选择应该优先于职业的选择，因为行业的改变代价是很大的，职业的转变则代价小得多。

比如一个计算机老师，想要成为语文老师是非常困难的，因为他基本上要一切从头开始，而他要变成一个软件工程师则要容易得多，因为都是属于同一个行业。所以我们可以说行业相当于人生的方向，方向错了，再怎么努力都是白搭。

所以，选择一个正确的行业是非常重要的。

二、了解行业分类和职业特点

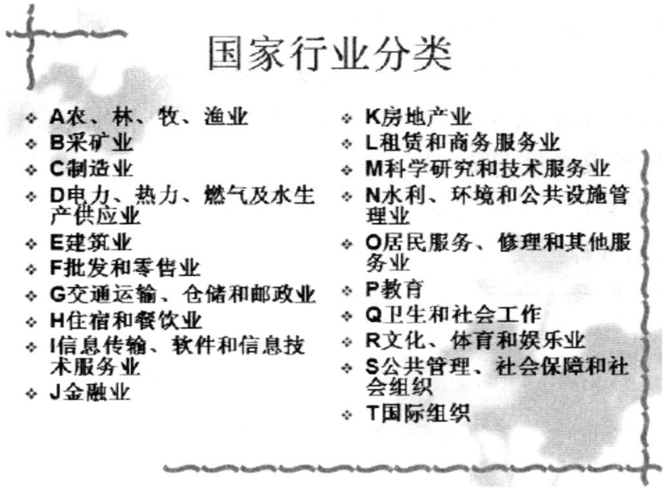
国家行业分类
A农、林、牧、渔业
B采矿业
C制造业
D电力、热力、燃气及水生产供应业
E建筑业
F批发和零售业
G交通运输、仓储和邮政业
H住宿和餐饮业
I信息传输、软件和信息技术服务业
J金融业
K房地产业
L租赁和商务服务业
M科学研究和技术服务业
N水利、环境和公共设施管理业
O居民服务、修理和其他服务业
P教育
Q卫生和社会工作
R文化、体育和娱乐业
S公共管理、社会保障和社会组织
T国际组织

续表

要想做好人生发展规划，我们必须对行业有一个清楚的了解。同学们知道我们国家有哪些行业分类吗？下面我们一起了解一下国家行业分类。按照《国民经济行业分类》标准，我国的全部经济活动划分为20个门类（介绍20个门类）。同学们，通过对这20种行业的了解，这其中有哪些行业是我们第一次听说的？或者你特别好奇和感兴趣的？我们就需要从这20种行业当中找到你特别关注的，选择你以后想从事的行业进行进一步详细的了解。

不同的行业有不同的特点，每个行业包括的职业也不尽相同。下面我们再一起了解一下每种行业下职业的大体分类。同学们熟知的一些职业比如教师、公务员、医生、艺人等。其实除了这些职业之外，还存在很多不同的职业，需要我们去探索和了解。同学们在了解了这200种职业之后，有没有找到自己所心仪的那一个？如果你找到了，说明你很幸运，找到了自己奋斗的目标，为这个目标我们该付出哪些努力呢？

续表

职业分类目录

指以工作性质同一性为基本原则，运用一定的科学手段，通过对全社会就业人员所从事的各类职业进行分析和研究，按不同的职业性质和活动方式、技术要求及管理范围进行划分和归类的工作过程……

[详细说明]

类别号	类别名称	类别编码	中类	小类	(细类)职业
第 一 大类	国家机关、党群组织、企业、事业单位负责人	1 (GBM 0)	5	16	25 + 0
第 二 大类	专业技术人员	2 (GBM 1/2)	14	115	379 + 21
第 三 大类	办事人员和有关人员	3 (GBM 3)	4	12	45 + 1
第 四 大类	商业、服务业人员	4 (GBM 4)	8	43	147 + 22
第 五 大类	农、林、牧、渔、水利业生产人员	5 (GBM 5)	6	30	121 + 8
第 六 大类	生产、运输设备操作人员及有关人员	6 (GBM 6/7/8/9)	27	195	1119 + 22
第 七 大类	军人	7 (GBM X)	1	1	1 + 0
第 八 大类	不便分类的其他从业人员	8 (GBM Y)	1	1	1 + 0

注：1. 中类是大类的子类，是对大类的分解；
2. 小类是中类的子类，是对中类的分解；
3. 细类是本大典最基本的分类，即职业；

职业分类详细

职业编码	1 (GBM 0)
类别名称	国家机关、党群组织、企业、事业单位负责人
职业描述	在中国共产党中央委员会和地方各级党组织，各级人民代表大会常务委员会，人民政协，人民法院，人民检察院，国家行政机关，各民主党派，工会、共青团、妇联等人民团体，群众自治组织和其他社团组织及其工作机构，企业、事业单位中担任领导职务并具有决策、管理权的人员。 **本大类包括下列中类：** 1-01 (GBM 0-1) 中国共产党中央委员会和地方各级党组织负责人 1-02 (GBM 0-2) 国家机关及其工作机构负责人 1-03 (GBM 0-3) 民主党派和社会团体及其工作机构负责人 1-04 (GBM 0-4) 事业单位负责人 1-05 (GBM 0-5) 企业负责人 注：职业描述以已颁布的国家职业标准内容为准。

职业分类详细

职业编码	2 (GBM 1/2)
类别名称	专业技术人员
职业描述	从事科学研究和专业技术工作的人员。 **本大类包括下列中类：** 2-01 (GBM 1-1/1-2) 科学研究人员 2-02 (GBM 1-3/1-4/1-5/1-6) 工程技术人员 2-03 (GBM 1-7) 农业技术人员 2-04 (GBM 1-8) 飞机和船舶技术人员 2-05 (GBM 1-9) 卫生专业技术人员 2-06 (GBM 2-1) 经济业务人员 2-07 (GBM 2-2) 金融业务人员 2-08 (GBM 2-3) 法律专业人员 2-09 (GBM 2-4) 教学人员 2-10 (GBM 2-5) 文学艺术工作人员

续表

	2-11 (GBM 2-6) 体育工作人员 2-12 (GBM 2-7) 新闻出版、文化工作人员 2-13 (GBM 2-8) 宗教职业者 2-99 (GBM 2-9) 其他专业技术人员 注：职业描述以已颁布的国家职业标准内容为准。

职业分类详细	
职业编码	3 (GBM 3)
类别名称	办事人员和有关人员
职业描述	在国家机关、党群组织、企业、事业单位中从事行政业务、行政事务工作的人员和从事安全保卫、消防、邮电等业务的人员。 **本大类包括下列中类：** 3-01 (GBM 3-1) 行政办公人员 3-02 (GBM 3-2) 安全保卫和消防人员 3-03 (GBM 3-3) 邮政和电信业务人员 3-99 (GBM 3-9) 其他办事人员和有关人员 注：职业描述以已颁布的国家职业标准内容为准。

职业分类详细	
职业编码	4 (GBM 4)
类别名称	商业、服务业人员
职业描述	从事商业、餐饮、旅游娱乐、运输、医疗辅助及社会和居民生活等服务工作的人员。 **本大类包括下列中类：** 4-01 (GBM 4-1) 购销人员 4-02 (GBM 4-2) 仓储人员 4-03 (GBM 4-3) 餐饮服务人员 4-04 (GBM 4-4) 饭店、旅游及健身娱乐场所服务人员 4-05 (GBM 4-5) 运输服务人员 4-06 (GBM 4-6) 医疗卫生辅助服务人员 4-07 (GBM 4-7/4-8) 社会服务和居民生活服务人员 4-99 (GBM 4-9) 其他商业、服务业人员 注：职业描述以已颁布的国家职业标准内容为准。

职业分类详细	
职业编码	5 (GBM 5)
类别名称	农、林、牧、渔、水利业生产人员
职业描述	从事农业、林业、畜牧业、渔业及水利业生产、管理、产品初加工的人员。 **本大类包括下列中类：** 5-01 (GBM 5-1) 种植业生产人员 5-02 (GBM 5-2) 林业生产及野生动植物保护人员 5-03 (GBM 5-3) 畜牧业生产人员 5-04 (GBM 5-4) 渔业生产人员 5-05 (GBM 5-5) 水利设施管理养护人员 5-99 (GBM 5-9) 其他农、林、牧、渔、水利业生产人员 注：职业描述以已颁布的国家职业标准内容为准。

续表

职业分类详细	
职业编码	6（GBM 6/7/8/9）
类别名称	生产、运输设备操作人员及有关人员
职业描述	从事矿产勘察、开采，产品生产制造，工程施工和运输设备操作的人员及有关人员。 **本大类包括下列中类：** 6-01（GBM 6-1） 勘测及矿物开采人员 6-02（GBM 6-2至6-3） 金属冶炼、轧制人员 6-03（GBM 6-4至6-5） 化工产品生产人员 6-04（GBM 6-6） 机械制造加工人员 6-05（GBM 6-7至6-9） 机电产品装配人员 6-06（GBM 7-1） 机械设备修理人员 6-07（GBM 7-2） 电力设备安装、运行、检修及供电人员 6-08（GBM 7-3） 电子元器件与设备制造、装配调试及维修人员 6-09（GBM 7-4） 橡胶和塑料制品生产人员 6-10（GBM 7-5） 纺织、针织、印染人员 6-11（GBM 7-6） 裁剪缝纫和皮革、毛皮制品加工制作人员 6-12（GBM 7-7） 粮油、食品、饮料生产加工及饲料生产加工人员 6-13（GBM 7-8） 烟草及其制品加工人员 6-14（GBM 7-9） 药品生产人员 6-15（GBM 8-1） 木材加工、人造板生产及木材制品制作人员 6-16（GBM 8-1） 制浆、造纸和纸制品生产加工人员 6-17（GBM 8-2） 建筑材料生产加工人员 6-18（GBM 8-3） 玻璃、陶瓷、搪瓷及其制品生产加工人员 6-19（GBM 8-4） 广播影视制品制作、播放及文物保护作业人员 6-20（GBM 8-2） 印刷人员 6-21（GBM 8-6） 工艺、美术品制作人员 6-22（GBM 8-7） 文化教育、体育用品制作人员 6-23（GBM 8-8/8-9） 工程施工人员 6-24（GBM 9-1） 运输设备操作人员及有关人员 6-25（GBM 9-2） 环境监测与废物处理人员 6-26（GBM 9-3） 检验、计量人员 6-99（GBM 9-9） 其他生产、运输设备操作人员及有关人员 注：职业描述以已颁布的国家职业标准内容为准

职业分类详细	
职业编码	7（GBM X）
类别名称	军人
职业描述	军人。 **本大类包括下列中类：** 7-00（GBM X-0） 军人 注：职业描述以已颁布的国家职业标准内容为准

续表

职业分类详细	
职业编码	8 (GBM Y)
类别名称	不便分类的其他从业人员
职业描述	不便分类的其他从业人员。 **本大类包括下列中类：** 8-00 (GBM Y-0) 不便分类的其他从业人员 注：职业描述以已颁布的国家职业标准内容为准。

三、了解基础职业能力

这个就需要同学们了解一下基础职业能力是什么？有哪些？这是下节课我们将详细讲解的内容。这节课我们先一起做一个简单的了解。基础职业能力是指不论职业种类和职位，为了成功地执行工作任务所必需拥有的共通性的职业能力。如：沟通能力、推理能力、问题解决能力、自我开发能力、资源管理能力、人际关系能力、信息能力、技术能力、组织理解能力、职业伦理，等等。同学们清楚了吗？

四、课堂总结

不同的职业有不同的特点，通过前面的学习，同学们对职业应该有一个简单的了解了。希望同学们能够做出一个简单的职业生涯规划。机会总是偏爱有准备的人，你做好了你的职业生涯规划，为未来的职业做了准备，你的机会就会比没有做准备的人多。

教学准备

教学活动需要准备的资料、材料（表格、挂图、调查表、画图笔等）

注意事项	注意区分好行业和职业
课后探究（调查、访谈、体验等）	1. 进一步了解自己所感兴趣的行业和职业； 2. 明确这些行业和职业需要哪些基础职业能力，自己已经具备了哪些基础职业能力，还有哪些能力是自己还需要继续努力和培养的。

【课后反思】

学生普遍缺乏职业知识，在熟知的教师、公务员、艺人等这些职业之外，存在很多不同的职业，需要学生去探索和了解。要用表格清楚地让学生了解不同的行业具有不同的特点，每个行业包括的职业也不尽相同。在讲授行业特点时可以适当地向学生提问，让他们思考每个行业里都有哪些典型的职业，以便与下面的课题联系起来。

【生涯故事】

施瓦辛格的职业规划

40多年前，一个10多岁的穷小子，身体非常瘦弱，却在日记里立志长大后做美国总统。如何能实现这样宏伟的抱负呢？经过思索，他拟定了一系列目标。

做美国总统首先要做美国州长——要竞选州长必须得到雄厚的财力后盾的支持——要获得财团的支持就一定得融入财团——要融入财团最好娶一位豪门千金——要娶一位豪门千金必须成为名人——成为名人的快速方法就是做电影明星——做电影明星前得练好身体，练出阳刚之气。

按照这样的思路，他开始行动。某日，当他看到著名的体操运动主席库尔后，他相信练健美是强身健体的好点子。他开始刻苦而持之以恒地练习健美，他渴望成为世界上最结实的壮汉。3年后，凭借着发达的肌肉，一身强健的体魄，在以后的几年中，他囊括了各种世界级的“健美先生”称号。

22岁时，他踏入了美国好莱坞。在好莱坞，他花费了10年时间，利用自身优势，刻意打造坚强不屈、百折不挠的硬汉形象。终于，他在演艺界声名鹊起。当他的电影事业如日中天时，女友的家庭在他们相恋9年后，也终于接纳了这位“黑脸庄稼人”。他的女友就是赫赫有名的肯尼迪总统的侄女。

2003年，年逾五旬的他，告老退出影坛，转而从政，成功竞选为美国加州州长。他的下一个目标就是美国总统。

他就是阿诺德•施瓦辛格。他的经历告诉我们：科学规划，行动有力，就能成功。

从这个职业规划案例可以看出：职业规划制订得越早，步骤越详细，越能早日实现自己的梦想。不管这个目标多么艰难，现实和理想之间相差多远，只要自己有恒心，有切实可行细致的计划，并一步一个脚印踏踏实实地去完成，就一定能实现自己远大的理想。

第十课　技术发展与职业的变化

本节课让学生了解当今社会高新技术的发展，随着经济和社会的不断发展，科学技术突飞猛进，职业不断更新，永久性职业在减少，职业不再一成不变。由于技术的发展对职业的冲击，学生要考虑自己选择的职业未来会有什么变化，怎样应对这种变化。我们需要具备什么样的能力，如何从现在培养自己的能力，如果你选择的职业面临消失，有哪些热门职业，怎样重新选择新的职业。

优秀教学案例　生涯规划导师　王　瑛

课　题	第十课　技术发展与职业的变化	1课时
教学目标	1. 了解技术发展与职业的变化，以及这种变化对我的生涯选择可能造成的影响； 2. 了解应对职业世界变化所应具备的能力。	

教学过程

一、课堂导入

当今社会技术发展突飞猛进，我们的生活也发生了日新月异的变化。炎热的夏天，我们不必顶着烈日逛街购物，在空调屋里逛淘宝网、天猫、京东商城就可以买东西，快递会送货上门。不想做饭可以叫外卖，生活越来越便利，但同时企业面临倒闭、转型。越来越多的人失业，工作越来越难找。技术的发展冲击着各个行业。

本节课我们来探讨技术发展与职业的变化，对职业选择的影响，以及我们需要具备哪些能力。

二、技术发展与职业世界的变化

通过视频让学生了解技术发展。云计算、基因测序、物联网、人工智能、大数据等高科技的发展及应用。学生想象技术发展对职业的冲击。小组讨

续表

论：职业是一成不变的吗？哪些职业在慢慢被取代，哪些职业应运而生。

三、应对变化所应具备的能力

时代在进步，职业的要求也在变化，评价标准也会不同。学生思考所关注的职业的变化，需要具备的能力。小组讨论，完成表格（后附表格10.1）

老师的建议：

我们应具备理解和辨别信息的能力；不断学习适应变化的能力；独立思考的能力；了解自我认清自我的能力。

四、填好反馈表格总结本节课学到的、感受到的、发现的问题（略）

五、课堂总结

本节课我们初步了解到一些高新技术的应用，时代在进步，我们要跟上时代的步伐。同学们要关注你喜欢的职业的现状和发展前景，为自己将来立足社会做好准备。

教学准备

教学活动需要准备的资料、材料（表格、挂图、调查表、画图笔等）。

技术发展与职业的变化			
技术的发展	工作的岗位变化 增加 减少 不清楚	可能减少的工作或职业	可能增加的职业或工作
网　购			
互联网金融、微信、支付宝、网上银行			
无人驾驶			
互联网			
人工智能			
职业世界的变化与必需的能力			
职　业	变　化	所需的资格、能力（现在）	所需的资格、能力（未来）

续表

注意事项	1. 多方面了解自己选择的职业的变化，理顺思路，做出更好的选择； 2. 讨论结束后一定要及时提交材料到平板电脑上。
课后探究（调查、访谈、体验等）	通过填写反馈表，思考本节课学到的、感受到的、产生的问题。

【课后反思】

本节课需要充分准备，应在上课一周前布置学生大量搜集资料，了解当今社会科技发展特别是高新技术的发展现状，科技决定了社会的发展趋势，对职业选择有很大的影响。学生根据自己的兴趣、能力、性格和家庭背景等，对职业有了初步的规划，还要考虑这些职业的前景。比如有的同学选择记者，就要了解记者这个职业将来的变化，随着人工智能的广泛应用，机器人会取代记者的一些工作，记者会越来越少，需要具备怎样的能力在这个行业站稳脚跟，一旦失业有什么打算？所以这节课对学生来说很重要，要开阔眼界，了解技术的发展，思考自己的职业规划，如何适应飞速发展的社会，这不是凭着一时的头脑发热，将来的社会没有铁饭碗，一生可能从事多种职业。所以本节课远远没有结束，希望通过本节课的启示，认真思考，长远规划。

【生涯故事】

王志东：职业经历的三次蜕变

从名噪一时的新天地公司，到新浪网，再到现在的北京点击科技公司，未满38岁的王志东经历了三次蜕变：从一个优秀的程序员，到一名职业经理人，再演变为一位充满传奇色彩的创业家。

2001年6月，在那个网络泡沫破碎的季节，王志东离开了新浪。当时他有很多种选择：先休息半年，出去镀金或者当职业经理人，也有人让他干脆写书做广告……他花了一个月的时间来想这个问题——离开新浪之后，最适合他的是什么事？

当时他就问了自己一个问题，现在有没有一件事情特别想做，要是不做，日后，会不会后悔或者放不下。于是王志东决定创办点击科技。有了新天地和新浪的经验之后，王志东的这次创业非常谨慎，至今点击科技所有的问题基本上都没有超出当初的预料。

王志东认为，每个人都要按照自己的特点去创业，自己的三次选择，业务内容完全不一样，才有现在这个结果。“如果我离开新浪后，再做网站，不仅没有挑战性，也很难成功。创业不能随波逐流，也不能认死理，要善于学习，善于突破自己”。

第十一课　我的企业家精神

本节课让学生了解企业家精神的意义和重要性，主要从三个方面进行学习：一是通过两个创业者的故事，总结分析这两位创业者身上的企业家精神，了解什么是企业家精神；二是小组之间互评或者自评身上具有哪些企业家精神；三是了解自己身上的企业家精神对职业生涯具有哪些重要的意义。

优秀教学案例　生涯规划导师　邢　妮

课　题	第十一课　我的企业家精神	1 课时
教学目标	1. 通过创业者的故事，了解企业家精神； 2. 通过自我评价或者同学互评，了解自己的企业家精神； 3. 了解企业家精神对职业生涯的重要性。	
教学过程 一、课堂导入 说到企业家，相信同学们的脑海中都会出现几个著名的企业家形象，例如我们经常会在京东、淘宝购物，京东的创始人刘强东，阿里巴巴创始人马云等。企业家身上都有哪些精神呢？这节课我们来一起学习我的企业家精神。 二、了解企业家精神及企业家精神的特点 1. 由学生自己听新东方创始人俞敏洪采访的一段音频，思考从这位		

续表

创业者身上看到了哪些特质及哪些创业精神。 2. 通过阅读马云的创业故事,从马云身上学到什么?他创业成功与哪些精神有关? 3. 通过两则创业者的故事,让学生总结企业家精神。 三、了解自己身上的企业家精神 学生在发言中陈述自己身上具有的企业家精神。每个人身上或多或少都会有一些企业家精神,并不是只有企业家创业者才具有。了解自己身上的企业家精神为第三部分做好铺垫。 四、了解企业家精神对职业生涯的重要性 众所周知,企业家精神对于一个企业来说至关重要,但同时对于个人来说也是有着重要意义。分两种讨论,创业者和非创业者。 对于创业者来说,企业家精神是推动企业家创业行为、承担创业风险的主要支撑力量,然而,每一个成功创业的案例都是不可复制的,只有创新才能成就一番伟业。唯有将自主创新与企业家精神进行结合,才能保证企业永葆生机。 对于上班的人来说,每个岗位上都需要创新精神,为所在企业提供新的创新理念,并为企业注入新的企业文化。每个岗位也都需要我们不断学习,才能不被淘汰。 五、总结与反馈 由学生总结这节课学到了什么,从两位创业者身上学到了哪些精神,哪些精神是自己身上具备的,哪些没有,如何养成 。 六、课堂总结 同学们对本节课的内容进行了总结,最后由老师来概括一下。企业家精神并不是生来就有的,是通过我们平时经历的事情和与周围的人慢慢相处而形成的。每个人身上都或多或少具有一些企业家精神,我们应该借助我们的优点和特质,尽自己的最大努力把这些精神发挥出来,然后对自己的职业生涯做一个规划,而不是毫无目标。坐在高中的课堂里的每个同学,我相信都有远大的理想和目标,相信同学们学了这一节课,会找到自己身上的企业家精神,并利用好它,做好规划。

续表

教学准备 教学活动需要准备的资料、材料(表格、挂图、调查表、画图笔等),将俞敏洪的音频材料、马云的创业故事推送到学生平板上。	
注意事项	1. 课前学生可以多了解一些企业家,多阅读一些资料; 2. 不一定都是名人故事,可以是身边一些创业青年,大学生创业者等。
课后探究(调查、访谈、体验等)	查找创业者的故事,采访身边的创业者,了解他们的创业过程。

【课后反思】

1. 课堂时间有限,创业者的故事只能讲一两个典型的,学生总结企业家的精神不是很流畅,所以课前或者课后继续阅读更多的资料,对于以后学生的生涯发展具有重要的作用。

2. 播放音频之前,可以让学生带着问题听音频,这样更能够使学生认真地听创业者的故事,更好地从他们身上找到所具有的特质。

3. 如果让学生课下自己采访身边的创业者,了解创业者的故事,相信对他们做职业生涯规划的帮助会更大。

第十二课　人生价值的体现

——如果我创办企业

本节课讲述互联网时代，人人都可以创业，随时都可以开始创业，很多人依靠互联网迅速发家致富。我们时代的创业大佬们在创业之初也经历了挫折，凭借着百折不挠的毅力才有所成就。21 世纪的高中生们也得有勇气去想去做这件事，如果我创办企业会怎样？从创办企业需要的点子、人才、团队合作、法律意识等多角度体验我创办企业。高中生可以尝试利用自己的年轻的资本，更快地接触互联网上年轻人的文化潮流和需求，并且利用网络上传播成本较低的特点有所作为。“如果我创办企业” 既要有前瞻性又有可行性，希望本节课给学生思考和实践的契机。

优秀教学案例　生涯规划导师　朱　玲

课　题	第十二课　如果我创办企业	1 课时
教学目标	1. 通过模拟创办企业，激发学生的创新、创业意识； 2. 通过模拟的过程，让学生体会到人才的重要性、紧缺性和团队合作的价值。	

教学过程

一、课堂导入

观看“创业故事”视频，袁岳所说的大众创业的时代正在进行时，作为高中生我们怎么看，怎么做？只有与时俱进才能跟上时代的步伐，这既需要我们调动知识储备，又要广泛接触社会。

在前面的课程当中，我们已经对职业、行业和企业家精神进行了探索，经过自己对职业信息的不断积累，对职业与行业的变化、职业与技术发展的变化，以及对“我的企业家精神”，有了新的认识，进而有了新的观点。今天，我们要通过我创办企业加深对职业的了解。

续表

二、我的公司 我的公司（后附活动资料12.1） 1. 梳理出拟创办公司的产品/服务、公司名称、LOGO、核心价值、公司形象等。 2. 此课题可作为个人活动也可以作为小组讨论展开。为了提高课堂效率，以及更好地体现团队合作的价值，建议以小组活动的方式展开。可以按照兴趣小组、社团、临时分组等多种方式进行。 请完成度比较高的同学在全班同学面前发表和分享。 三、我的团队 我的团队（后附活动资料12.2） 1. 根据公司的业务性质梳理出公司的人员需求，并制订人员招聘计划。 2. 从全班同学中选拔公司需要的适合的人才，并说明选拔理由。 四、商业计划书 商业计划书（后附阅读资料12.1） 1. 教师介绍编写商业计划书的目的和作用，让学生课后按照自愿原则继续编写。 2. 对于有商业价值的创意点子，对接相应的内外部资源，持续进行指导。请几位有独到想法的同学在全班同学面前分享商业计划书。 五、总结与反馈 1. 在反馈表中填写本节课学后的收获（含感受到的、联想到的问题等）。 2. 下节课提交商业计划书，进行“了解专业和学科信息”模块的学习。 六、课堂总结 同学们，参与企业创办并不是简单地说说或是有个点子就行，更需要市场调研，有市场需求，有顺畅的资金支撑、密切配合的团队和良好的市场追踪能力。说起来容易做起来难，只要我们乐于学习，总会在过程中学到人生的知识。

续表

教学准备 教学活动需要准备的资料、材料(表格、挂图、调查表、画图笔等)。 活动资料 12.1 我的公司 1. 我想成立__________的公司。 2. 公司名称:__________ 3. 公司 LOGO: 4. 公司的核心价值: 5. 公司的形象(外部建筑、内部结构、装修风格、人文底蕴等) 活动资料 12.2 我的团队 根据公司的业务性质梳理出公司的人员需求,从全班同学中筛选出符合公司需要的适合的人才,并说明选拔理由。

续表

范例：

业务内容	适合的同学(姓名)	选拔理由
产品研发 ——主要开发互联网支付安全软件	李同学	李同学平时的爱好就是软件开发，是IT社团的组长，本人的梦想就是成为互联网安保专家。
市场营销	……	……

阅读资料 12.1

商业计划书简介

一、概述

商业计划书，是公司、企业或项目单位为了达到招商融资和其他发展目标，根据一定的格式和内容要求而编辑整理的一个向受众全面展示公司和项目目前状况、未来发展潜力的书面材料。

商业计划书是一份全方位的项目计划，其主要意图是递交给投资商，以便于他们能对企业或项目作出评判，从而使企业获得融资。商业计划书有相对固定的格式，它几乎包括投资商所有感兴趣的内容，从企业成长经历、产品服务、市场营销、管理团队、股权结构、组织人事、财务、运营到融资方案。只有内容翔实、数据丰富、体系完整、装订精致的商业计划书才能吸引投资商，让他们看懂你的项目商业运作计划，才能使你的融资需求成为现实，商业计划书的质量对你的项目融资至关重要。

目前中国企业在国际上的融资成功率不高，不是项目本身不好也不是项目投资回报不高，而是项目方商业计划书编写的草率与策划能力让投资商感到失望。商业计划书的起草与创业本身一样也是一个复杂的系统

续表

<table>
<tr><td colspan="2">统工程，不但要对行业、市场进行充分的研究，而且还要有很好的文字功底。对于一个发展中的企业，专业的商业计划书既是寻找投资的必备材料，也是企业对自身的现状及未来发展战略全面思索和重新定位的过程。
商业计划书包括企业筹资、融资、企业战略规划与执行等一切经营活动的蓝图与指南，也是企业的行动纲领和执行方案，其目的在于为投资者提供一份创业的项目介绍，向他们展现创业的潜力和价值，并说服他们对项目进行投资。
二、商业计划书的要素
（一）执行摘要
它出现在商业计划书的最前面，不过我建议这部分应在最后完成。
（二）公司简介
它包括公司的注册情况、历史情况及启动计划。
（三）产品服务
它描述你的产品或服务的特殊性及目标客户。
（四）策略推行
你需要知道你的市场，客户的需求，客户在哪里，怎样得到他们。
（五）管理团队
它描述主要的团队成员。
（六）财务分析
它确定这部分是真实地反映了你现在的财务状况，包括你的现金情况和盈利状况。</td></tr>
<tr><td>注意事项</td><td>1. 强调学生将课前通过网站等形式了解公司的使命、愿景、价值、产品和服务、LOGO 等信息，为模拟创办我的企业提供素材。
2. 本节课最需要发挥学生的创新能力，最好鼓励学生敢于发表创意，激发学生的创新意识和挑战精神。
3. 讨论结束后一定要及时提交材料到平板电脑上。</td></tr>
</table>

续表

课后探究（调查、访谈、体验等）	1. 在反馈表中填写本节课后的收获（含感受到的、联想到的问题等）； 2. 下节课提交商业计划书，进行“了解专业和学科信息”模块的学习。

【课后反思】

本节课对学生有一定的吸引力，好多人都跃跃欲试，但实际操作起来却是有难度的，所以这堂课作为学生以后生涯中的引领课的确有必要。

课前准备中可让学生到当地企业采访、实地考察，这会让学生在课堂中碰撞出更多火花，从而有利于课堂教学目标的达成。

在课堂讨论过程中让学生联系实际，说出身边的案例，认识到创办企业不是简单地说说或是有个点子就行，更需要市场调研，好产品必须有市场需求，必须有顺畅的资金支撑、密切配合的团队和良好的市场追踪能力。

在探究结果处学生写出总结报告，以启发未来的创业与经营。创业追求利润的同时是否承担了社会责任，这也是个现实问题，引发学生深层思考。

本节课是高中学习生涯中的一抹彩虹，希望它能让学生今后的职业生涯大放异彩。

【生涯故事】

阿里巴巴董事局主席兼首席执行官——马云

1964 年 9 月出生于杭州。

1988 年 6 月毕业于杭州师范学院外语系。

1995 年 4 月创办的“中国黄页”网站，是第一家网上中文商业信息站点，在国内最早形成面向企业服务的互联网商业模式。

1997 年年底，马云和他的团队在北京开发了外经贸部官方站点、网上中国商品交易市场等一系列国家级站点。

1999 年年初，马云回到杭州以 50 万元人民币创业，开发阿里巴巴网站（www.alibaba.com）。

2001 年，为中国企业“入世”，更好地开拓国际市场的目标，阿里巴巴推出“中国供应商”服务，向全球推荐中国优秀的出口企业和商品，同时推出“阿里巴巴推荐采购商”服务，与国际采购集团沃尔玛、通用电气、Markant和Sobond等结盟，共同在网上进行跨国采购。

同年，阿里巴巴联手全国工商联、国务院发展研究中心等部门共同发起倡议在中国设立“9•19”诚信日，并在全球率先推出企业级网上信用管理产品“诚信通”。

同年，哈佛商学院在中国公开阿里巴巴经营管理实践的MBA案例，并再次将阿里巴巴转型期的管理实践选为案例研究。9月，美国权威财经杂志《福布斯》再次将阿里巴巴选为全球最佳B2B站点之一，是中国唯一入选网站。2000年10月，美国亚洲商业协会评选马云为本年度“商业领袖”，以表彰他在创新商业模式及帮助各国企业进入国际市场实现全球化方面所做出的贡献。

2007年11月6日，阿里巴巴(1688)在港上市。截至下午4点收盘，阿里巴巴股价达到39.90港元，是13.5元发行价的几乎三倍。

当日，阿里巴巴以30港元开盘，经过短时震荡并下探28港元后一路攀升，最高至39.95港元。以收盘价估算，阿里巴巴市值约2000亿港元，约300亿美元，超过百度，成为中国市值最大的互联网公司。百度股价突破了400美元，市值突破了1000亿人民币。

马云称，尽管阿里巴巴已经上市，但是仍然不觉得自己是大老板，至今对自己的定位仍然是一个创业者。不过与上市前相比，由于公司人员结构更加庞大，自己的压力也将比以前更大。

阿里巴巴B2B公司CEO卫哲在阿里巴巴上市挂牌仪式后表示，阿里巴巴接下来的发展和增长，会考虑国内更多的客户服务中心的建设，会关注海外市场的拓展，也会更多关注新技术的引用。

马云称，我们的投资方向是：第一，看着、盯着对我们客户有价值的技术；第二，是获得和我们现在不重复，包括国内和国外的技术；第三，包括新的电子商务的应用，也就是阿里巴巴没有，但是在别的平台上证明是可行的。我们希望通过投资进行合作。

【拓展导读】

一直在路上的创业者

艾诚，毕业于哈佛大学肯尼迪政府学院，独立财经双语主持人、艾问传媒创始人，上榜《福布斯》“30 位 30 岁以下亚洲人物”，世界银行华盛顿总部国际金融总公司投资顾问。

黄山脚下的“野姑娘”怎样晋升为哈佛肯尼迪学院的学霸？

艾诚出生在黄山市的一个果园里，奶奶和妈妈是园艺场的园艺工人，爷爷是皖南地区著名的水利工程师。家中藏书众多，书籍给了童年的艾诚很多知识的滋养。

2004 年，她以黄山区文科状元的成绩考入中国传媒大学，这个第一次坐上火车，离开家乡的 17 岁小姑娘，在学校里就是个特立独行的人。

成天抱着书本不喜欢打扮；从大一开始就财务自由；实习期间，因为在中央电视台举办的活动中获得了最高奖，使她得到跟白岩松实习的机会，且以专业第一的成绩免试保送北大获得传播学硕士。

不止于专业的学习，好奇心也引领着艾诚在传媒领域进行了多样的尝试。毕业时，她凭借高超的专业和沟通能力，应聘为联合国纽约总部做了发言人助理，每天中午 12 点组织新闻发布会，跟世界各国的媒体谈笑风生。

联合国的工作在很多人看来，简直就是“金饭碗”，万万没有想到几年后，艾诚却主动提出了辞职。她决定去哈佛学习，仅用一个月的时间备考，就赢取了这个全球最难的考试之一，顺利进入哈佛大学的肯尼迪学院。

从黄山脚下的小姑娘到北大的学霸到联合国发言人的助理再到哈佛的毕业生，这一路走来，看着顺风顺水的艾诚，其实是用超高效的行动和毫无畏惧的坚持才达成了自己每一个目标。

你看得到艾诚人前的光鲜，却看不到追求梦想过程中她苦苦的耕耘：为了全面了解媒体圈，她每次自我清零，从最基础的助理开始做起；为了胜任在联合国的工作，她利用所有闲暇时间努力学习英语，听 BBC 广播，查字典；为了深入学习媒体创新和创业管理，她在哈佛用超乎想象的勤奋不断提升自我。

正是凭借着这份勤奋，在美国学习工作的两年左右时间里，艾诚获得在世界银行华盛顿总部、联合国纽约总部、CCTV 纽约等公共机构任职的机会。

这些机构给艾诚带来的是专业性的提升和更宽阔的格局，同时在见了很多起起落落的人和事之后，她突然陷入了迷茫。

在风口的时候，艾诚选择了辞职回国，选择了创业，成了一名普通的创业者。决定以一个勤勉的观察者和媒体人的身份，记录时代的顶级人物去启发大众。

回国之后，艾诚就一直把自己交于市场的考验，奔赴于不同平台、不同场合进行主持。用超强的意志力应对高强度的工作，博鳌亚洲论坛年会、中国投资年会、金投赏大会、达沃斯论坛、全球首席风险官大会、乌镇全球互联网大会等财经盛会上都留下了艾诚的身影。

她是“近乎疯狂的勤奋”，最夸张的时候一个月主持了十场大型财经会议，每天睡三四个小时，工作到凌晨两三点。

2014 年，艾诚创立了“艾问传媒”，聚焦每个细分行业的顶级人物，总结他们的创新、创富方法论，把顶级人物的方法论用数据的形式呈现出来。

“艾问”迄今为止记录了 1000 多位创业者、企业家和投资人的商业故事，俞敏洪、王中磊、董明珠、李开复、徐小平、冯仑、周鸿祎、李国庆……都成为艾诚专访的顶级人物，“艾问”也开始成了大众关注的话题资源库。

艾诚每天的工作，都要吸收大量新的知识，这需要她每时每刻保持向他人求教的精神，在工作中收获新的成长。

毫无畏惧地坚持，让“艾问人物”团队日臻专业和壮大，各种奖项和荣誉也随之而来：“艾问”获得金投赏首届最佳商业创意奖；艾诚获得第六届中国公益节“年度公益人物奖”；“艾问”荣获新浪财经颁发的“2016 最具影响力管理自媒体”殊荣；“艾问”荣获今日头条财经领域头条号百强称号。

与此同时，艾诚也越来越受到公众的关注，逐具影响力：2016 年，艾诚作为首位华人女主持上榜福布斯 30 位 30 岁以下亚洲影响力人物；2017 年，上榜 LinkedIn 领英中国“最强档案”。这一奖项被公认为是对全球职场人士事业成就及个人品牌的极大认可。

当很多人都认为创业就是没日没夜地投入到工作中，艾诚却恰恰相反，她可以凭借着这颗爱玩的心去看待现在商业领域的创业，交到更多朋友，她把生活安排得很充实，打拳击、练瑜伽、去泰国参加射击培训，这些都是她定义的“艺术生活”。

成功从来都没有捷径，在职业成长之路上，艾诚不断探索不同的职业，不断学习不同领域的知识，也不断拓宽自己的职业边界，她的职业成长经历给我们的职业发展之路提供了不竭的勇气。

第三单元　生涯探索

精彩人生，始于规划。首先我们了解一下生涯规划的重要性。随着高考综合改革的推进，中学生拥有了更多的适合自己的自主选择权，分类考试、综合评价、多元录取，都在强调生涯规划教育的重要性。高中阶段是学生世界观、人生观和价值观形成的关键时期，也是学生选择未来人生发展方向和初步绘制未来幸福人生画卷的关键时期。通过本单元的学习，学生能够结合时代特点，根据自己的兴趣倾向，科学地选择选考科目和专业，制订个人修习计划，选择一个适合自己的最佳人生奋斗目标，并为实现这一目标作出行之有效的安排。通过本单元的学习，学生主要了解大学的学科门类和专业，了解高中各学科与大学专业之间的关系，厘清职业、专业、高中学科之间的关系；学生能够了解上大学的意义，了解不同类型的大学，探索目标大学的信息，编制大学时间表。学生能够对目标专业和大学进行深度的分析，会利用正确的评估手段综合对比各大学和专业，并作出初步的选择。学生能够了解终身学习对于生涯发展的重要性，探索多种终身学习的方式和机会，将终身学习与自己的生涯发展联系起来。学生能够通过多种渠道搜集期望职业的相关信息，对搜集到的信息进行对比和评价，制订职业人物访谈提纲，为职业体验做准备。学生通过职业体验加深对职业的了解，与同学们分享职业体验的经验，获得更多有价值的信息。

第十三课　搭建通往梦想的桥梁

——了解大学专业和高中学科知识

新的形势下，新高考给了我们高中生更多的自主选择权，我们面临着自主选课走班与自主学习的统筹安排，如何科学合理地选出适合自己的课程，除了考虑自己的特质、实力之外，自己所感兴趣的大学专业也是不容忽视的。只有深入了解大学的不同专业以及专业知识，才能知道自己喜欢的专业与高中哪些学科有密不可分的关系，才能重新思考各学科的重要性，激发自己的学习兴趣，从而向着自己的目标方向前进。

优秀教学案例　生涯规划导师　徐晓青

课　题	第十三课　搭建通往梦想的桥梁 ——了解大学专业和高中学科知识	1 课时
教学目标	1. 了解大学的学科门类和专业； 2. 了解高中各学科与大学专业之间的关系； 3. 厘清职业 / 专业 / 高中学科之间的关系。	

教学过程

一、课堂导入

精彩人生，始于规划。首先我们了解一下生涯规划的重要性 。随着高考综合改革的稳步推进，中学生拥有了更多的自主选择权：分类考试、综合评价、多元录取，无一不在强调生涯规划教育的重要性。高中阶段是学生世界观、人生观和价值观形成的关键时期，也是学生选择未来人生发展方向和初步绘制未来幸福人生画卷的关键时期。作为教育者，我们要让学生结合时代特点，根据自己的兴趣倾向，科学地选择选考科目和专业，制订个人修习计划，选择一个适合自己的最佳人生奋斗目标，并为实现这一目标作出行之有效的安排。

二、教学目标

1. 了解大学的学科门类和专业；

续表

2. 了解高中各学科与大学专业之间的关系； 3. 厘清职业 / 专业 / 高中学科之间的关系。 三、几组数据 在高考志愿填报阶段发人深思的数据：仅有 2.1% 的中学生对所报学校和专业表示“非常了解”，35.5% 的中学生表示“不太了解”，有 10% 左右的中学生甚至“完全不了解”，在中学生挑选志愿学校和专业的方式选择里，有 66.1% 的中学生将“学校知名度”作为填报志愿的第一考虑要素。 高等教育阶段发人深思的数据：有 42.1% 的大学生对所学专业不满意，有 65.5% 的大学生表示若有可能将另择专业。 在大学毕业就业阶段发人深思的数据：有将近 40% 的毕业生认为自己学错了专业，近 65% 的毕业生跨专业选择职业。 可见，高中阶段了解专业和学科知识对生涯规划的重要性。 四、课堂活动 1. 龙口一中利用翻转课堂的教学方式由来已久，并受益显著。上节课课后我们通过 e 学本，把阅读资料（普通高等学校本科专业目录）发送给大家，以便大家进行预习。请大家在预习的基础上，用两分钟的时间再次深入认真了解阅读材料（普通高等学校本科专业目录）上面的内容，以备之后在小组内进行讨论。下面拿出 3 分钟时间在小组内把自己看到的、理解的、感受的，以及有疑惑的，在组内分享。 2. 讨论分享结束，我们来完成活动资料（我关注的学科与专业），时间 5 分钟。我们通过阅读材料，了解了大学的学科门类和专业，哪些学科和专业，是我最关注的呢？原因是什么呢？请大家按自己关注的程度排序并填写表格内容。注意：最右侧的“关注的专业与高中学科的对应关系”一列，暂时不用填写。

续表

我关注的学科与专业

序号	关注的专业	所属学科门类	关注的原因	关注的专业与高中学科的对应关系
1				
2				
3				
4				
5				
6				

3. 在同学们系统地了解了我国普通高等教育的学科门类和专业，以及明确自己所关注的大学学科与专业之后，我们接下来要了解和学习的是高中各学科与大学专业之间的关系。阅读资料（了解高中各学科与大学专业之间的关系），内容较多，课前的预习肯定不够，下面再给大家 5 分钟的时间进行阅读，准备之后在组内发言谈论。现在阅读时间结束，请把自己阅读之后的见解、想法和发现的问题，以及学到的东西在组内分享。

4. 接下来我们完成活动资料（我关注的学科与专业）。要求根据前面阅读和组内交流分享的活动结果，探索自己喜欢的学科和专业与高中各学科之间的关系。注意：最右边的一列一定要慎重仔细填写。

5. 我们既了解了大学的学科门类和专业，也明确了自己最感兴趣和关注的专业，同时也知道了高中的各学科与关注专业之间的关系，所以需要重新审视跟我们所关注专业有关的那些学科的重要性，激发自己的学习动机，产生强大的学习动力，这样才能实现目标的第一步——考入理想的专业，进而以后从事和这专业相关的职业。所以接下来我们需要做的是将关注的职业与大学的专业，以及高中各学科联系起来。请大家独立思考自己关注的职业、专业与高中各学科之间有什么关系。思考时间结束，请看活动资料（职业、专业与高中学科），完成表格填写。大家现在已经完成了表格填写，下面把自己填写的内容组内进行分享和讨论，时间 5 分钟。组内讨论时间结束，我们选两组进行发言，其他组要仔细倾听，准备发表补充意见或不同的见解。

续表

职业、专业与高中学科

符合我特点的职业	相关大学专业	高中相关学科	我的学科能力	提升策略
1. 企业管理人员	工商管理	语文、数学	阅读写作能力稍差	1. 每月读一本课外书 2. 每周写一篇作文
2. ……	……	……	……	……
3. ……	……	……	……	……

五、导师讲授

同学们的观点各种各样，没有绝对的正确与否，希望同学们大胆思考，勇于探索。当然通过同学们的发言，也暴露出一些问题，很多同学存在认识上的误区，把一些大学专业和高中的学科进行了错误的联系，犯了想当然的错误。比如心理学专业和生物、政治有关，法医专业和生物化学有关，物流管理专业和政治有关等等。所以想深入准确地了解大学专业与高中各学科之间的对应关系，还需要我们做很多的后续工作。

六、课堂总结

第一，通过这节课的学习，我们把关注的职业与大学的专业及高中各学科联系起来，可以激发自己的学习动机和兴趣，从而更好地实现自己的目标。第二，大学每个学科门类下设有很多不同的专业，系统地了解学科和专业设置，需要投入不少精力和时间，对今后的生涯选择会起到非常关键的作用，还需持续不断地探索。第三，同学们的观点多种多样，没有绝对正确或错误，要勇于做自己，因为适合自己的就是最好的。

教学准备

教学活动需要准备的资料、材料（表格、挂图、调查表、画图笔等），包括

1. 普通高等学校本科专业目录；

2. 表格——我关注的学科与专业；

3. 表格——职业、专业与高中学科。

续表

注意事项	1. 突出学生的主体地位； 2. 导师适时地引导点拨。
课后探究（调查、访谈、体验等）	访谈两位身边认识的学长，了解他们认为在大学所选择的专业受高中相关学科的影响有多大。

【课后反思】

第十三课是第三单元的第一课，专业性很强，对学生们的高考选择专业以及生涯规划意义重大。调查研究表明，以往的高中生在高考选择专业时对专业了解的人很少，甚至很大一部分学生表示完全不了解。这严重影响了学生的生涯规划朝正确的方向发展。

大学的每个学科门类下设有很多不同专业，想要系统地了解学科和专业设置，需要投入大量的精力和时间。虽然课前学生已经预习了相关的阅读材料——《普通高等学校本科专业目录》《了解高中各学科与大学专业之间的关系》，但是课堂上学生活动中还是存在对材料不甚了解的情况，因此，老师还需要在课后继续指导学生持续不断地进行探索。

这节课的收获是：学生们能够初步把关注的职业与大学的专业，以及高中各学科联系起来，激发了学生的学习动机和兴趣，并根据自己的兴趣倾向，科学地选择选考科目和专业，制订个人修习计划，选择一个适合自己的最佳人生奋斗目标，并为实现这一目标作出行之有效的安排。

【生涯故事】

中国导弹之父——钱学森

“中国导弹之父”钱学森曾经说过：“我对北师大附中很有感情，因为在我一生的道路上有两个高潮，其中之一就是在北师大附中。”

钱学森先生 1923 年至 1929 年在北京师范大学附属中学度过了他中学 6 年的读书时光。他说，他在北师大附中毕业之后，到上海交通大学学习，在交大的第一年，他学得轻松，觉得大学功课根本没有什么，因为在中学都学过了，所以，上海交大的四年他实际上就学了两年，这为他的科学研究节省了宝贵的时间。他还说此后能考上公费留学生，留学美国，也是靠北师大附中学习时打下的坚实基础。可见，明确了大学专业与高中学科之间的关系，对一个人的生涯发展是多么的重要，它不仅让我们不走弯路，更能加速我们实现梦想的进程。

第十四课　我的大学

——大学类型特点知多少

大学，是很多人向往的地方，是走向社会之前的最后一座象牙塔，也是我们梦想起航的地方。因此选择自己心仪的大学对我们的生涯是至关重要的。可是，提起大学，我们仔细思考一下，我们又了解多少呢？大学都有什么样的类型？又分别具有什么特点？是否我们所知道的就仅仅是那些知名度高的清华、北大、浙大、交通、复旦，等等？而我们对这些知名大学的特点类型是不是一无所知呢？如果我们想进入一所自己心仪的大学，我们不仅要知道自己的学习实力和个性特质，我们还需要深入了解大学的类型和特点，尤其是自己目标大学的类型和特点，只有这样，我们的大学对我们的生涯发展才有意义，我们的大学才能为我们生涯的顺利发展助力。

优秀教学案例　生涯规划导师　徐晓青

课　题	第十四课 我的大学	1课时
教学目标	1. 大学对我的意义； 2. 了解不同类型的大学； 3. 探索与我关注的专业相关的大学信息； 4. 编制大学时间表。	
教学过程 一、课堂导入 提起大学，我们也许首先联想到轻松、自在、多姿多彩这些令人心驰		

续表

神往的字眼，可是同学们有没有认真思考过大学对我们的生涯有什么意义呢？大学的类型和特点，你又知多少呢？本节课我们的探索主题就是——我的大学。 二、教学目标 1. 大学对我的意义； 2. 了解不同类型的大学； 3. 探索与我关注的专业相关的大学信息； 4. 编制大学时间表。 三、大学对我的意义 在本堂课开始我们先来检查一下上节课的必做作业——思考题（大学对我的意义）。我们都知道上大学不是唯一的选择，我们可以选择上大学，同样也可以选择不上大学。下面我们来看一下活动资料——大学对生涯的意义，请大家从自身特点出发，认真思考以下问题： 1. 上大学或不上大学对我们的生涯意味着什么？ 2. 上大学或不上大学各有哪些优势和劣势？ 3. 对我来说，考上大学意味着什么？原因是？ 4. 为了今后的发展，必须考大学吗？ 5. 考虑到上大学的费用和时间，有投资价值吗？ 6. 考虑到家庭状况，上大学的优点和缺点各有哪些？ 完成活动资料——“大学对生涯的意义”的所有内容的填写。请在组内进行分享。  导师总结：上大学不是唯一选择，是否上大学与我们的梦想、职业目标、社会环境、家庭环境等很多因素都有关系。所以需要持续地进行探索，这样才能作出最佳的选择。 四、了解大学的类型 有数据显示仅有 2.1% 的中学生对所报学校表示“非常了解”；35.5% 的中学生表示“不太了解”；有 10% 左右的中学生甚至“完全不了解”；在中学生挑选志愿学校方式选择里，有 66.1% 的中学生将“学校知名度”作

续表

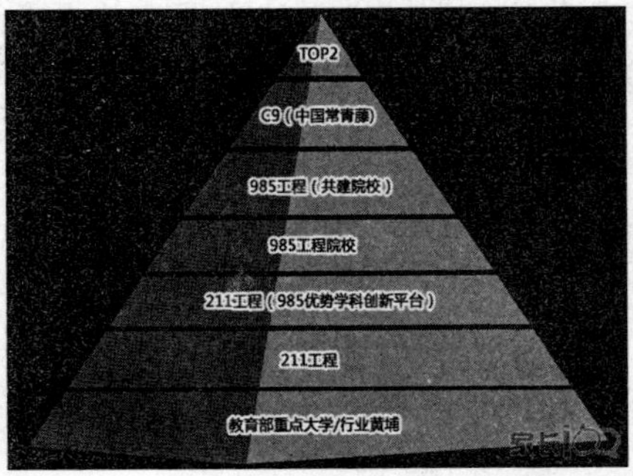

为填报志愿的第一考虑要素。可见我们对大学知识的匮乏程度。

通过e学本，我们已经发送了上节课的另一项课后作业，阅读“大学金字塔”的内容，了解中国大学的分层分类情况。因为内容较多，课下时间显然不够充分，所以再给5分钟的时间阅读了解。阅读结束后，请根据自己的实力（成绩）及特质，完成活动资料“大学的类型”表格填写。根据大学的分类，写出自己的目标大学，以及选择的理由。

大学的类型

大学分类	目标大学	选择的理由
清华、北大		
中国常青藤		
“985 工程”院校		
“985 工程”优势学科创新平台		
设立研究生院的高校		
“211 工程”大学		
省属重点大学		
普通本科院校、独立学院		
职业大学		
网络教育学院		
留　学		
市场营销		

五、探索与自己所关注的专业相关的大学信息

首先搜集目标专业的具体信息，并了解哪些大学设有此专业。完成

续表

活动资料“专业特点和相关大学”和活动资料“开设专业大学与招生信息”。

导师总结：我们知道了解大学的特点和相关招生信息需要从网上收集很多信息，今天课堂上的时间远远不够，想要精准地确定自己的目标方向，找到最适合自己的大学，需要我们课后做大量的工作和持续的探索。

六、编制大学时间表

搜索并了解目标专业都设有哪些科目，模拟编制自己大学一年级第一学期的时间表。完成活动资料“大学时间表”的填写。课堂时间有限，未完成的部分可以作为课后作业的一部分，课后完成。

大学时间表

时　间	星期一	星期二	星期三	星期四	星期五	星期六	星期日
第一节							
第二节							
第三节							
第四节							
第五节							
第六节							
第七节							
第八节							
晚　上							

七、课堂总结

这节课我们进行的内容大多属于需要个人深度思考和探索的内容，因此45分钟的课堂时间是远远不够的，而我们这节课学到的和感受到的，也许不够准确，这就需要后续做大量的探究工作。需要我们特别注意的是在探究中，我们一定要从自身实力和特质出发，结合自身兴趣，找准自己的目标，这样的选择才是正确的。

续表

<table>
<tr><td colspan="2">教学准备
教学活动需要准备的资料、材料(多媒体、表格、挂图、调查表、画图笔等)包括：
1. 清华大学图片；
2. “大学金字塔”图片；
3. “大学的类型”表格；
4. “大学时间表”表格。</td></tr>
<tr><td>注意事项</td><td>1. 引导学生进行深度思考；
2. 激发学生课后继续探索的兴趣。</td></tr>
<tr><td>课后探究（调查、访谈、体验等）</td><td>1. 访谈两位目标大学的学长，以深度了解自己的目标大学；
2. 利用假期去自己的目标大学感受体验。</td></tr>
</table>

【课后反思】

这节课是上节课“了解大学的类型和特点”的一个延续。我们通常会有这样的错觉，认为学生对大学比对专业要熟悉和了解，其实这一课也同样牵涉到特别多的专业知识。我们调查的结果是：有六成以上的学生对大学的了解仅限于知名度，这严重影响了学生生涯规划的发展方向。

我国的大学类型大致分八个不同档次，想要系统而深入地了解这些内容，需要投入大量的精力和时间。尽管课前学生已经预习了相关的阅读材料——《大学金字塔》，但是课堂上学生活动中还是存在对材料不甚了解的情况，此外，想了解大学的特点和招生信息需要从网上收集很多信息，导师应该调动学生的积极性和主动性，让他们在课后自觉地持续不断地进行探索。

这节课的收获是：学生们能够初步了解大学的类型和特点，并根据自己的特质和实力，科学地选择自己心仪的大学，从而制订行之有效的学习计划，为自己目标的实现作出行之有效的努力。

【生涯故事】

“苹果之父”——乔布斯

“苹果之父”——乔布斯的人生充满了“意外”和“惊喜”，其中他的大学选择就是一个“意外”。17 岁的他，放荡不羁，对大学一无所知，仅仅是因为听说里德学院崇尚思想自由，他就不顾养父母的反对，执意选择了这所学费几乎跟丹佛一样贵的大学——里德学院（Reed College），把家里所有的积蓄都花在他的大学学费上。

然而在里德学院期间，他看不出读这所大学的价值所在，也不喜欢那些他不感兴趣的大学必修课，最糟糕的是他在这里根本找不到人生目标。所以在里德学院待了仅仅 6 个月，他就办了休学，休学一年之后他又办了退学。半途而废的大学，说明了乔布斯的这次因不了解大学类型和特点所作出的选择无疑是失败的，甚至对当时的乔布斯和他的养父母来说，算是一场不大不小的灾难，家里花光了所有的积蓄，乔布斯浪费了人生宝贵的 18 个月的黄金时间，这 18 个月过得既不快乐也毫无意义可言。可见，如果我们想选择适合自己的大学、自己心仪的大学，就必须了解大学的类型和特点。

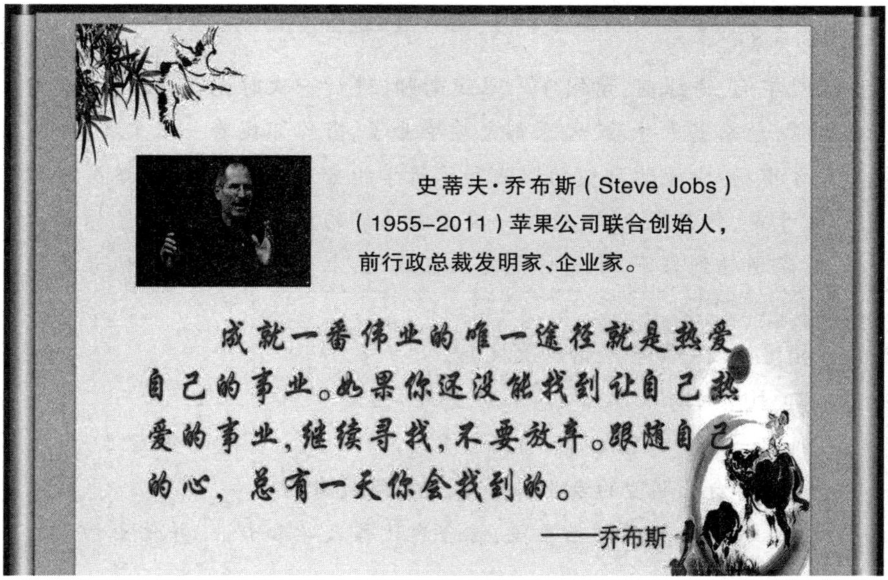
史蒂夫·乔布斯（Steve Jobs）
（1955–2011）苹果公司联合创始人，
前行政总裁发明家、企业家。
成就一番伟业的唯一途径就是热爱自己的事业。如果你还没能找到让自己热爱的事业，继续寻找，不要放弃。跟随自己的心，总有一天你会找到的。
——乔布斯

第十五课　评估专业和大学

本节课让学生能够对自己期望的专业和大学进行深度的分析，引导学生根据自己的职业规划选择适合的专业，根据大学的专业所要求的课程来选科；会利用正确的评估手段综合对比各大学，能够根据自己的目标专业、城市、职业规划选择大学，并作出初步的选择。

优秀教学案例　生涯规划导师　孙永艳

课　题	第十五课　评估专业和大学	2课时
分课题	评估专业和大学(方法指导课)	
教学目标	1. 能对自己期望的专业和大学进行深度分析。 2. 会利用正确的评估手段综合对比各大学和专业，并作出初步的选择。	

教学过程

一、课堂导入

同学们，讲课前，请同学们跟随老师，进行一次时光之旅。请大家闭上眼睛，想象若干年后，大家都大学毕业了。当你怀揣着一纸文凭，奔波于人才市场。由于你期望的职业和你所学的专业不相符，你屡屡被拒之门外。于是，你乞求上帝，给你一次重新选择的机会。上帝答应了你的请求，时光逆转到当下。于是你们能坐在这里，上生涯指导课，评估专业和大学。

相信你们一定会珍惜这次机会。

二、教学目标

我们一起看一下我们的目标：

1. 能对自己期望的专业和大学，进行深度分析。

2. 会利用正确的评估手段，综合对比各大学和专业，并作出初步的选择。

为了实现以上的目标，我们计划这个课程分两课时进行。第一课时，

续表

给出大家一些方法和工具，使同学们明确要实践的任务。第二课时，利用翻转课堂的形式，同学们对实践内容进行分享和交流，从而生成科学的评估数据。希望同学们经过这两节课的探究，能够成为自己专业和大学选择方面的专家。 三、教学过程 现在给同学们 3 分钟的时间，根据前两节我们了解到的专业和学科的信息，以及大学的类型和特点，在纸上写出你所期望的大学和专业，小组讨论一下，你们能采用哪些方法能更深入地了解这些大学和专业。 （同学们讨论交流） 同学们总结交流得非常好。我们可以查阅一些资料和相关的网站，也可以对这些专业和大学进行实地的调查研究。这就是我们的第一项学习任务：学习调查专业和大学。我们在搜索网站和实地考察时要调查哪些具体内容呢？主要内容包括专业概述、必修课程、本专业需要的能力、就业前景，以及与自己特性的关联度，与自己价值观的比较，入学需要具备的条件，调查后的感受，等等。调查结束后，同学们一定要整理好调查内容和结果，为下节课交流分享做准备。 为了能更清晰地呈现调查的内容，我们通常借助于什么样的工具呢？主要是表格的形式。同学们可以参照一下下面的表格。先在表格的右上方写出你期望的若干个专业，然后在表格的左侧，写出关于这些专业的对比项目。而其中关于本专业所属主要的科目和本人擅长的高中科目，一定要认真填写。期望专业和期望职业是否属于相同的领域，以及是否与兴趣能力、性格的特质相符。这些内容在前面的一些课程中，同学们已经充分认识了自己的兴趣、能力和性格，并做了一些测试，在这里可以对比一下。还要看一看这些专业是否符合你本人的价值观，不同的同学价值观是不一样的。这些项目同学们可以自由地增减填写。同时要写出考入大学所需要的高考成绩。 陆游曾说："纸上得来终觉浅，绝知此事要躬行"。仅仅靠查阅资料还不够。同学们一定要去亲自拜访所期望专业的教授或学长、学姐并进行一次访谈。把被访谈人的照片贴到下面的表格中，让他们介绍一下这些专业的特点，并确认与之前你对这些专业的认识是否有出入。要明确为

续表

学好本专业还需要具备哪些能力或态度。这个专业的毕业生毕业后的就业情况怎么样，以及让这些学长和教授说出对你的建议，最后要写出自己的感受和想法。同样，你也可以去探访所梦想的大学，可以到大学中进行实地考察，拍一些大学的照片，问一下学长或者教授，让他们跟你讲一讲这所大学的优势和劣势，还有对你的一些建议，最后还要写出自己的感受和想法。实地考察大学，同学们可以利用双休日对就近的大学进行一些考察，比如，烟台大学、鲁东大学、山东工商学院，还有青岛的青岛大学、青岛科技大学、中国海洋大学等。也可以利用寒暑假对一些较远的大学进行游学考察。例如上海、北京等地的大学，可以利用寒暑假的时间进行一次游学考察。 完成了这些工作以后，你就可以对这些大学和专业进行选择了吗？这还不足够。为什么？你们对这些大学和专业的优先顺序，头脑里是不是比较模糊？所以我们需要结合自身的情况，对这些大学和专业进行对比评估。 这里我给大家讲一个案例。几天前，我参加了同学们组织的生涯规划的行业体验活动。主题是探究光伏发电新能源产业。给同学们讲解的碰巧是我十几年前教过的一个学生。他的讲解非常专业，也非常精彩。于是同学们很崇拜地问他：你是读了什么专业，才进入了这个行业？我的这个学生的回答却出乎大家的意料。他说真是一言难尽啊。当初他报考志愿的时候，由于没能对大学和专业进行充分的调查和评估，这使他所报考的所有的大学和专业都落空了，他被调剂到青岛农业大学的兽医系。完成了4年的学业之后，迷茫中他又选择了当兵。后来发现，部队生活也不适合他，于是他又下来做销售。几年下来，他完全找不到人生的方向，一次偶然的机会让他接触到了现在的行业。他刻苦钻研，用了3年的时间成了这个领域里的行家里手。他给了同学们两条建议：一是做任何选择之前，都要进行深入的调查和科学的评估，做好充分的准备。二就是无论何时，都不能放弃学习。只有不断地学习，才能适应这个变化的社会。他的第二条建议，我们会在下一个课题中接着探究，也就是终身学习和生涯规划的关系。 现在，我们评估各个大学和专业，明确他们在我们心中的权重。让我们一起看一下第二项学习任务。对比和评估专业。我们要能对各个评估

续表

项目，按照自己认为的重要度分配分数，每项的分数为 5 到 20 分，总分为 100 分。评估的项目可以自己选定，也可以参考活动资料中的标准进行适当增减。让我们还是做出一个表格来对比一下。表格的右上方，写出你所期望的大学和专业的名称。表格的左侧罗列出你想对比和评估的项目。比如，这个专业和大学是否符合我的兴趣和能力？期望专业和期望的职业属于同一领域吗？这些与我的梦想是否一致？我目前的成绩可以被录取吗？本专业的未来前景如何？毕业后的就业情况如何？以我的家庭经济状况，目标学校学费合理吗？然后将这些按照心中的权重赋分。评估的结果数据化，更能让我们作出正确的选择。对大学的评估遵循相同的方法。你可以了解一下大学的位置、设施等。还有学生福利和学费等是否符合你的预期，是否符合你的兴趣和能力，学校师资力量你是否满意？是否符合本人的价值观？毕业后的就业前景如何？以及录取的可能性有多大？这些一定要和你现在的成绩做一下对比。我相信当评估的数据跃然纸上的时候，你的选择就会变得很容易了。 四、课堂总结 让我们总结一下这节课完成的任务。第一，我们弄清了如何深入地调查专业和大学。第二，我们分别学会了如何评估专业和大学。 毛主席曾经说过：“没有调查就没有发言权。”相信经过深入调查和科学评估，同学们一定会对自己期望的专业和大学做出更准确的判断和选择。我们的口号是：我的选择，我做主。期待同学们下节课精彩的分享。 五、作业 实践作业是完成 15.1.15.2.15.3 表格。

续表

教学准备

教学活动需要准备的资料、材料（表格、挂图、调查表、画图笔等）。

活动资料 15.1　大学专业调查表

对比项目		期望专业 1	期望专业 2	期望专业 3
专业介绍（大学网站等）				
所属学科门类				
科目				
就业方向				
期望专业和期望职业是否属于相同领域？				
是否与兴趣、能力、性格等特质相符？				
	学费符合经济状况			
	父母同意			
	可以为社会做贡献			
	可以获得薪酬高的职业			
	其他（本人认为重要的价值观）			
为考入大学需要努力的方面				

续表

活动资料 15.2　探访期望专业

专　业	被访人 1	被访人 2	被访人 3
描述被访者的个人特点（或者粘贴照片）			
专业的特点（确认与我之前的认识有无出入）			
为学好本专业需要具备的能力或态度			
毕业后的就业情况			
其他对我的建议			
访谈之后的感受和想法			

活动资料 15.3　探访期望大学

大　学	被访人 1	被访人 2	被访人 3
大学及专业名称			
大学的特点（确认与我之前的认识有无出入）			
用照片或图片展示大学的特点			
本大学的优势			
本大学的劣势			
其他对我的建议			
访谈之后的感受和想法			

续表

活动资料 15.4　对比专业

问项	选择专业时的评价项目	分数（权重）	大学专业	大学专业	大学专业
1	符合我的兴趣和能力吗？				
2	期望专业和期望职业属于同一个领域吗？				
3	与我的梦想一致吗？				
4	以我目前的成绩可以被录取吗？				
5	本专业的未来前景如何？				
6	毕业后的就业情况如何？				
7	以我的家庭经济状况，学费合理吗？				
8	其他评价项目				
合　计		100			

活动资料 15.5　探访期望专业

我想去 ________ 大学的 __________ 专业。					
设有期望专业的大学？		分数（权重）	大学专业	大学专业	大学专业
1	位置和设施（交通、宿舍等）				
2	学生福利（宿舍、奖学金、学生会等）				
3	学费合理与否				
4	符合兴趣和能力				
5	学校师资力量				
6	是否符合本人的价值观（自律、奉献等）				

续表

7	毕业后的就业(就业率、前景)				
8	录取的可能性(与现在的成绩、活动等相比)				
9	……				
合计		100			

注意事项	如果学生期望的大学距离学生就学的地方不远,应鼓励学生到学校拜访相关老师进行访谈。教师有必要为学生的探访活动提供一定的支持,包括调动一些家长资源。
课后探究(调查、访谈、体验等)	1. 填写调查表; 2. 初步填写对比评估表。

【课后反思】

本节课主要让同学们学会科学调查和评估所期望的专业和大学,教师给出一些可操作的工具和方法,教师结合学生的兴趣爱好对他们的价值取向做适当的引导。学生评估和选择的专业和大学,应该既能发挥自身专长,又能对社会作出贡献。教师要调动同学们实践的积极性,引导他们自己去探究和选择,这样才能实现我的选择我做主的目标。

【生涯故事】

我校的部分学生在高一升高二的暑假期间,参加了去往南京和上海的游学活动。学生主要去游学的学校有南京大学、东南大学、复旦大学、上海交通大学和华东师范大学。游学的学生参观大学校园后,产生了强烈的震撼。大学优美安静的校园、校园宽阔平坦的道路、完善的教学措施,以及名校生表现出来的积极向上的精神风貌,给参观的学生以极大的心灵洗礼。另外,我们还聆听了一些教授的讲座,参观了部分实验室,给予学生以精神的启迪,引导学生认识到世界的精彩。游学的学生回来后纷纷表示,以后要以更努力的姿态争取进入名校,为自己心中的梦想而努力。

第十六课　终身学习与生涯发展

本节课主要让学生了解终身学习对于生涯发展的重要性，强调伴随着科技的迅速发展和社会的飞速进步，每个人需要不断地更新知识来适应职业的变化。引导学生探索多种终身学习的方式和机会，将终身学习与自己的生涯发展联系起来。

优秀教学案例　生涯规划导师　孙永艳

课　题	第十六课　终身学习与生涯发展	2课时
分课题	终身学习和生涯发展（方法指导课）	
教学目标	1. 了解终身学习对于生涯发展的重要性； 2. 探索多种终身学习的方式和机会，将终身学习与自己的生涯发展联系起来。	

教学过程

一、课堂导入

上节课我们已经学习了如何去评估你所期望的专业和大学。庄子曾经说过：吾生也有涯，而知也无涯。最新的学习理论表明，只有当一个人的学习速度大于或等于社会改变的速度时，人才能适应这个社会。我们应怎样做才能适应不断发展的客观世界呢？这节课就和大家一起探索一下，如何看待终身学习和生涯发展。

二、教学目标

了解终身学习对于生涯发展的重要性，探索多种终身学习的方式和机会，将终身学习与自己的生涯发展联系起来。这个课程我们安排了两课时，第一课时是方法指导课，了解终身学习的概念，给出方法和工具，明确自己要实践的任务。第二课时是用翻转课堂交流分享，从而生成自己的学习路线图，正确看待高考和终身学习的关系，形成正确的发展理念。

三、教学过程

让我们一起先看一下终身学习概念、出处以及它的发展。

续表

1965年,联合国教科文组织首先提出了终身学习的概念。 1972年,联合国教科文组织出版的《学会生存》一书中对终身学习给出了明确的定义。 1994年首届世界终身学习会议在罗马隆重举行。 1995年,我国教育法首次提出建立和完善终身教育体系。 2007年,高等教育出版社出版《终身教育与中国竞争力》。 终身学习的定义是什么呢? 定义:是指社会每个成员为适应社会发展和实现个体发展的需要,贯穿人的一生的持续的学习过程,也就是说人的一生都要不断地持续地学习,学习并不仅仅发生在人一生中的特定阶段,而是一种持续一生的活动。即:活到老,学到老。 终身学习有什么价值呢? (同学们小组讨论一下,发表自己的意见) 首先,现在的社会已经进入了一个不断发展的时代,只有通过不断地学习,不断地更新自己的知识体系,做到终身学习,才能与时代发展保持同步。我们现在的科技发展,正经历着一场知识大爆炸的时代,所以想要很好地生存,就必须紧跟时代发展的步伐,树立终身学习的理念。 对于个人发展来说,终身学习也便于自我提升,在人的一生发展的不同阶段中,我们会遇到各种各样的难题,这些难题不可能只靠我们在学校所学到的知识来解决;离开学校后,我们还需要继续学习,才能找到解决问题的方法。 学习是人的天性,人是天生的学习者,人的一生就是不断学习的过程,要充实自己的生命,只有通过不断地学习。所以我们一定要树立终身学习的观念,为全面发展奠定基础。 科学的观点认为,人的发展潜能是没有极限的,人的心智发展遵循用进废退的法则,长期坚持学习和训练,可以使心智得到更充分发展,延缓大脑细胞的衰竭。成人的学习能力不随年龄增长而明显下降,而成人学习能力的增长不会因生理成熟而终止。研究表明,一位经常用脑的人,他的脑神经树图可以自觉地延伸,人也会变得更聪明。 要想终身学习,需要具备哪些能力呢?

续表

（同学们小组讨论一下，发表自己的意见） 科学家总结出了七种： 第一，是意志控制能力。要有很强的意志控制力。第二，要有自主学习的能力。第三，要有创新思维的能力。第四，要有目标确定能力，也就是你要知道自己的目标是什么。第五，要有会学习的能力。第六，要有信息素养能力。第七，还要具备综合能力。同学们了解了关于终身学习的概念以后，让我们先完成一个实践性的任务，访谈周边的终身学习者。通过访谈周边的终身学习者，了解关于终身学习的多方面的信息，通过访谈可以了解到终身学习的方式、内容、重要性、学习时间安排、资源投入等各种信息。 我们的第二项实践任务就是要同学们能够探索社会上的终身教育机构，你可以通过互联网等多种渠道探索各种终身教育机构，然后将搜索到的机构列表比较，并在下节课分享，同时，思考如何将这些资源能够利用起来。 现在我们网络上有很多读书软件。如微信读书。这些线上资源都可以帮助我们随时随地学习。我们可以调查一下当地的继续教育性质的机构，如电视大学、老年大学等。调查一下这些机构开设课程的种类，看看能否满足你继续进修的需要。充分调查研究后做好生涯规划，找到适合自己的终身学习方式，我们才能适应社会的发展，实现自己的人生价值。 四、课堂总结 我们这节课明确了终身学习的概念和意义，弄清了生涯规划和终身学习的关系，也知道了现阶段的学习对生涯规则的意义。 希望同学们建立终身学习的理念，合理规划，成就梦想，期待同学们下节课精彩的分享。 五、作业 1. 访谈终身学习者并做好访谈记录。 2. 探索终身教育机构（继续教育的机构），记录在表格中。

续表

教学准备

教学活动需要准备的资料、材料(表格、挂图、调查表、画图笔等)。

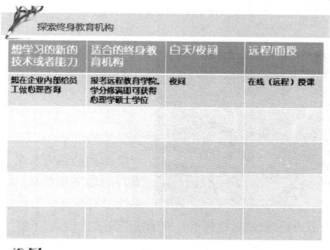

探索终身教育机构

想学习的新的技术或者能力	适合的终身教育机构	白天/夜间	远程/面授
想在企业内部给员工做心理咨询	报考远程教育学院，学分修满即可获得心理学硕士学位	夜间	在线（远程）授课

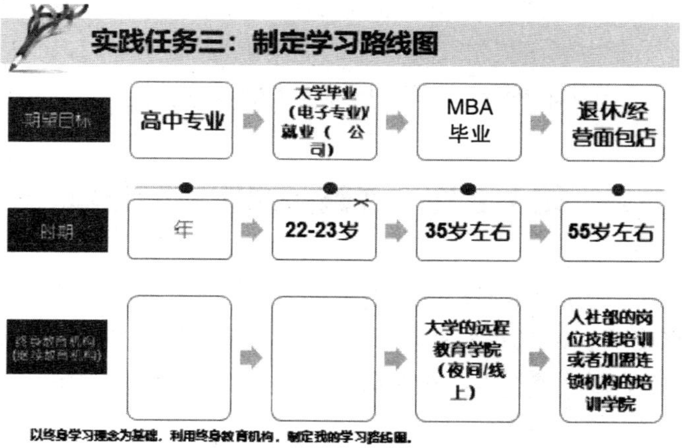

注意事项	收集一些与终身学习有关的文章，提前让学生阅读，以此提高学生对终身学习，以及它的重要性的理解。
课后探究（调查、访谈、体验等）	1. 访谈终身学习者并做好访谈记录； 2. 探索终身教育机构（继续教育的机构），记录在表格中。

【课后反思】

本节课通过举例、引导等方式让同学们认识了终身学习的概念，知道了终身学习和生涯规划的关系，引导同学们了解到探索终身学习的方式和方法，让同学们对现阶段的学习和终身学习有了更高层次的认识。

【生涯故事】

莫　言

莫言是中国第一个获得诺贝尔文学奖的作家。莫言走出家乡后，第一个来到的地方就是龙口。莫言在龙口当过多年的兵，他的散文中也多次书写在龙口当兵时期苦读文学名著和积极投稿的故事。我们引导学生阅读莫言的散文，了解他是如何做到终身学习的，如何将自己当作家的梦想与终身学习紧密联系到一起的，实现一个小学毕业生到诺贝尔获奖作家的涅槃重生。这次学习，让学生有了深刻的认识：学习无处不在，终身学习是现代人的基本技能。

第十七课　了解关心职业的特点

本节课是将前面探索过的个人特质与职业信息联系起来，教师引导学生初步选定喜欢的几种职业，并通过学生后续的职业体验加深对职业的了解。课上的很多内容都需要在课前、课后进行一些探索活动。因此，教师应特别留意整体流程的把控。

优秀教学案例　生涯规划导师　刘治品

课　题	第十七课　了解关心职业的特点	1课时
教学目标	1. 通过多种渠道搜集期望职业的相关信息； 2. 对搜集到的信息进行对比和评价； 3. 制订职业人物访谈提纲，为职业体验做准备。	

续表

教学过程 一、课堂导入 观看《世界永远都在变化》视频，无论是自己还是外部世界都处于不断的变化之中，我们要及时了解外部世界的变化，了解自己关心职业的方方面面，才能作出正确的选择。 在前面的课程当中，我们已经对个人的特质、大学和专业进行了探索，经过自己对职业信息的不断积累，大家对以前自己选定的职业方面有了新的认识，进而有了新的选择，今天我们要通过后续的职业体验加深对职业的了解。 二、职业信息对比和评价 发放职业信息对比和评价表（后附活动资料 17.1） 让学生将课前通过网站、电影、访谈等形式了解到的职业信息整理出来，在组内进行分享。 调查和分享的内容包括职业的工作性质与兴趣 / 性格 / 能力的关系、学历要求、相关专业、相关资格证书、薪酬、职业前景等多方面的内容。 每个学生都充分发表调查的内容和结果，同时得到同学们的反馈，并与其他同学调查的结果进行对比和反思。 请完成度比较高的同学在全班同学面前发表和分享。 三、制订职业目录 1. 重新制订职业目录（后附活动资料 17.2） 大家在第二单元和第三单元中不仅对自己的特质，而且对职业世界、大学和专业都有了一定的了解，请大家重新回顾一下曾经制订过的职业目录，并进行适当调整和完善。 2. 制订访谈提纲 发放访谈提纲表格（后附活动资料 17.3） 分组讨论和制订职业人物访谈提纲。 每组讨论并梳理出关键提问 10～15 项。 请几位想发表自己想法的同学在全班同学面前分享访谈提纲。 3. 发放职业体验报告书（后附活动资料 17.4～17.7）并讲解 4 种职业体验报告书的使用方法。

续表

<table>
<tr><td>
给大家一周的时间进行职业体验活动，并提交职业体验报告书。
四、总结与反馈
1. 在反馈表中填写；
2. 归纳本节课后的收获（含感受到的、联想到的问题等）。
五、课堂总结
本节课我们重新制订了职业目录，大家也对自己关心的职业有了更加深入的了解，但是还远远不够。下节课提交职业体验报告书，进行《我的第一份工作》模块的学习。希望大家能够对所关心的职业有切身的体验。
</td></tr>
<tr><td>
教学准备
教学活动需要准备的资料、材料（表格、挂图、调查表、画图笔等）。
17.1　职业信息对比和评价表
（职业信息对比和评价；发放职业信息对比和评价表）
将搜集的信息填入下表，并分析信息的特点。
<table>
<tr><td>方　法</td></tr>
<tr><td>对比项目</td></tr>
<tr><td>工作性质（内容）</td></tr>
<tr><td>兴趣 / 能力 / 性格</td></tr>
<tr><td>学　历</td></tr>
</table>
</td></tr>
</table>

续表

相关专业
相关资格
薪　酬
职业前景
我对该职业的综合意见

17.2　制订职业目录（制订职业目录；重新制订职业目录）

探索过的职业目录。

我喜欢的职业	父母／朋友推荐的职业	心理测评推荐的职业	价值观推荐的职业	交　集

续表

探索过的职业目录

职业名称	喜爱(关心)的原因	类似职业	
(例子)银行职员	符合我的兴趣和能力	公司的会计或出纳	
我期望的职业	对最符合我自身特点的职业排序		
	1	2	3

职业名称				
方　法	搜集方式1	搜集方式2	搜集方式3	搜集方式4
对比项目				
工作性质(内容)				
兴趣/能力/性格				
学　历				
相关专业				
相关资格				
薪　酬				
职业前景				
我对该职业的综合意见				

续表

17.3　制订访谈提纲(制订访谈提纲 发放访谈提纲表格)

请列出职业人物访谈时最佳的10～15个提问。

	提　问
1	
2	
3	
4	
5	
6	
7	
8	
9	
10	
11	
12	
13	
14	
15	

续表

17.4　职业体验前期调查报告书(发放职业体验报告书)

让我们对拟做职业体验的机构提前进行一些调查。

<table>
<tr><td>机构名</td><td colspan="6"></td></tr>
<tr><td rowspan="2">性　质</td><td>政府机关</td><td colspan="2">国　企</td><td>外　企</td><td>民　企</td><td>其　他</td></tr>
<tr><td></td><td colspan="2"></td><td></td><td></td><td></td></tr>
<tr><td>主要业务</td><td colspan="6"></td></tr>
<tr><td rowspan="2">体验形式</td><td colspan="2">参　观</td><td colspan="3">现场体验</td><td>访　谈</td></tr>
<tr><td colspan="2"></td><td colspan="3"></td><td></td></tr>
<tr><td>时　间</td><td colspan="6"></td></tr>
<tr><td>计划重点了解的内容</td><td colspan="6"></td></tr>
<tr><td>位置及交通路线</td><td colspan="6"></td></tr>
<tr><td>网　址</td><td colspan="6"></td></tr>
<tr><td>负责人联系方式</td><td colspan="6"></td></tr>
<tr><td>备　注</td><td colspan="6"></td></tr>
<tr><td>其　他</td><td colspan="6"></td></tr>
</table>

续表

17.5　职业体验报告书 1（发放职业体验报告书）

<table>
<tr><td colspan="6">职业体验报告书 1</td></tr>
<tr><td>年　级</td><td></td><td>班　级</td><td></td><td>姓　名</td><td></td></tr>
<tr><td>日　期</td><td></td><td>访问地点</td><td colspan="3"></td></tr>
<tr><td colspan="2">被访机构里存在的职业种类</td><td colspan="4"></td></tr>
<tr><td rowspan="2">探索我关注的职业（参观）</td><td>职业名</td><td colspan="4"></td></tr>
<tr><td>描述观察到的内容</td><td colspan="4"></td></tr>
<tr><td rowspan="4">感　想</td><td>预期的内容</td><td colspan="4"></td></tr>
<tr><td>印象深刻的场面</td><td colspan="4"></td></tr>
<tr><td>好的地方</td><td colspan="4"></td></tr>
<tr><td>遗憾的地方</td><td colspan="4"></td></tr>
</table>

续表

17.6 职业体验报告书 2（发放职业体验报告书）

<table>
<tr><td colspan="6">职业体验报告书 2</td></tr>
<tr><td>年　级</td><td></td><td>班　级</td><td></td><td>姓　名</td><td></td></tr>
<tr><td>日　期</td><td></td><td>访问地点</td><td colspan="3"></td></tr>
<tr><td colspan="2">被访机构里存在的职业种类</td><td colspan="4"></td></tr>
<tr><td rowspan="7">探索我关注的职业（访谈）</td><td>职业名</td><td colspan="3"></td><td>与职业人士拍照留念</td></tr>
<tr><td>工作内容</td><td colspan="3"></td><td rowspan="6"></td></tr>
<tr><td>兴趣或能力</td><td colspan="3"></td></tr>
<tr><td>学历（准备方法）</td><td colspan="3"></td></tr>
<tr><td>相关专业</td><td colspan="3"></td></tr>
<tr><td>相关资格</td><td colspan="3"></td></tr>
<tr><td>前　景</td><td colspan="3"></td></tr>
<tr><td rowspan="2">感　想</td><td>预期的内容</td><td colspan="4"></td></tr>
<tr><td>印象深刻的场面</td><td colspan="4"></td></tr>
</table>

续表

	好的地方	
	遗憾的地方	

17.7　职业体验报告书3（发放职业体验报告书）

<table>
<tr><td colspan="6">职业体验报告书3</td></tr>
<tr><td>年　级</td><td></td><td>班　级</td><td></td><td>姓　名</td><td></td></tr>
<tr><td>日　期</td><td></td><td>访问地点</td><td colspan="3"></td></tr>
<tr><td colspan="2">被访机构里存在的职业种类</td><td colspan="4"></td></tr>
<tr><td rowspan="3">探索我关注的职业（访谈）</td><td>职业名</td><td colspan="4"></td></tr>
<tr><td>我的导师</td><td colspan="4"></td></tr>
<tr><td>我的业务(我做过的事情／一天的工作安排)</td><td colspan="4"></td></tr>
<tr><td rowspan="4">感　想</td><td>预期的内容</td><td colspan="4"></td></tr>
<tr><td>印象深刻的场面</td><td colspan="4"></td></tr>
<tr><td>好的地方</td><td colspan="4"></td></tr>
<tr><td>遗憾的地方</td><td colspan="4"></td></tr>
</table>

续表

注意事项	强调学生将课前通过网站、电影、访谈等形式了解到的职业信息整理好。讨论结束后一定要及时提交材料到平板电脑上。
课后探究（调查、访谈、体验等）	1. 在反馈表中填写，思考本节课学到的、感受到的、产生的问题等； 2. 下节课提交职业体验报告书，进行《我的第一份工作》模块的学习。

【课后反思】

1. 在职业信息对比和评价环节，“请完成度比较高的同学在全班同学面前发表和分享”，实际就是让平时学习成绩比较好的学生起来发言，这样就剥夺了平时学业成绩不佳的同学的机会，而这些学生恰恰更需要鼓励，而且他们当中也有很多人愿意起来发言，自己为了上课的流畅而牺牲了部分学生的机会是不应该的。

2. 在制订访谈提纲环节，我是先给大家看了一个我提前拟好的访谈提纲，希望给大家提供一个思路。可是同学们最后提交交流的访谈提纲大多是对我出示的访谈提纲的修改，基本没有脱离我的思路。没想到自己的示例成为严重束缚学生思路的一个障碍了，其实可以只是概括地提示一些方向就可以了，具体的问题还是不要替学生提出来。

3. 在介绍职业体验报告书环节，我先讲，然后让同学们提问，时间花费不少。其实很多东西我不讲学生也明白，可以让同学们先看，然后就不懂的地方提问，老师再就重点的地方进行强调，这样可以节省不少时间。

【生涯故事】

《我的前半生》热播之后，不少同学对咨询师非常感兴趣。我鼓励学生通过各种途径收集咨询师的相关资料。学生首先通过电视剧总结咨询师工作的优缺点：优点是高薪，年薪百万不是梦，工作地点多是一线城市，工作是为大公司提供咨询服务，同事多是行业精英。缺点是非常辛苦，加班加点是常态，且学历要求非常高。一些同学通过知乎网等查询行业翘楚麦肯锡咨询公司和波士顿咨询公司的招聘条件和日常生活状态。经过小组讨论，学生基本绘制出咨询师工作的学历要求、证书要求和工作日常以及升迁途径。通过这一系列的职业探索活动，小组代表在全班同学面前展示成果，让我们县城的学生也能触摸到大城市金领的脉搏。

第十八课　我的第一份工作

本节课让学生对自己职业体验活动的过程和结果进行总结和分享。因此，课前的职业体验活动至关重要，应向学生提供较为充足的探索时间。职业体验大体上可分为参观、访谈、体验三种，教师应鼓励学生不要停留在单纯的参观访问上，应进行深度访谈和亲身体验具体的工作，这样才能真正实现职业体验的价值。

优秀教学案例　生涯规划导师　刘治品

课　题	第十八课　我的第一份工作	1 课时
教学目标	1. 通过职业体验加深对职业的了解； 2. 与同学们分享职业体验的经验，获得更多有价值的信息。	
教学过程 一、课堂导入 大家想象一下，我们在人生的最后时刻，行将就木之时，最想做的是什么？（旅游？亲情？吃好吃的？睡觉？）对，这个时候生命显得如此珍贵，这个时候我们会祈求，上天啊，再给我一年的时间吧，我愿意拿我所有的财富来换取一年的光阴，可能吗？时间无价。现在我告诉你，我将免费送给你一年的光阴，并且是 18 岁的年华，你高兴吗？可是在我做这个假设之前，没看出来大家这么高兴的。现在大家拥有的正是十七八岁的年华，可是由于专业选择失误，你们会在大学中，在工作中走很多弯路，有的人能够转个弯再回到正路上来，有的人则在自己不喜欢、不擅长的职业中越走越远，即便是转个弯回来的同学，时间的浪费是不可避免的。是什么造成了这么大的损失？对，是职业生涯规划没做好，具体说是		

续表

以前对职业体验得不够深入，等他真正进入这个专业、这个职业的时候，他才发现，怎么跟我想的完全不是一回事呢？关键就是你光想当然了，没有深入体验，没有互相分享、互相交流。那么今天我们就来分享职业体验的经验，获得与你所选职业有关的宝贵信息。

二、分享体验结果（20分钟）

1.请同学们拿出上次课后发放的职业体验报告书在组内分享职业体验的过程和结果。

我们来看一下同学们在平板电脑上提交的几份报告。

18.1　职业体验前期调查报告书

让我们对拟做职业体验的机构提前进行一些调查。

<table>
<tr><td>机构名</td><td colspan="5">临沂源盛食品有限公司</td></tr>
<tr><td rowspan="2">性　质</td><td>政府机关</td><td>国　企</td><td>外　企</td><td>民　企</td><td>其　他</td></tr>
<tr><td></td><td></td><td>√</td><td></td><td></td></tr>
<tr><td>主要业务</td><td colspan="5">食品加工</td></tr>
<tr><td rowspan="2">体验形式</td><td colspan="2">参　观</td><td colspan="2">现场体验</td><td>访　谈</td></tr>
<tr><td colspan="2"></td><td colspan="2">√</td><td></td></tr>
<tr><td>时　间</td><td colspan="5">2018年7月30日—2018年8月10日</td></tr>
<tr><td>计划重点了解的内容</td><td colspan="5">食品加工</td></tr>
<tr><td>位置及交通路线</td><td colspan="5">山东省临沂市罗庄区</td></tr>
<tr><td>网　址</td><td colspan="5">http://yuanshenglinyi.foodmate.net/</td></tr>
<tr><td>负责人联系方式</td><td colspan="5">0539-8918728</td></tr>
</table>

续表

18.2 职业体验前期调查报告书

让我们对拟做职业体验的机构提前进行一些调查。

机构名	龙辰广告				
性 质	政府机关	国 企	外 企	民 企	其 他
				√	
主要业务	食品加工				
体验形式	参 观	现场体验	访 谈		
	√		√		
时 间	2018年8月25日				
计划重点了解的内容	利用自有媒介发布广告,设计、制作广告,代理广告,固定形式印刷品广告,信息中介,房产中介				
位置及交通路线	山东省烟台市龙口市中国联通嘉元社区营业厅(海港路南)二路公交				
网 址	暂 无				
负责人联系方式	战永全:13375453189				
备 品	笔、笔记本、照相机				

续表

18.3　职业体验报告书 1

<table>
<tr><td colspan="6">职业体验报告书 1</td></tr>
<tr><td colspan="2">年　级</td><td>高　一</td><td>班　级</td><td>四　班</td><td>姓　名</td><td>孙瑜聪</td></tr>
<tr><td colspan="2">日　期</td><td>暑　假</td><td>访问地点</td><td colspan="3">城　里</td></tr>
<tr><td colspan="3">被访机构里存在的职业种类</td><td colspan="4">超市员工</td></tr>
<tr><td rowspan="2">探索我关注的职业（访谈）</td><td colspan="2">职业名</td><td colspan="4">厨　师</td></tr>
<tr><td colspan="2">描述观察到的内容</td><td colspan="4">制作盒饭的过程</td></tr>
<tr><td rowspan="4">感　想</td><td colspan="2">预期的内容</td><td colspan="4">做饭火光冲天的场面</td></tr>
<tr><td colspan="2">印象深刻的场面</td><td colspan="4">制造的场面</td></tr>
<tr><td colspan="2">好的地方</td><td colspan="4">大国工匠精神　仔细认真投入情感</td></tr>
<tr><td colspan="2">遗憾的地方</td><td colspan="4">无</td></tr>
</table>

续表

18.4　职业体验报告书 2

职业体验报告书 2						
年　级		高　二	班　级	七　班	姓　名	王琛迪
日　期			访问地点	城　里		
被访机构里存在的职业种类			心理医生			
探索我关注的职业（参观）	职业名		心理医生			
	描述观察到的内容		震　撼			
感　想	预期的内容		帮助有心理问题的患者			
	印象深刻的场面		为有心理问题的患者做心理疏导，由眉头紧皱到露出微笑			
	好的地方		医者仁心，解决心理问题			
	遗憾的地方		较　少			

续表

18.5　职业体验报告书 3

<table>
<tr><td colspan="6">职业体验报告书 3</td></tr>
<tr><td>年　级</td><td>高　二</td><td>班　级</td><td>四　班</td><td>姓　名</td><td>韩　术</td></tr>
<tr><td>日　期</td><td>2018 年
6 月 8 日</td><td>访问地点</td><td colspan="3">南山博商购物中心</td></tr>
<tr><td colspan="2">被访机构里存在的职业种类</td><td colspan="4">超市店长、百货管理员、超市采购主管、配送专员、文员、储备干部</td></tr>
<tr><td rowspan="2">探索我关注的职业（参观）</td><td>职业名</td><td colspan="4">超市采购主管</td></tr>
<tr><td>描述观察到的内容</td><td colspan="4">协调各部门经理的工作并予以指导
各项费用支出审核、预算审核、报批落实</td></tr>
<tr><td rowspan="4">感　想</td><td>预期的内容</td><td colspan="4">督导新商品的引入、开发特色商品及供应商督导滞销商品</td></tr>
<tr><td>印象深刻的场面</td><td colspan="4">本部门工作计划的制订及组织实施和监督管理</td></tr>
<tr><td>好的地方</td><td colspan="4">在公司总体经营策略指导下，制订符合当地市场需求的营运政策、客户政策、供应商政策、商品政策、价格政策、包装政策、促销政策、自有品牌政策等经营政策</td></tr>
<tr><td>遗憾的地方</td><td colspan="4">无</td></tr>
</table>

续表

18.6　职业体验报告书 4

<table>
<tr><td colspan="6">职业体验报告书 4</td></tr>
<tr><td>年　级</td><td>高　二</td><td>班　级</td><td>七　班</td><td>姓　名</td><td>陈　杭</td></tr>
<tr><td>日　期</td><td></td><td>访问地点</td><td colspan="3">山东省临沂市罗庄区源盛食品临沂有限公司</td></tr>
<tr><td colspan="2">被访机构里存在的职业种类</td><td colspan="4">生产管理者、业务管理者、销售管理者、质量管理者、生产者</td></tr>
<tr><td rowspan="3">探索我关注的职业（体验）</td><td>职业名</td><td colspan="4">质检员</td></tr>
<tr><td>我的导师</td><td colspan="4">刘幸印</td></tr>
<tr><td>我的业务（我做过的事情／一天的工作安排）</td><td colspan="4">了解食品中微生物标准的要求，有各类霉菌、酵母菌的标准控制，在显微镜下观察微生物</td></tr>
<tr><td rowspan="4">感　想</td><td>预期的内容</td><td colspan="4">了解到了食品也有微生物标准的要求，有各类霉菌、酵母菌的标准控制</td></tr>
<tr><td>印象深刻的场面</td><td colspan="4">在显微镜下观察到在没有控制的食品内的微生物的含量如此之高</td></tr>
<tr><td>好的地方</td><td colspan="4">对食品质量控制有了粗浅了解</td></tr>
<tr><td>遗憾的地方</td><td colspan="4">学习时间太短，只是从表层了解一些食品质量体系</td></tr>
</table>

接下来，再请两位同学站起来，交流一下自己的报告。在分享的过程中，请大家使用活动资料 18.1 来记录自己的感受。

呈现同学们提交的一份感受资料。

续表

18.7　我的第一份工作

我经历了一次职业体验的过程，作为学生时期的“我的第一份工作”，都留下了什么样的记忆和感受呢？

职业体验过程	8 点左右来到南山博商购物中心找到负责人领任务并开始观察、学习、工作
职业体验之后的感受	本次活动我切身体会到了这份工作的不易，由衷地敬佩从事这项工作的人，也很骄傲自己能够成为他们其中的一员。虽然很累但是很充实
其他同学的经验或者感受	很累很兴奋也很快乐，大家都说体会到了团队合作的重要性
对我的启发	我认识到应当尊重每一份工作，爱惜别人的劳动成果，同伴之间要互帮互助。今后我必不会忘记此行所学，日后也会积极实践我所言

这位同学的感受对你有没有什么启发呢？

三、绘制职业地图

1. 请同学们在一张白纸上将自己的职业体验结果，尤其是将体验过的一些职业用图画自由地表现出来即可。

2. 画完之后，请各小组将自己的作品贴在教室的墙壁上，每人将自己手中的一张彩贴贴给自己认为绘制得最优秀的小组作品，获得彩贴最多的小组将获得“最佳作品奖”。展示最佳作品奖上传的图片。

四、课堂总结

这节课既有分享，又有学生的动手操作，学生主体地位体现得比较充分，但也存在头重脚轻的问题。在本节课开始阶段学生分享占用的时间较多，导致最后学生绘制职业地图的时间很仓促，很多人未能完成，实在遗憾。

续表

教学准备

教学活动需要准备的资料、材料(表格、挂图、调查表、画图笔等)。

绘制职业地图

让我们综合组内同学的参观、访谈、体验等结果,绘制我们的职业地图吧!（在二、2的后面,展示最佳图片）

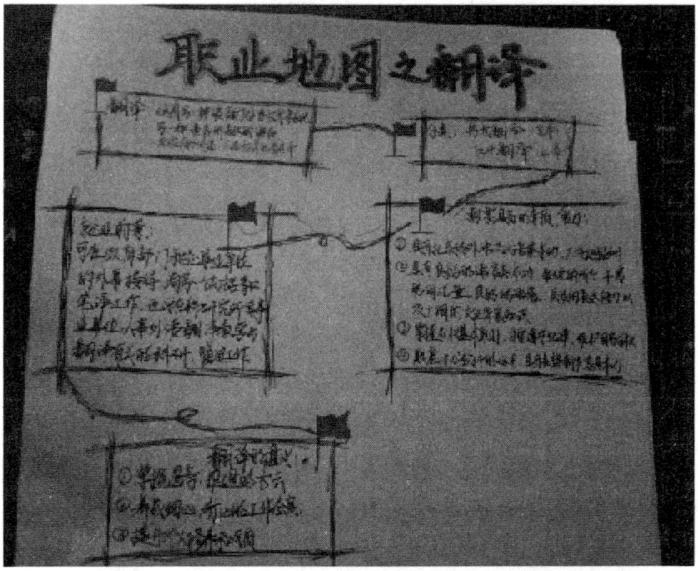

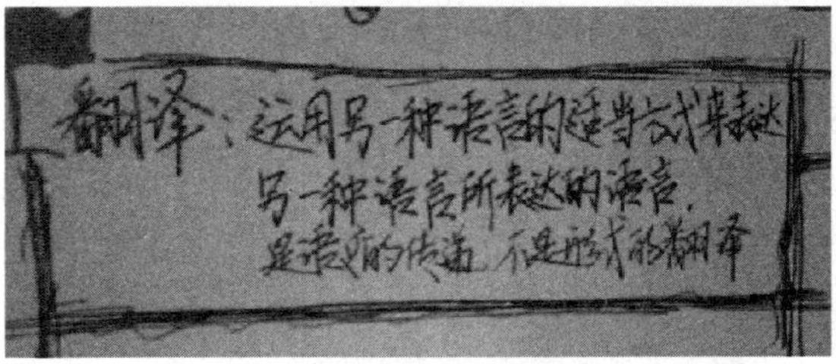

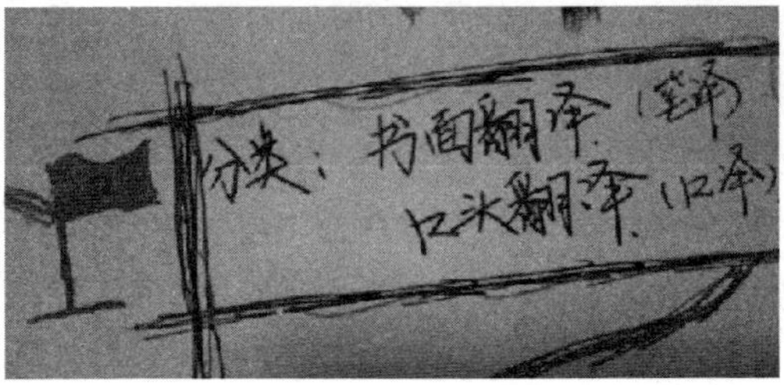

续表

<table>
<tr><td colspan="2">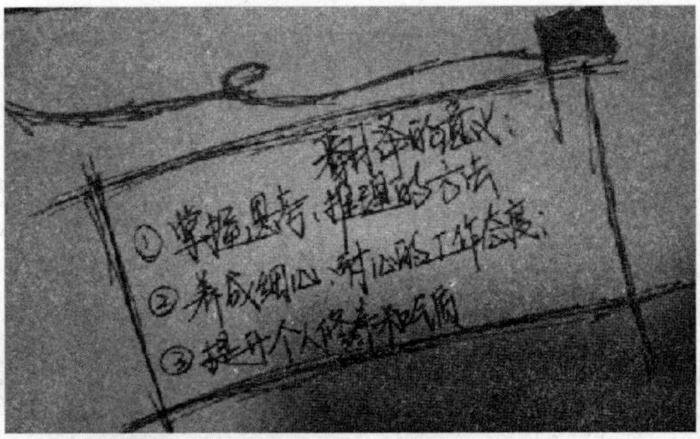

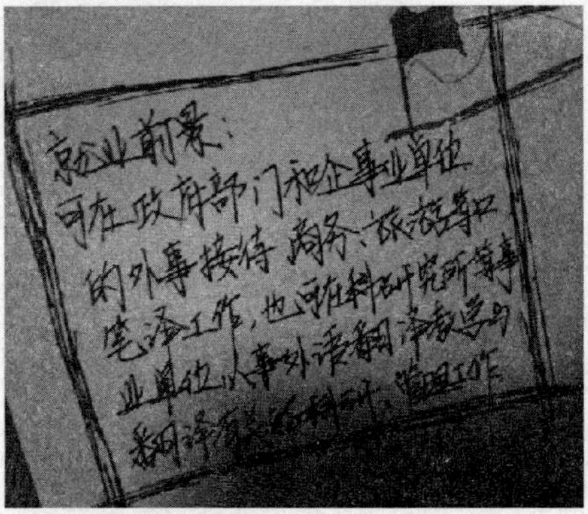

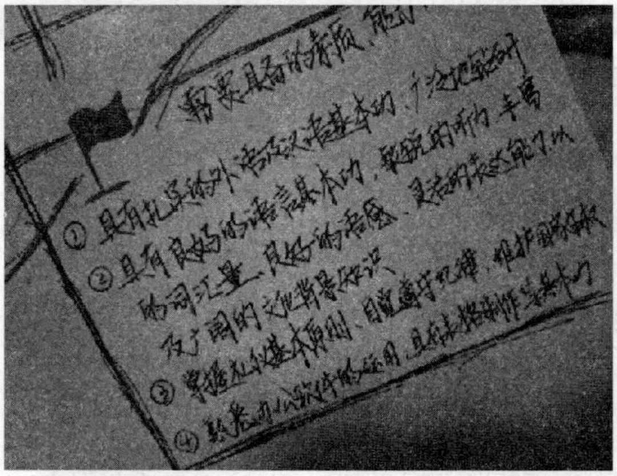</td></tr>
<tr><td>注意事项</td><td>1. 分享上节课调查表的时候要注意把握节奏；
2. 职业地图可以提前准备一些给同学们一些启发。</td></tr>
</table>

续表

课后探究（调查、访谈、体验等）	1. 填写反馈表，思索本节课学到的、感受到的、产生的问题等； 2. 上课时未完成职业地图的同学，下课后继续进行，本周内完成职业地图。

【课后反思】

1. 由于备课时间有限，课前准备环节并没有搜集好所有类型的职业体验报告书，导致在分享职业体验报告书环节并没有把职业体验报告书的所有类型都分享，而之所以没有把所有类型的职业体验报告书搜集全，是因为大家对最后一种职业体验报告书（体验类）存在畏难心理，而正是这种体验类职业体验报告书对学生深入体验职业的帮助是最大的。几乎没有学生去做这类职业体验。还是自己上节课最后没有提前预测到学生的畏难心理，提前的心理引导不足。以后在上一节课最后介绍职业体验报告书环节一定要及时疏导，引导学生排除万难，本着为自己负责的精神把职业体验报告书做好。

2. 本节课在分享上节课留的作业时花费时间过多，导致第二步分享职业体验过程时不能多给时间，每个组只是一两个同学分享了自己的经验，最后一步绘制职业地图时很多同学迟迟不能动手。这个职业地图应该让学生提前查找资料，明确什么叫职业地图？职业地图都有哪些形式？之后再绘制职业地图，效果会更好一些。

【生涯故事】

学生在职业生涯规划中，不少女生理想的职业是会计。问她们选择会计的原因则多是有一技之长、好找工作、工作稳定。多数女生看重的是会计的社会属性，而对工作本身不够了解。我联系了龙口某公司的王会计。职业规划中初步确定职业是会计的女生见证了王会计的一天，包括她报表、结账、报税等工作，让学生对会计工作有了直观的了解。活动结束后，一部分女生坚定了自己以后当会计的职业理想，表示要不断训练自己的逻辑思维能力和从数据中提取信息的能力；另一部分同学则决定以后选择其他职业理想。职业体验，让学生真正体会到职业的苦与乐，真正地能找到为之奋斗一生的职业。

【拓展导读】

台湾大学教授周志文曾经写过他女儿的故事，做好他“笨女儿”的生涯规划，守候呵护她，静待她花开浪漫。周教授的女儿球儿生下来圆圆滚滚的，因此起名叫球儿。球儿生下来做什么都比平常人慢一拍，她学习背唐诗，常常弄混诗句，错误百出。领会他人话语的本领比不上小她两岁的妹妹。球儿上小学后，一次老师让她到“保健室”拿健康名册，她听成“宝剑室”，一间间房间找，她找不到，还在小小的校园里迷了路。她的成绩在普通学校处于中等偏下的水平。球儿也有优点，在偶然中父母发现她在音乐方面很有灵性，喜欢音乐且能体悟音乐中蕴含的情感。于是让她跟着一位音乐老师练习钢琴6年。凭借她对音乐的天赋，她考进光仁学校音乐班。这是球儿的第一次胜利，父母给予她足够的鼓励。但周教授夫妇也隐隐担心，一旦选择音乐班，大部分时间学音乐，就难有其他出路了，如果球儿学了两三年放弃了，未来又该如何呢？但周教授夫妇看到女儿神采飞扬的样子，还是尊重她的生涯规划。进入光仁学校后，球儿音乐学得不错，但文化课多次不及格。球儿学习成绩差，很少有同学跟她交往，生日晚会往往只有父母陪伴她。在这期间，父母没有苛刻要求球儿，对待球儿非常民主。球儿高中毕业时，周教授想如果球儿不能考入大学，去超市当售货员也很好啊，只要她能快乐、幸福地生活就好了。幸运的是，球儿通过音乐特长考试，被东海大学的音乐科录取了。球儿在大学期间，由于音乐系课程以音乐为主，而这正是球儿的特长，她成绩很好，又喜欢帮助他人，于是她结交了很多朋友。球儿重新建立信心，神采奕奕，整个人变得富有魅力。球儿本科毕业后，到美国马里兰大学攻读了博士学位。周教授教育女儿的成功之处在于，他很好地根据女儿的兴趣特点进行了生涯规划。每个人都有自己的特长和不足之处，找到并充分发挥自己的特长，就是很成功的生涯规划。球儿在成长过程中，周教授不放弃、不抛弃，帮助女儿找到自己的兴趣点并且教导孩子发现自我、肯定自我，让孩子的价值和尊严得到充分的肯定，这就是周教授为女儿生涯规划的成功之处。

第四单元　生涯设计

本单元是在前面完成了自我探索、了解职业、生涯探索基础上的继续，既是对前面三个单元所有内容的运用，又是对未来生涯发展的展望和规划。本单元共包含六课内容：第十九课为《我的生涯决策类型》，授课内容除了让学生明确自己的生涯决策类型外，还设置了了解生涯决策的重要性、了解生涯决策的影响因素等环节；第二十课为《探索克服障碍的方法》，本节课是针对生涯决策过程中遇到一些障碍的实际情况而设置的，由两部分组成：探索生涯决策过程中的阻碍因素；探索克服障碍的方法，这些内容具有普遍适用性；第二十一课为《科学进行生涯决策》，本节课的主要目标是让学生学会如何科学进行生涯决策，由了解生涯决策的过程和科学进行生涯决策两部分内容组成；第二十二课为《制订长期生涯计划》，是在已经制订了生涯决策的基础上的继续，由三部分组成，分别为了解计划的重要性、制订长期生涯计划、评估生涯计划准备程度；第二十三课为《制订阶段性目标》，本节课是前一课《制订长期生涯计划》的姊妹篇，因为任何长远计划都需要一步一步去完成，所以确定阶段性目标是本节中的主要完成目标，此外还包含探索提升自身目标实现力的方法部分；第二十四课为《完善生涯规划》，本节课的主要目标是让学生在对自己的生涯规划进行评估的基础上，对其进行进一步完善。整节内容由两部分组成，分别为评估和调整生涯规划、培养终身学习意识与自主学习能力。

第十九课　我的生涯决策类型

本节课由三大部分组成，分别为了解生涯决策的重要性；了解生涯决策的影响因素；探索我的生涯决策类型并了解、强化和弥补此种决策类型的优缺点。第一部分采用出示趣味图和小组讨论的方式进行；第二部分采用小组讨论发言后教师归纳、总结、补充的形式完成；第三部分采用测试资料和小组讨论方式进行。

优秀教学案　生涯规划导师　于巧红

课　题	第十九课　我的生涯决策类型	1课时
教学目标	1. 了解生涯决策的重要性； 2. 了解生涯决策的影响因素； 3. 探索我的生涯决策类型并了解、强化和弥补此种决策类型的优缺点。	

教学过程

一、课堂导入

出示两幅图，并给出一句话“许多人费劲爬到了梯子的顶端，才发现梯子架错了墙”。

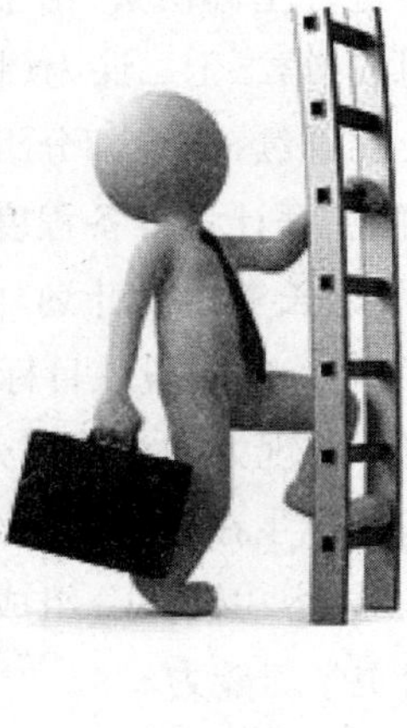

问题：决策重要吗？为什么？

二、明确学习目标

1. 了解生涯决策的重要性；

2. 了解生涯决策的影响因素；

续表

3. 探索我的生涯决策类型并了解、强化和弥补此种决策类型的优缺点。

三、决策、生涯决策定义

决策：是为了达到一定目标，采用一定的科学方法和手段，从两个以上的方案中选择一个满意方案的分析判断过程。正确理解决策概念，应把握以下几层意思：

（1）决策要有明确的目标

决策是为了解决某一问题，或是为了达到一定目标。确定目标是决策过程的第一步。决策所要解决问题必须十分明确，所要达到的目标必须十分具体，没有明确的目标，决策将是盲目的。

（2）决策要有两个以上准备方案

决策实质上是选择行动方案的过程。如果只有一个备选方案，就不存在决策的问题。因而，至少要有两个或两个以上方案，人们才能从中进行比较、选择，最后选择一个满意方案为行动方案。

（3）选择后的行动方案必须付诸实施

如果选择后的方案，束之高阁，不付诸实施，这样，决策也等于没有决策。决策不仅是一个认识过程，而且是一个行动的过程。

生涯决策：是一个依据决策者自身的特性，并参照外在环境的现状与发展趋势，通过合乎逻辑的分析，最终确定未来适当的教育或职业领域的过程。

尤其强调生涯决策是一个过程，而不单单是最终结果。

四、探讨决策重要性

1. 小组活动

小组交流分享对决策重要性的理解

2. 教师总结并以身说教

世界上有多少有才华的失败者，世界上有多少高学历的无业游民，而导致这种局面往往是选择错误。人生有时重要的不是努力，也不是奋斗，却是选

续表

择。以教师自身大学毕业前夕，研究生毕业前夕面临的多种选择，以及作出的什么选择，作出这种选择后对以后的可能发展产生了什么样的影响等为例来总结决策重要性，并在此基础上让学生小组内分享自己曾经的一次选择，以及对后来的影响，从而进一步认识决策的重要性。

五、影响决策因素

决策对我们的人生和生涯发展如此重要，但作出某种决策会受到多种因素影响，了解影响决策的因素就显得非常必要，你认为影响生涯决策的因素有哪些呢？

1. 小组活动

小组交流分享影响决策的因素。

2. 教师总结

概括而言，影响决策的因素可以分为两类：外部因素和内部因素。

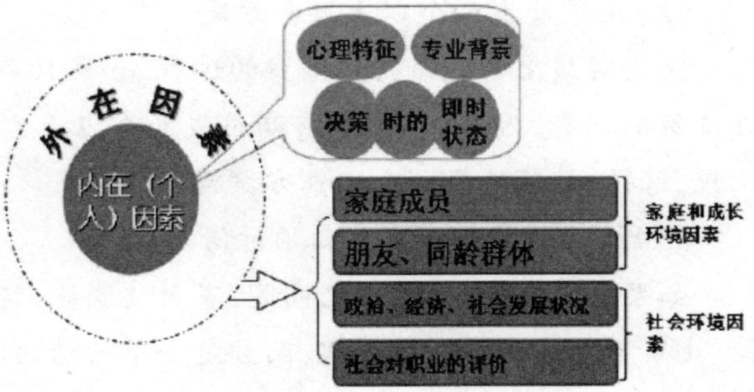

六、探索我的生涯决策类型

1. 体验活动“苏格拉底‘人生选择论’——摘苹果”

路边有一片果园，假如你可以进入果园摘苹果，但只许前进不许后退，且只能摘一个最大的，你会怎么办？

法A：感觉哪个大，就摘哪个。

法B：去问看果园的人，或者问旁边的人，让他们告诉我什么样的苹果最大。

法C：苹果太多了，真是没办法确定哪个最大，还是走走再说吧。

法D：对视野内的苹果进行比较，形成一个大概标准，再根据标准选择最大的苹果。

法E：稍微比较，迅速摘一个。

你们会选择哪一个方案呢？相信不同的同学会有不同的选择，其实每一种选择代表了一种决策类型，那你到底属于哪种决策类型呢？下面

续表

<table>
<tr><td colspan="2">我们通过一个测试来进行探索。
2. 生涯决策类型测试（略）
3. 理解各种生涯决策类型特点，扬长避短
以小组讨论形式完成。
七、课堂总结
本节课我们在认识了生涯决策重要性的基础上，一起探讨归纳了影响生涯决策的因素，同时也通过测评资料明确了自己的决策类型，了解到自己决策类型的优缺点。希望同学们能够扬长避短，更加科学地进行生涯决策。</td></tr>
<tr><td colspan="2">教学准备
教学活动需要准备的资料、材料（表格、挂图、调查表、画图笔等）及提前印发生涯决策类型测试资料。</td></tr>
<tr><td>注意事项</td><td>1. 引起学生对生涯决策的重视；
2. 学生明确自己的决策类型。</td></tr>
<tr><td>课后探究（调查、访谈、体验等）</td><td>课后探究：写下自己的生涯决策并分析作出这一决策受到了哪些因素的影响？</td></tr>
</table>

【课后反思】

本节课主体由两大部分组成——认识决策的重要性及影响因素；探索自身决策类型。前者是重要的心理铺垫，重点在于让学生深刻体会到不同的决策对今后发展的不同影响。但学生生活经验尚浅，需要对人生走向有重大影响的事做决策的时候较少，这时尤其需要教师用学生身边熟悉的人物的决策事例进行说明。本堂课教师用以身说教的方式解决了这一授课难点，并为学生进一步探讨分享自身的决策及其影响开了好头。有了这些心理铺垫，学生会认真探索自身的决策类型并思考其影响因素，只要调动起学生的主动思维、情感，本节课就成功大半。最后的课后探究既是对本节课内容的运用，同时又为下堂课做了铺垫。

本堂课不足之处在于，对各种决策类型的介绍相对简单，若能举例说明，学生对其理解效果会更好。

【典型案例】

选择是一种智慧

贝尔纳是法国著名的作家，一生创作了大量的小说和剧本，在法国影剧史上有重要的地位。有一次，法国一家报纸进行了一次有奖智力竞赛，其中有这样一个题目：如果卢浮宫失火了，情况只允许抢救出一幅画，你会抢救哪一幅？结果，在对收到的上万份答案的评选中，贝尔纳获得了金奖。他的回答是：我抢救离出口最近的那幅画。获奖理由是：成功的最佳目标不是最优价值的那一个，而是最可能实现的那一个。这就是选择的一种智慧。

第二十课　探索克服障碍的方法

本节课是针对生涯决策过程中遇到的一些障碍的实际情况而设置的，由两部分组成：一为探索生涯决策过程中的阻碍因素；二为探索克服障碍的方法。两部分没有孰轻孰重之分，对于学生发展而言均比较重要。第一部分采用了小组讨论和使用测评资料进行测评两种方式进行；第二部分则主要采用案例讲授法进行，同时也考虑到生涯规划课程体验性强的特点，在每个案例出示后让学生从自身出发思考解决方式，从而让学生体验到人与人的差异，以及解决问题方式的差异，进而以开放心态对待障碍。

优秀教学案例　生涯规划导师　于巧红

课　题	第二十课　探索克服障碍的方法	1 课时
教学目标	1. 探索生涯决策过程中的阻碍因素； 2. 探索克服障碍的方法。	

续表

教学过程

一、课堂导入

上节课,我们明确了生涯决策的重要性,了解到影响决策的因素,其中有些是阻碍因素,它们都有哪些呢？我们应该如何克服它们？这就是本节课的主要内容。

二、明确学习目标

1. 探索生涯决策过程中的阻碍因素;

2. 探索克服障碍方法。

三、探索生涯决策过程中的阻碍因素

1. 小组活动

针对上节课的课后探究:“写下自己的生涯决策并分析作出这一决策受到了哪些因素影响”,小组讨论分享哪些是你的阻碍因素,以小组为单位将讨论结果写在纸上。

小组讨论结束后,教师将每组的阻碍因素贴到墙上进行归纳总结。

过渡:为了更全面了解我们要面对的决策过程中的阻碍因素,下面进行一个相对科学客观阻碍因素测评。

2. 生涯决策阻碍因素测评(略)

四、探索克服障碍的方法

1. 了解克服生涯障碍因素的方法

(1)自信。打破各种偏见和传统观念,在对主客观条件进行科学客观分析基础上,充满信心,坚持自己的选择。

举例:小王是一名看起来表面柔弱的女生,但她的梦想是做一名刑警,家人和朋友知道后都对这个梦想给出了一致的否定态度。小王却置之不理,她对自己的价值观、性格、运动能力、现有成绩等方面进行了客观评价,又对刑警这一职业的特点、工作环境等都做了全面的了解,得出的结论是:她完全可以圆梦。如果是你,面对大家的一致否定,你会如何做？(小组讨论)

(2)提升空间。与制订的生涯目标相比,自己的能力等方面确实存在不足,但没有立马放弃而是正视自身的不足,创造条件弥补,一步步接近

续表

目标。

举例：邓亚萍是乒乓球历史上最伟大的女子选手，童年的邓亚萍，因为受当时体育教练父亲的影响，立志做一名优秀的运动员。但是她个子矮，手脚粗短，根本不符合打乒乓球的身体条件。但从七八岁开始，她便在自己的腿上绑上了沙袋，腿肿了，手掌磨破了，这是家常便饭。但她从不叫苦、不喊累。由于邓亚萍的执着，10 岁的她便在全国少年乒乓球比赛中获得团体和单打两项冠军。身高不足 150cm 的她克服了身体条件上的不足，职业生涯中获得过 18 个世界冠军，连续两届奥运会夺冠，是第一个蝉联奥运会乒乓球金牌的球手，被誉为“乒乓皇后”，是乒坛里名副其实的“小个子巨人”。如果是你，你会努力到怎样的程度？（小组讨论）

（3）变通。与制订的生涯目标相比，自己的能力等方面确实存在不足，但又没有信心和毅力提升自己，周边的客观条件以己之力又难以改变，此时重新整理思路，另建生涯目标。

举例：我梦想成为一名外交官。在电视上看到外交官特别帅，出口成章，一语中的，为国争光。只要一想到做外交官我就会心怦怦跳，我真的非常喜欢这个职业。可是现在我学习一般，名次在班级也就中游水平。其实我自己感觉已经很努力了，但仍觉得它是天上的星星，我是不是应该重新选择生涯目标呢？（小组讨论）

2. 小组活动

小组分享课前收集的职业成功人士克服障碍的实例，在此过程中学习更多克服障碍的方法。

五、小组活动

小组内分享自己将会如何克服遇到的生涯决策障碍。（目的在于“学以致用”，加深印象）

续表

<table>
<tr><td colspan="2">六、课堂总结
每个人在面临职涯决策时都会或多或少遇到一些需要克服的因素，方法也不是通用的，同学们在克服障碍的过程中应该具体问题具体分析，灵活运用，本着一个原则，适合自己的就是最好的。</td></tr>
<tr><td colspan="2">教学准备
教学活动需要准备的资料、材料（表格、挂图、调查表、画图笔等）。提前印发“影响生涯决策阻碍因素”测评资料；提前收集一些成功人士克服障碍并解决问题的实例。</td></tr>
<tr><td>注意事项</td><td>在生涯决策过程中，学生会遇到一些阻碍因素，如家人的反对、与社会传统观念不一致等，教师要做的是提示学生这些都是正常现象，不必灰心、沮丧，而是应该运用正确方法迎面克服。</td></tr>
<tr><td>课后探究（调查、访谈、体验等）</td><td>访谈身边家人、朋友、同学，当他们遇到生涯决策难关时是怎样渡过的？访谈得越详细越好。</td></tr>
</table>

【课后反思】

本节课的设置是“想学生之所想”，因为任何人在进行决策时都或多或少会面临一些阻碍因素，如何排除这些障碍却不是每个人都知道的。本节课在引导学生逐渐明晰自己的决策障碍的基础上，一起探讨和应用了常见的克服障碍的方法，后者是本节课的重点进行部分。在进行时对各种方法的介绍应该详细，本节处理较好的一点是在每个方法后面均对应举例进行了说明，并引导学生思考如果是自己面临如此情况会如何做。换位思考的设置实际是让学生对这一问题的解决有自己的见解，从而提高学生课堂思维参与度。这在一定程度上体现出教师重视学生课堂体验的教学理念，紧接着设置了“学以致用”环节，用学到的克服障碍的方法解决自身面临的决策障碍因素，这使整个课程设计相对完整。

【典型案例】

意志坚强的华罗庚

华罗庚中学毕业后，因交不起学费被迫失学。回到家乡，一面帮父亲干活，一面继续顽强地读书自学。不久，又身染伤寒，病势垂危。他在床上躺了半年，病痊愈后，却留下了终身的残疾——左腿的关节变形，瘸了。当时，他只有19岁，在那迷茫、困惑，近似绝望的日子里，他想起了双腿受膑刑致残后著兵法的孙膑。“古人尚能身残志不残，我才只有19岁，更没理由自暴自弃，我要用健全的头脑，代替不健全的双腿！”青年华罗庚就是这样顽强地和命运抗争。白天，他拖着病腿，忍着关节剧烈的疼痛，拄着拐杖一颠一颠地干活；晚上，他油灯下自学到深夜。1930年，他的论文在《科学》杂志上发表了，这篇论文惊动了清华大学数学系主任熊庆来教授。以后，清华大学聘请华罗庚当了助理员。在名家云集的清华园，华罗庚一边做助理员的工作，一边在数学系旁听，还用四年时间自学了英文、德文、法文、发表了十篇论文。他25岁时，已是蜚声国际的青年学者了。

第二十一课　科学进行生涯决策

本节课的主要目标是让学生学会如何科学进行生涯决策，在正式介绍一些比较成熟的科学决策方法之前，设置了“了解生涯决策的过程”，目的在于让学生认识到决策需要充分准备，是一个过程，而不是一蹴而就的事情，从而引起其对第二环节“科学进行生涯决策”的重视。在第一环节采用了名人案例和小组讨论方式，第二环节由两部分组成：CASVE循环法更加注重对决策过程中各种影响因素的分析，而平衡单则起到了对几个决策进行评估筛选的作用，使最后的决策更加严谨。

优秀教学案 生涯规划导师 于巧红

课　题	第二十一课　科学进行生涯决策	1 课时
教学目标	1. 了解生涯决策的过程； 2. 科学进行生涯决策。	

教学过程

一、课堂导入

案例：第一次要面对人生抉择时。中五毕业那年，左手拿着无线艺员训练班的报名表格，右手拿着应届高等教育课程的报名表，顿时觉得自己的前途都掌握在自己的手中。

要继续学业，还是去读艺员训练班？再念两年中学毕业后又何去何从？是再念大学，然后学士、硕士、博士这样一路念过去？还是选修艺员训练班有一技之长，将来无论条件符合与否，台前幕后也好，总算有门专业知识傍身？

一连串的问题此起彼伏在我心中响起，魔鬼、天使各据一方，展开辩论大会。

反反复复地考虑，我把自己的优点和缺点逐一写在纸上，自己给自己理智分析利弊；这样念书一直下去适合我的性格吗？我喜欢艺术工作吗？我喜欢什么样的人生呢？平稳安逸，还是多姿多彩，充满挑战？直到那一天才明白，人才是自己生命最大的主宰，向左走还是向右走都是自己决定的路，与天无忧。——刘德华的选择

问题：刘德华最后选择走艺术道路，这个决策经过了怎样的过程？

二、明确学习目标

1. 了解生涯决策过程；

2. 科学进行生涯决策。

三、生涯决策过程

在作出最后决策之前大体要经过以下几个过程：

1. “知己”

主要就是前面我们所进行自我探索部分：性格、兴趣、能力、价值观、梦想等。

续表

2. “知彼”

主要就是对工作世界的探索，概括而言，包括对职业、社会环境、组织环境三方面的了解、评估。

3. 清晰的目标

哈佛大学有一个非常著名的关于目标选择对职业生涯影响的跟踪调查。1970 年，美国哈佛大学对当年毕业的天之骄子们进行了一次关于人生目标的调查：

60% 的人，目标模糊；

27% 的人，没有目标；

10% 的人，有清晰但比较短期的目标；

3% 的人，有清晰而长远的目标。

25 年后，跟踪调查显示成功概率最高的出现在那 3%，原因在于 25 年间他们一直朝着一个既定方向努力。

总而言之，在决策之前要对可能影响的因素有充分而反复的评估，其中包括成熟心理的建构，这个过程不能少，也不可匆忙带过。

四、科学决策

此部分将采用生涯决策方面应用比较成熟的两大方法：CASVE 循环（使用此法进行决策）、生涯决策平衡单（用来评价决策结果）进行。

1.CASVE 循环

这一决策方法共包括五步：沟通、分析、综合、评估、执行

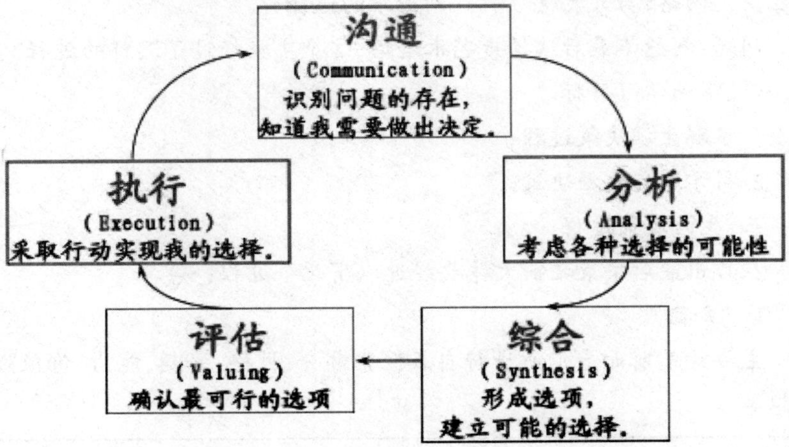

续表

教师将此法的使用进行介绍，介绍结束，以小组为单位进行讨论得出结果，这一环节需要给出充足时间。

2. 生涯决策平衡单

设置平衡单环节是为了进一步评估在 CASVE 循环环节得出的几种决策的优劣，最后作出最好的一个选择。

（提前跟学生说明“考虑项目”可以根据自己的实际情况增减）

生涯决策平衡单

考虑项目（加权范围 1-5）	决策一		决策二		决策三	
	得	失	得	失	得	失
1. 兴趣匹配度						
2. 能力匹配度						
3. 价值观匹配度						
4. 自尊心满足度						
5. 较高社会地位						
6. 带给家人声望						
7. 理想生活符合度						
8. 经济报酬						
9. 未来发展性						
10. 有利于择偶						
……						
合　计						
得失差数						

五、课堂总结

生涯决策需要一个过程，而科学进行决策更是要循序渐进，一步一步

续表

进行，课上进行的 CASVE 循环法共包括沟通、分析、综合、评估、执行五步，最终形成一个或几个决策；而平衡单则是再一次对这几个决策进行评估筛选，体现了决策的过程性。	
教学准备 教学活动需要准备的资料、材料（表格、挂图、调查表、画图笔等）。提前印发的 CASVE 循环五步表格、生涯决策平衡。	
注意事项	在介绍科学合理生涯决策方法的同时还应向学生阐明生涯决策是一个过程，而不是一件一劳永逸的事情，随着影响因素的变化，决策也会受到影响，应用“应尽便须尽，无复独多虑”的坦然心态面对。
课后探究（调查、访谈、体验等）	课后将课上所作的决策与家长、朋友分享，有选择地听取意见，自己决定是否对决策进行调整更改。

【课后反思】

整堂课环节设置具有层层递进的关系，安排符合思维逻辑。但在运用 CASVE 循环法过程中，一开始学生感到有些困难，耗时略长，原因在于对该方法比较陌生，若使用之前教师对此法进行更为详细的介绍会有“磨刀不误砍柴工”的效果。平衡单中的项目设置比较灵活，指出可以根据学生自身特点进行增减，体现了以学生为主体的授课理念。

【典型案例】

不需要认领了

20 年前，一个美国中学语文老师，有一天他突发奇想，问班上的 45 名学生：“你们有理想吗？都是什么呢？”不少学生脱口而出，兴奋地说着自己的理想，老师说：“今天你们都以作文的形式写下自己的理想吧。”写完后老师将这些“理想”小心地保存起来。20 年后的某天，这位老师在重新装修房子时，发现了这些当年的理想，就在报上发一则寻人启事并留下联系方式，让当年的学生来认领自己的作文，几天之内作文陆陆续续被领走了，领走的人都没有实现自己当年的理想，只有一篇剩下了，一位白宫的领导人打电话说：“老师，我不需要领它了，因为我已经实现了我当年的理想。这么多年来，我一直朝着这个目标前进，从不曾停下脚步。”

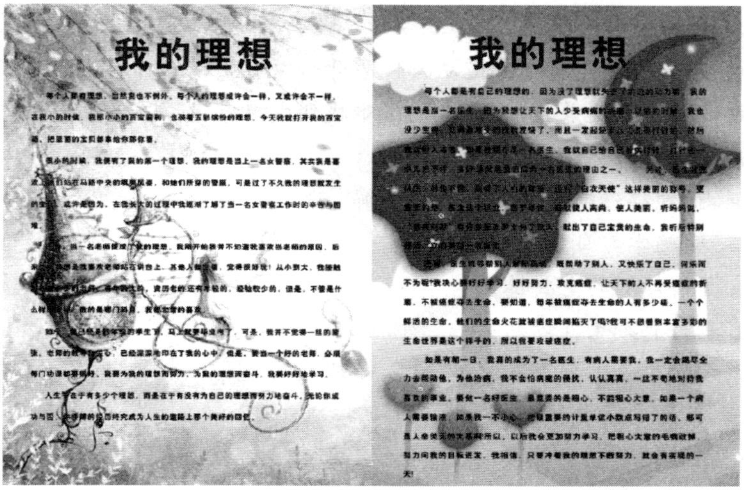

第二十二课　制订长期生涯计划

本节课是在已经学习了生涯决策的基础上的继续，由三部分组成，分别为：一、了解计划的重要性；二、制订长期生涯计划；三、评估生涯计划准备程度。第一部分由案例导入、小组讨论、教师归纳总结三种方式完成，是整堂课的重要心理铺垫，需要引起学生的共鸣；第二部分由对若干年后实现梦想之后的我的畅想及制订长期生涯计划两大环节组成，畅想的目的是为计划的制订调动积极性；第三部分主要是完成计划准备程度评估表。

优秀教学案　生涯规划导师　于巧红

课　题	第二十二课　制订长期生涯计划	1 课时
教学目标	1. 了解计划的重要性； 2. 制订长期生涯计划； 3. 评估生涯计划准备程度。	

续表

教学过程

一、课堂导入

我们经常会遇到这样的问题，同样一个工作岗位或生活环境，别人做起来紧凑有序，而有些人却丢三落四？为什么有时候感觉自己天天在忙碌，而似乎没有任何成果，工作或生活总是裹足不前呢？为什么有时候感觉有许多事要做，但却不知道从哪件事开始做呢？在工作和生活中，这些问题也许总是困扰着我们，使我们很难找到成就感，究其原因就是没有一个合理的工作计划、合理的时间计划。

问：你觉得计划重要吗？如何理解？

二、明确学习目标

1. 了解计划的重要性；

2. 制订长期生涯计划；

3. 评估生涯计划准备程度。

三、计划的重要性

小组讨论计划的重要性，并请各小组代表发言，最后达成一致：科学合理的计划对成就一件事很重要。

教师总结：有目标而没有可行的实施计划，目标的实现将会变得遥遥无期；制订计划并严格有效执行下去是目标实现的必由之路。

四、制订长期生涯计划

1. 梦想实现之后的我

给两分钟时间让学生想象梦想实现之后的自己将会什么样子？那时侯的日常生活安排是怎样的？（这一环节的设置目的是让学生对自己的未来有个憧憬，从而更加富有兴趣地完成长期生涯计划的制订）

2. 制订长期生涯计划

达成时间	毕业后	10 年后	20 年后	30 年后	70 岁的我
	年	年	年	年	年
生涯目标					

由于受年龄、阅历、经验的限制，让学生填几十年之后具体做什么，对于一些学生而言有些困难，鉴于此，教师先制订好一份长期生涯计划单，

续表

为学生提供思路，具体如下：

职业经理人生涯长期计划

达成时间	毕业后	10 年后	20 年后	30 年后	70 岁的我
	……年	……年	……年	……年	……年
生涯目标职业经理人	在校期间已考取中国职业经理人初级资格，高质量完成各科学业；成功应聘，进心仪公司，成为公司储备的管理人才	成为某世界五百强公司部门经理	成为世界五百强公司华东区负责人	成为世界五百强公司亚洲负责人	身体健康、精神矍铄、头脑睿智、乐于接受新事物，在湖边小屋过着自己想过的生活

五、评估生涯计划准备程度

计划制订完成后，为了有效实施生涯计划，在正式实施之前有必要对自己计划的准备情况进行评估。

计划准备程度评估表

评估级别可分为：优秀、普通、不足三个级别（评价项目可根据自身情况增减）

评价项目	自我评价准备程度	综合评价
成绩管理、日常学习管理		
目标大学招生信息		
与生涯相关的公益活动		
与生涯相关的各种读书计划		

续表

与生涯相关的体验活动		
计划实施中的时间管理		
计划实施中的情绪管理		
对生涯人物的了解		
……		

六、课堂总结

计划的制订是朝生涯目标前进中的重要一步，希望同学们这一步走得自信而坚定。

教学准备

教学活动需要准备的资料、材料（表格、挂图、调查表、画图笔等）及提前印发生涯长期计划表格、计划准备程度评估表格.

注意事项	虽然之前课程有对职业世界的探索，但毕竟限于年龄、阅历、经验等，让高一学生一眼看穿几十年的光阴，不免会有云里雾里的感觉，这时教师的引导、示范很有必要。
课后探究（调查、访谈、体验等）	针对计划准备情况的评估结果，进行进一步的分析和完善，如分析不足地方的原因，并采取改善措施。

【课后反思】

本节在环节设置上有可取之处也存在不足。可取之处在于注意对学生心理进行铺垫，如制订计划之前先让学生认同计划的重要性；在制订长期生涯计划之前，先让学生畅想几十年之后实现梦想的自己，从而调动制订计划积极性。不足之处在于，在对计划准备程度进行评估之后结束得比较仓促，此处应设置一个小组讨论环节，针对准备不足之处如何进行改进进行讨论。

本节还有一点可取之处是，教师事前制订好了职业经理人长期生涯计划，起到了很好的示范作用。

【典型案例】

一句“玩笑”，两种人生

吴桐和邢昊是硕士阶段的同学，两人毕业后到了南方的同一所高校任职，并且还在同一个系里。在迎接新教师的座谈会上，院长殷切地希望年轻人树立人生目标，并为之奋斗。会后，两人开玩笑，说目标就是当院长了，看谁先当上。表面是句玩笑，两人心中却已当真。

3 年后，吴桐当上了副主任，邢昊仍是一名普通老师；15 年后，吴桐当上了院长，邢昊仍是一名副主任。

自从立下目标后，吴桐制订了自己的人生规划。头 3 年，他练习普通话、学习讲课技巧、琢磨学生心理、研究课本，3 年后，他讲课在学校已小有名气；第 4 到第 7 年，考上了另一所高校读博，在此期间专心学习研究方法；第 8 到第 12 年，潜心做研究，在国际期刊上发表文章、承担国家级课题，渐渐成为该领域的知名学者；从第 13 年起，他不仅以科研为主、重视教学，还开始加强各方人际关系；第 15 年老院长退休时，人们不约而同地想到让吴桐接班，学术、教学、人际关系样样不错，不选他选谁？

邢昊则不同，一开始就关注仕途，以经营上下级关系为主，3 年便当上了副主任。可是一上任就感到各方压力，上课水平一般，科研没有成果，处理问题难以服众。当了两年主任很不顺，看到一些老同学当老板，心中羡慕，也悄悄在外合伙开了餐厅。不到一年，餐厅倒闭了，又相继开了面粉厂、美容院、服装店，可是干一样亏一样。瞎忙了 4 年才发现，自己不适合经商，还是在高校好。回头再往上走，发现过去的同事都有了大进步，自己必须跟上。一会儿忙教学，一会儿搞科研，生活和工作忙得乱成一锅粥，但什么都干不好。到了第 15 年，邢昊勉强还是个副主任，但再不有点改观，恐怕也快“下课”了。

第二十三课　制订阶段性目标

本节课是前一课《制订长期生涯计划》的姊妹篇，“不积跬步无以至千里”。任何长远计划都需要一步一步去完成，所以制订阶段性目标是本节中的主要完成目标。此外，任何短期目标的完成最终都得落实在实际行动上。所以本节包含第二部分内容，以探索提升自身目标实现力的方法。第一部分先介绍了一项运用较广的目标制订方法，然后重点制订了高中三年和大学四年的阶段性目标，并在制订完成后安排了一个小组讨论环节，目的是互相取长补短，博采众长。第二部分重点介绍了如何对目标的实现进行管理，着重介绍了时间管理和情绪管理两方面。

优秀教学案　生涯规划导师　于巧红

课　题	第二十三课　制订阶段性目标	1课时
教学目标	1. 制订阶段性目标； 2. 探索提升自身目标实现力的方法。	

教学过程

一、课堂导入

“不积跬步无以至千里”“滴水穿石”，这些耳熟能详的话语告诉我们：再远大的目标，它的实现也需要一步一步去完成。阶段性目标的制订与完成便是“跬步”“滴水”。这节课我们将根据已经制订的生涯长期计划，详细制订阶段性目标，并共同探索如何提升实现目标的能力。

二、明确学习目标

1. 制订阶段性目标；

2. 探索提升自身目标实现力的方法。

三、制订阶段性目标

我们现在是高一新生，高中也是一个小社会，学习成绩如何会影响到将来生涯目标的实现；各种能力如语言表达力、人际交往能力等的高低也会直接或间接地影响到将来生涯目标的实现。鉴于此，我们的阶段

续表

性目标就从高中阶段开始，然后是大学阶段，依次往下推。本节课我们主要完成高中与大学这两个阶段的目标制订。

1. 目标制订方法

SMART 方法：

（1）Specific：具体的，明确的，不能含糊不清；

（2）Measurable：可以量化的，能够明确评估 ；

（3）Achievable but challenging：可实现性，同时具有一定挑战性；

（4）Rewarding：有意义，有价值，积极的，服务于某个大目标；

（5）Time-bound：有明确时间限制的。

如：一天背诵一篇 300 字左右的英文美文并能发音标准复述下来。

2. 高中阶段目标

高中阶段目标表格（教师出示的示例表格）

生涯目标	项　目	实现生涯规划的分阶段目标		
		高一	高二	高三
职业经理人（上重点本科）	学业水平成绩	英语、物理、化学保持 A 级	语文、数学提高到 A 级	全科目保持 A 级
	模拟考试成绩			
	课外活动	某活动组织者……		

教师提前填好范例表格展示给学生，简单对表格的填写进行说明。

续表

3. 大学阶段目标

大学阶段目标表格（教师出示的示例表格）

生涯目标	项目	实现生涯计划的分阶段目标			
		大一	大二	大三	大四
职业经理人（上重点本科）	英语	过四级	过六级	口语流利	剑桥商务英语初级
	期末考试	各科优秀不挂科	各科优秀不挂科	各科优秀不挂科	各科优秀不挂科
	社团活动	参加两个社团	参加与生涯目标有关的公益活动	争取进入优秀企业进行职业体验	通过面试进入心仪公司
	相关专业书籍	认真听课，课后多思考	上课的同时多读相关书籍	争取参与到专业教师的实验项目	思考撰写毕业论文（要有自己的见解）

4. 小组活动

制订完自己的阶段性目标，小组分享讨论，互相取长补短，博采众长。

续表

四、目标实现管理

目标实现过程中会受到众多因素影响，大的外部环境是我们个人改变不了的，但自身主观的因素我们是可以通过学习进行管理的，如自己的时间、自己的情绪等。

1. 时间管理

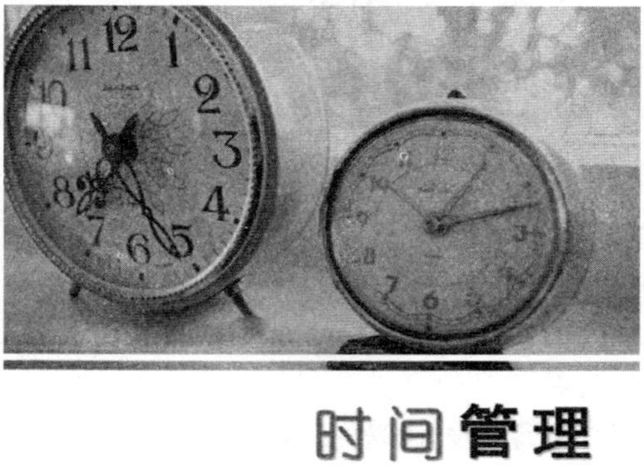

时间就是生命，时间对每个人也是公平的，可同样的时间，最后的结果却不尽相同。其实时间完全可以被我们控制和管理，从而提升做事效率。

如使用优先顺序法则

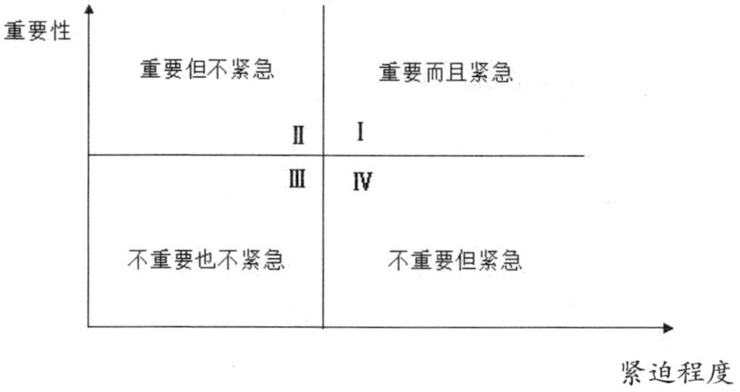

把时间进行分类，如第四象限不紧急不重要的事情，有想法而且聪明勤奋的人一般不会去做，如看电视、闲谈等。

2. 情绪管理

情绪本身无好坏之分，但由情绪引发的行为及后果却有好坏之分，所以情绪管理很重要。这里重点探讨对负面情绪的管理。

续表

<table>
<tr><td colspan="2">

我们可以用“4AS”方法
第一步:值得吗? 自我控制!
第二步:为什么? 自我澄清!
第三步:合理吗? 自我修正!
第四步:该怎样? 自我调适!
五、课堂总结
目标的实现终究要落实到行动上,有了行动才会有结果。希望同学们不要把这些精心制订的计划束之高阁,“不积跬步无以至千里”“滴水穿石”再次送给大家共勉。</td></tr>
<tr><td colspan="2">教学准备
教学活动需要准备的资料、材料(表格、挂图、调查表、画图笔等)及提前印发的阶段性目标表格。</td></tr>
<tr><td>注意事项</td><td>把长远目标进行具体化,会让原本看上去很难实现的目标变得相对简单,实现的过程中学生会充满自信,实现后将体会到成就感,给自己一个积极的回馈,会让自己更加自信,从而形成良性循环。</td></tr>
<tr><td>课后探究(调查、访谈、体验等)</td><td>课后根据自身特点调查研究,还可以从哪些方面提升自身的目标实现力。</td></tr>
</table>

【课后反思】

本节课设计思路清晰,连贯完整,但在内容安排上对于一个课时而言,时间显得有些紧促。这就要求在实际授课过程中做到详略得当。本堂课的重点在“阶段性目标的制订”,如果上课伊始就给学生一张空白表格去填,会让他们无所适从;亮点在于教师提前模拟制订了高中与大学两个阶段的目标,对于学生有个很好的示范作用,使授课效果更好。在提升自身目标实现力环节,由于受上课时间限制,内容显得单薄,不能满足学生需求。这里教师可以采用向学生推荐相关文章和书籍的方法弥补这一不足。

【生涯故事】

时间管理是做事的关键所在

俞敏洪是新东方教育集团有限公司董事长。他认为，在北京大学的50个同学当中，他的智商属于中下水平，这说明他不是高智商的人，但是，勤能补拙。他平均每天工作16～18个小时，如果没有应酬，平均每日三顿饭的时间加起来不超过半个小时。他说："我比较喜欢在家里工作。早上6点半起床，晚上12点睡觉。以前一般是深夜两点睡觉，早上8点起床，但发现这样的作息反而对身体不好，不如早点睡觉。我每年有1/3的时间上班；晚上有1/3的时间会回家吃饭，因为要回家陪孩子；还有1/3的时间是应酬。我每年有大约100天在外出差的时间。坐飞机、坐汽车，这些时间就是我读书的时间。每个人拥有的时间都是一样的，都是24小时一天。在同样的时间内，有的人能够做很多事情，取得很多成就，有的人却一无所获。专注于做最重要的事情和充分利用时间，是一个人做成事情的关键。"

第二十四课　完善生涯规划

本节课的主要目标是让学生在对自己的生涯规划进行评估并在此基础上使其进一步完善。本节课由两部分组成：第一部分为评估和调整生涯规划；第二部分为培养终身学习意识与自主学习能力。任何一个计划在实行了一段时间后，在经过了实践的检验及多种因素发生变化的影响之后，往往会检验出当初制订的计划合理与否。当计划明显不切合实际，此时的我们应该变通，及时对其进行评价调整。此外，计划的实施需要较强的行动力，而不断学习是提升自我、提高行动力的有效途径，强调终身学习、自主学习的重要性在本节中也显得尤为重要，关乎学生的长远发展。

优秀教学案　生涯规划导师　于巧红

<table>
<tr><td>课　题</td><td>第二十四课　完善生涯规划</td><td>1课时</td></tr>
<tr><td>教学目标</td><td colspan="2">1. 评估和调整生涯规划；
2. 培养终身学习意识与自主学习能力。</td></tr>
<tr><td colspan="3">教学过程
一、课堂导入
转眼间同学们就成了校园的学哥学姐了，想起之前制订的生涯规划，你实现了多少呢？在实现过程中有没有一些让你觉得需要作出调整的部分？这节课的主要内容就是重新评估和调整我们的生涯规划，首先让我们一起明确本节课的学习目标。
二、明确学习目标
1. 评估和调整生涯规划；
2. 培养终身学习意识与能力。
三、评估和调整生涯规划
目标实行一段时间后，我们需要对生涯目标的制订和完成情况进行评估和调整。一是检查我们目标的完成情况，如是否在具体时间内完成了某项目标；二是审视目标本身及目标的完成方面还有哪些不足，从而找出原因并进行改进。</td></tr>
</table>

续表

1. 生涯计划评估、调整表格

高一时制订的计划
目前情况下的评价
调整计划

2. 分析目标完成中不足的原因并找到解决方法和改进措施

不　足	分析失败原因	改进措施

四、培养终身学习的意识与能力

计划的实现需要个人的努力，社会的变化需要个人不断去适应。当今，全球范围内，终身学习的思想观念正在变为社会及个人可持续发展的现实要求，学习越来越成为个人日常生活的一部分，学习能力越来越成为生存于社会的基本能力。

高中阶段是人生培养学习能力的重要阶段，同学们应该重视、珍惜

续表

每日的学习时光，为将来应对变化不断的社会打下坚实的基础。

1. 终身学习意识

通过名人名言和终身学习名人事例，树立学生的终身学习意识。

如：泰戈尔说："命运的主宰者是自己，而自己的主宰者是意识。"对我们有价值的，并不是在学校念过书的事实，而是求学的态度。学，可以立志；学，可以成才；学，永远不能停止。因为只有学习，才使你的人生更深刻；只有学习，才使你对这个世界看得更完整，更符合自己奉献国家复兴的价值观。

朗格朗说："一个人如果不使自己的知识和技能不断更新，那他就注定要落伍，切不要认为这条规律仅适用于学者或高级技术人员。"

如邓亚萍坚持学习一直拿到英国大学硕士学位的事例。

2. 自主学习能力培养

要培养自主学习能力，首先，要有独立性，善于进行批判性反思；其次，还要拥有自制力和计划性，自主学习很多时候是在自觉学习，应该学什么，学这个对下一步的学习会起到什么作用，这些应该是胸有成竹的；再次，还要养成学习的习惯，要培养学习兴趣，学习积极性，认识到学习是提高自我的一种有效途径，从而以愉悦轻松甚至是渴望的心态对待。

五、课堂总结

生涯规划不是一劳永逸的，在实施了一段时间后，我们可能会发现有些地方与实践不符甚至是相反的。这时需要我们及时对规划进行评估与调整，尽量少走弯路。此外，面对日新月异的社会发展，作为个体的我们要不落后于时代，只能不断学习，不断提升，终身学习越来越成为我们这个时代的共识。

教学准备

教学活动需要准备的资料、材料（表格、挂图、调查表、画图笔等）及提前印发生涯规划评估调整表格、不足原因分析表格。

续表

注意事项	再次强调生涯规划是一个过程而不是一个结果，我们理应根据外在环境，如社会、职业世界、个人改变等来适时适当调整自己的计划。
课后探究（调查、访谈、体验等）	访谈成功的生涯人士的生涯规划的制订与实施过程，从中借鉴学习。

【课后反思】

由于本课是在计划实行一段时间后进行的，课前应让学生将高一时制订的生涯规划进行再次确认。另外，在自己对计划进行了评估、调整后应设计一个小组分享交流环节，以对作出调整的计划进行多方意见的采纳。任何计划的实现都落实在最后的行动上，而行动力的提高，有赖于自身的不断学习。此外，日新月异的外部环境，各项技术、各类岗位淘汰周期的日益缩短等，促使我们要不断提升自我。基于此，本节最后设置了强调终身学习和自主学习能力的重要性这一环节，体现了教师对学生长远发展认真负责的态度。

【典型案例】

活到老学到老

今年 91 岁的著名经济学家于光远活到老、学到老。86 岁开始使用电脑，86 岁建立了自己的网站，现在又打算当“博客”。不想落后于时代的于光远，以乐观的生活态度治学为文、安度晚年。

据《北京晚报》报道，头顶“著名经济学家”桂冠的于光远，晚年又开始攀登文学高峰，在散文领域出手不凡，自诩“21 世纪文坛新秀”。90 岁之前，于老出版了 75 部著作，其中包括散文集《古稀手迹》《墙外的石榴花》《我眼中的他们》《周扬和我》《我的编年故事》等。去年是于老的丰收年，有 5 部作品问世。

晚年的于光远每天花大量的时间坐在电脑前，除了吃饭、睡觉，他基本

都在电脑上写着、学着、玩着、快活着。他表示，不过百岁生日，要出百部著作。

于老人生信念：一、勤。也就是爱劳动。眼勤、耳勤、手勤、脑勤，五官四肢都勤。劳动创造物质和精神财富。一个人只有勤，才能有所作为。二、正。也就是直，正道直行。正直是大聪明，也是大道德。三、坦。也就是真，说真话，做真事，就是待人坦诚，“君子坦荡荡”。四、深。研而究之，探求本质，从现象到本质，从第一本质进到第二本质。五、创。要有创新的强烈欲望和兴趣。要独立思考，反对陈腐，勇于冲破旧事物的罗网。六、韧。孜孜不倦，坚韧不拔。要成功，勇是必要的，但须继之以韧性的战斗。目的尚未达到，“我就跟你没有完”。七、情。对人对事要有热情，心肠要热，不论看人看问题头脑要冷静，同时要有丰富的人情味。在人与人之间，应有更多的理解、同情和爱，不要感情冷漠。八、喜。也就是乐。我欣赏经常乐呵呵的性格。不论遇到什么不顺心的事，或者什么病痛，都要想得开，自找快活，不要自寻烦恼。

【拓展导读】

比尔·拉福

一个美国小伙子中学毕业后考入麻省理工学院，没有去读贸易专业，而是选择了工科中最普通最基础的专业——机械专业。

大学毕业后，这位小伙子没有马上投入商海，而是考入芝加哥大学，攻读为期三年的经济学硕士学位。

出人意料的是，获得硕士学位后，他还是没有从事商业活动，而是考了公务员。

在政府部门工作了5年后，他辞职下海经商。又过了两年，他开办了自己的商贸公司。20年后，他的公司资产从最初的20万美元发展到2亿美元。

这个小伙子就是美国知名企业家比尔·拉福。

1994年10月，比尔·拉福率团来中国进行商业考察，在北京长城饭店接受《中国青年报》记者采访时，他谈到他的成功应感谢他父亲的指导，他们共同制订了一个重要的生涯规划。最终这个生涯设计方案使他功成名就。

我们来看一下这个成功的简图：

工科学习→工学学士→经济学学习→经济学硕士→政府部门工作→锻炼处世能力，建立广泛的人际关系→大公司工作→熟悉商务环境→开公司→事业成功

第一阶段：工科学习

选择：中学时代，比尔·拉福就立志经商。他的父亲是洛克菲勒集团的一名高级职员，他发现儿子有商业天赋，机敏果断，敢于创新，但经历的磨难太少，没有经验，更缺乏必要的知识。于是，父子俩进行了一次长谈，并描绘出职业生涯的蓝图。因此升学时他没有像其他人一样直接去读贸易专业，而是选择了工科中最基础最普通的机械制造专业。

评析：做商贸必须具备一定的专业知识。在商品贸易中，工业品占绝对多数，不了解产品的性能、生产制造情况，就很难保证在贸易中得到收益。工科学习不仅是知识技能的培养，而且能帮助学习者建立一套严谨求实的思维体系。清楚的推理分析能力，脚踏实地的工作态度，正是经商所需要的。

收获：比尔·拉福在麻省理工学院的4年，除了本专业，还广泛接触了其他课程，如化工、建筑、电子等，这些知识在他后来的商业活动中发挥了举足轻重的作用。

第二阶段：经济学学习

选择：大学毕业后，比尔·拉福没有立即进入商海而是考进芝加哥大学，开始了为期3年的经济学硕士课程。

评析：在市场经济下，一切经济活动都通过商业活动来实现的，不了解

经济规律，不学习经济学知识，就很难在商场立足。

收获：比尔·拉福掌握了经济学的基本知识，搞清了影响商业活动的众多因素，还认真学习了有关法律和微观经济活动的管理知识。几年下来，他对会计、财务管理也较为精通，在知识上已完全具备了经商的素质。

第三阶段：政府部门工作

选择：比尔·拉福拿到经济学硕士学位后考取了公务员，在政府部门工作了 5 年。

评析：经商必须有很强的人际交往能力，要想在商业上获得成功，必须深知处世规则，善于与人交往，建立诚信合作关系。这种开拓人际关系的能力只有在社会工作中才能得到提高。

收获：在环境的压迫下，比尔·拉福养成了强烈的自我保护意识，由稚嫩的热血青年成长为一名老成、处事不惊的公务员，并结识了各界人士，建立起一套关系网络，为后来的发展准备了大量的信息和便利条件。

第四阶段：通用公司锻炼

选择：5 年的政府工作结束之后，比尔·拉福完全具备了成功商人所需的各种素质，于是辞职下海，去了通用汽车公司。

评价：通过各种学习获得足够的知识，但知识要通过实践的锻炼才能转化为技能。

收获：在国际著名的通用汽车公司进行锻炼，比尔·拉福不仅为实践所学的理论找到了一个强大平台，而且学习到了丰富的管理经验，完成了原始的资本积累。这也是大学生创业应该借鉴的地方，除了激情还应该考虑到更多的现实。

第五阶段：自创公司

大展拳脚两年后，他已熟练掌握了商情与商务技巧，便婉言谢绝了通用公司的高薪挽留，开办了拉福商贸公司，开始了梦寐以求的商人生涯，以实现多年前的计划。

评析：时机成熟后，应果断决策，切忌浪费时间，应抓住契机实现计划。

收获：比尔·拉福的准备工作，几乎考虑到了每个细节。拉福公司的成长速度出奇的快，20 年后，拉福公司的资产从最初的 20 万美元发展为 2 亿美元，而比尔·拉福本人也成为一个奇迹。

比尔·拉福的生涯设计脉络清晰，步骤合理，充分考虑了个人兴趣、个人素质，并着重职业技能的培养，这种生涯设计在他坚持不懈的努力下，终于变为现实。

第三篇章

功不唐捐　玉汝于成

“高中阶段教育是学生个性形成、自主发展的关键时期，对提高国民素质和培养创新人才具有特殊意义。”“建立学生发展指导制度，加强对学生的理想、心理、学业等多方面的指导。”“推进培养模式多样化，满足不同潜质学生的发展需要”。(《国家中长期教育改革和发展规划纲要》2010-2020)

为适应山东省高考综合改革，促进学生全面而有个性地发展，2017年，山东省教育厅印发的《山东省教育厅关于做好普通高中学生发展指导工作的意见》明确指出：高中阶段是学生世界观、人生观和价值观形成的关键时期，也是学生选择未来人生发展方向的关键时期。做好学生发展指导工作，有助于促进学生全面认识自我，发现兴趣特长，帮助学生树立正确的理想信念，培养自主发展的意识和能力。基于此大背景，从2016年开始，我们到上海、浙江学习新高考改革经验，并到深圳、香港、澳门探取学生生涯教育的思路，与香港胡陈金枝中学缔结国际友好学校。在“教育部中国人生科学学会学生发展指导专业委员会”、“北京师范大学教育培训中心”、北京一诺世纪指导力学院、北京林业大学、青岛蛙人网络技术有限公司的指导和支持下，2017年10月我校专门成立学生发展指导中心，组建了以班主任、心理健康教师为主体，专职教师为骨干，学科教师共同参与的生涯规划导师核心团队，为每个学生配备了专职或兼职的生涯规划导师。在团队孜孜以求、锲而不舍的努力下，真的是一路艰辛一路收获。下面撷取的典型案例只是我们学生生涯教育中的点滴，与大家分享。

案例一　功不唐捐　玉汝于成

焦尊怡　徐晓青

任信宇，男，出生于2002年7月8日，现就读于龙口第一中学崇实学部，高一三班。他是一个兴趣广泛，成绩优异，能力不凡，酷爱计算机编程的阳光男孩。身为他的母亲，我陪伴他一路成长，深知他面对未来的困惑与迷茫，更是见证了他接受生涯指导之后的豁然开朗，对他的痛苦与喜悦感同身受。

从小信宇就是一个接受能力和领悟能力较强的孩子，而且好奇心强，什么都感兴趣，什么都想涉猎，因此琴棋书画拿起来都有模有样，尤其是在围棋上表现出超常的天赋。接触围棋后，仅仅两三节课就在“全市少儿围棋吃子大赛”中获得第五名，在以后的围棋学习中进步神速，可惜因为错过了一次山东省少儿围棋比赛，当他看到远不如自己的孩子拿了段位捧着证书凯旋的时候，他的心理发生了微妙的变化，从那以后就完全放弃了围棋学习。现在想来，这是我身为一名教师又同时作为母亲的失职，没有给孩子以及时恰当的指导，才造成了这个遗憾。

孩子升入了初中后，学习生活进展得平稳顺利，他学得轻松，我也无须操心，任其自由发展。信宇的学习成绩一直遥遥领先，对他来讲，家庭作业只需有选择地完成，也不用参加任何辅导班，这样就腾出大量的时间发展自己的兴趣爱好。在2016年5月全市经典诵读电视大赛观后感征文活动中，他荣获三等奖；同年10月，他破格参加了“2016年山东省机器人大赛高中组VEXIQ狂飙投篮比赛”，荣获了三等奖；在首届烟台市“最美中学生”寻访活动中，被授予“烟台最美中学生”称号。可是正当我为他的一系列成绩而自豪的时候，从初四寒假开始，一切都变了。那个从来不用家长劳神费心的孩子不见了，信宇变得叛逆、执拗，难以沟通，甚至有些一意孤行，于是家里经常是硝烟弥漫，剑拔弩张。

原来他通过网络接触到了“信息学奥赛”，加上他以前涉猎过机器人自动化也获过奖，所以一下子被深深吸引。于是他自己偷偷联系烟台二中的金牌教练姜仕华老师，悄悄地开始自学“信息学奥赛”。他一头扎了进去，整个寒假都沉溺其中。寒假开学之后，不仅未完成家庭作业，甚至课堂上还偷偷摸摸地学，老师们对此也颇有微词。我试图让他中考完再学信息学，但他态度强硬，振振有词，说人家从小学就开始接触了，自己起步已经太晚了。当时的我看来这“都是信息学奥赛惹的祸”。

“凡事预则立，不预则废。”应该说信宇是一个有思想有规划的孩子，还有半年就要升入高中了，如果学习生涯不能好好规划，必将注定高考的失败和择业的不尽人意。我怎么办呢？这次可不能再像当初孩子学围棋那样留下遗憾了，怎么做才能帮助孩子抉择呢？于是我带着急切焦虑的心情上网查阅，知道了初中学生有一些这样的心理特征：他们的自我意识随着生理年龄的增长而明显增强，他们强烈地渴望了解自己，从而为自己的发展明确方向，希望别人能够理解和尊重自己，又不愿意父母干涉他们的活动。

于是我心平气和地和他进行了一次畅谈，他向我吐露了心迹。其实他这样是因为逆反心理在作怪，自己特别喜爱信息学，找到了将来努力的方向，却遭到老师家长的反对，他也谈到了自己的困惑和迷茫，他不是很确定这个选择对不对。

根据“特质因素论”，每个人都有其独特的心理特质，这些独特性反映在性格、兴趣、能力、价值观等人格特质上。同样每个职业也具有其独特性，成功进行职业选择的前提是了解自我的独特性，在此基础上，实现个人特质与职业特质的完美匹配。

于是我通过“职业人格评估工具——MBTI”对任信宇进行测评，让他了解自己的性格类型和性格价值，了解性格与职业之间的联系。再借助“霍兰德职业兴趣岛”来确定他的职业兴趣类型。然后又依据霍华德·加德纳的多元智能理论，让他做了多元智能测评题，并进行了数据分析。

MBTI理论模型奠基者：荣格与迈尔斯母女

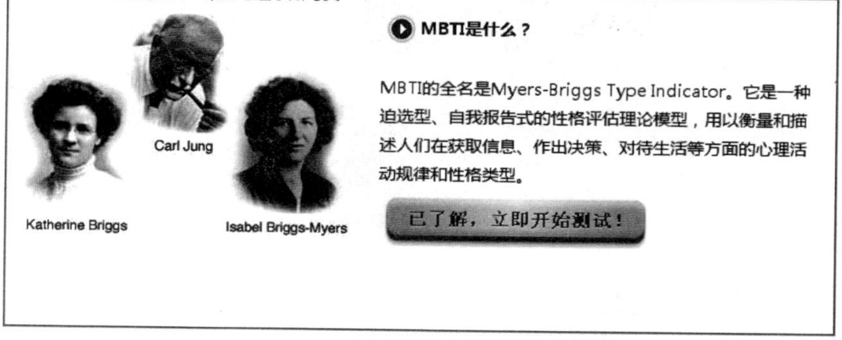

接下来我问他：你的梦想到底是什么？你学习信息学今后要从事的职业方向是什么？你了解这些职业未来会有什么样的变化吗？将来你要选择哪个大学什么专业呢？

通过他的自我探索：我的梦想、我的性格、我的兴趣、我的能力，任信宇明确了价值观，找到了未来的我。

我告诉他，我尊重他的想法，支持他学习信息学，并让他懂得规划好学习生涯的意义，目前要以中考为主，信息学为辅，他欣然接受。值得欣慰的是他没有让我失望，中考全市排名17，以优异成绩考入龙口一中崇实学部，获得“嘉元奖学金”。

生涯教育的内涵：发掘学生的潜能，探索学生的各种可能，发现属于学生自己的人生路径。升入高中，我和信宇的春天来了，以前的困惑迷茫一扫而空，我们眼前豁然开朗。学校为高一学生每周开设了一节生涯规划课，而我也成为学校生涯导师团队的核心成员，对学生生涯教育有了系统和深层次的认识和理解。我确定孩子的选择是正确的。从性格方面讲，信宇理性，热衷思考，喜欢分析；从兴趣方面看，初中之后他最感兴趣的就是机器人自动化，与信息学有学科关联；他这方面的学习能力，得到烟台二中金牌教练姜仕华老师的肯定，曾希望孩子能去烟台二中师从于他；孩子的梦想就是希望自己像比尔·盖茨一样，才有成就感，这与他的价值观相吻合；而我也仔细

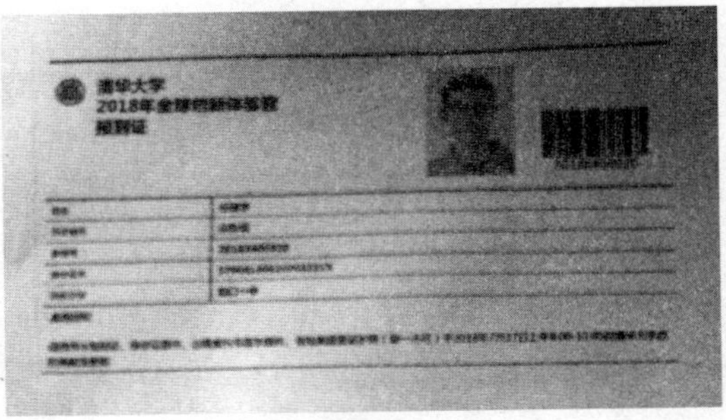

分析了一下信宇的家族职业树，孩子姑姑家的表哥先后在浙大和香港科技大学主修自动化；孩子的叔叔是清华博士，国家一级程序员，这对他都会有积极正面的影响和推动；最后就是对信息学这个行业的探索和分析，很显然，在这个信息化高速发展的今天，无疑这是一个非常有发展前景的行业。

接下来的事情就顺理成章，水到渠成了。孩子有了明确的方向，也知道如何平衡紧张的文化课学习和信息学的学习。在2017年全国“信息学奥赛”提高组中获得二等奖，同时在学校冬学活动中被评为“刻苦学习先进个人”，在期末考试中全市排名第8，被评为“三好学生”和“优秀共青团员”，所有这些成绩都得益于高中学生生涯规划教育。由于孩子在NOIP中的不俗表现加上优异的文化课成绩，以及优秀的综合素养，任信宇有幸成功申请清华大学和西雅图联合举办的“全球创新体验夏令营”（全国仅60个名额）。这对孩子是一个极大的鼓舞，将激

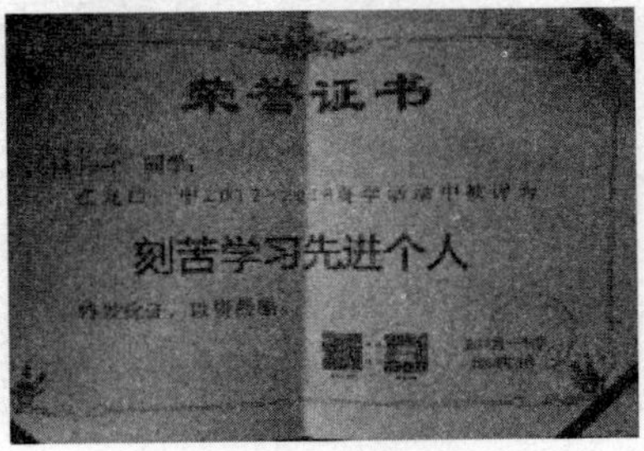

励他在他所选择的信息学的道路上，更加坚定地走下去。

人的人格类型、兴趣与职业密切相关，兴趣是人们活动的巨大动力，凡是具有职业兴趣的职业，都可以提高人们的积极性，促使人们积极地、愉快地从事该职业，且职业兴趣与人格之间存在很高的相关性。（霍兰德）

知之者不如好之者，好之者不如乐之者。（孔子）

如果没有生涯规划教育，任信宇不会有如此的发展和收获，更不会有一往无前的笃定的方向，听从自己的内心，走上了一条适合自己的正确人生之路。

学习生涯规划的含义：学习生涯规划对每一个在求学阶段的人来说都是十分重要的，它能够告诉学生们早日认清自己的个性特征和学习能力，从而选择最适合自己的学习方向。

一个人若是看不到未来，他就掌握不住现在；

一个人若是掌握不住现在，他就看不到未来。

下面这个例子是相对失败的生涯规划，也是一个让我们能痛定思痛的例子。在学生生涯教育实践的路上，我们所有的先行者都是在朝夕不倦，上下求索，这一路有成功的喜悦，也有失败的苦痛。如果本案例能够给后来者以启示，让他们在自己的生涯规划中，不轻信，不盲从，不叛逆，不赌气，能时刻保持冷静和清醒，不拿一生的职业选择当儿戏，那么这个失败也是值得的，是有价值的，因而从某种意义上来讲这失败未尝不是一种获得。

徐偲扬，女，生于 1999 年 4 月 18 日，2017 年毕业于龙口市第一中学，在 2017 年夏季高考中，考入了山东科技大学物流管理专业。我对于这名学生相当熟悉的，可以说我见证了她的成长和烦恼。她是一个性格内向文静，不喜欢张扬，为人低调，有爱心，有责任心的女孩。从个人能力方面来看，她擅长文科，能坐得住，担任英语课代表时，工作认真扎实。从她的性格特征和她所具备的能力这两方面来看，这个孩子适合报考师范专业，将来会在教育教学事业中如鱼得水。或许由于徐偲扬同学在高三学习成绩进步较大，抑或由于性格内向，一直比较听话，是传统意义上乖乖女的缘故，家长老师忽视了她的内心变化。就在一切似乎朝着预想的方向进行时，偲扬同学突然一反常态，否定了以前的报考方向，在报考高考志愿的关键时刻，毅然决然地坚持报考山东科技大学的物流专业。最终家长拗不过孩子，做出了让步，她考入了自己坚持的学院和专业。

一直以来，对于这名学生的职业规划，我是在不断跟进和关注的，对她的指导也是有理论依据的。对于中学生来说职业方向的选择，要在自我了解的基础上，考虑三点要素：

适合自己，能够利用自己的长处，对自己未来的发展有利。适合社会，能够符合社会的现实，与社会的未来发展相融合。适合环境，能够适应环境的变化，与环境的改变同步匹配。

在界定选择目标时，也要注意三点重要的因素：

你的天赋和潜能能够体现出哪些比较适合你未来职业的需求？你的社会势能能够导向你可能会成功的职业选择是什么？你的职业方向选择的最佳匹配依据是什么？能有多少种分解？

而一个人的家族职业的影响也是不应小觑的。《学生生涯发展指导手册》第七课——我的家族职业树，是我对这名学生进行职业生涯规划指导的重要理论依据之一。我们都知道，高中阶段是学生人生观形成的关键时期，家族的职业种类和职业价值观等对学生有比较大的影响，特别是学生对大学专业填报和职业选择在很大程度上受到家族成员的干预。让学生能够遵从自己的意愿，从兴趣和性格特点出发，真正选择适合自己的职业发展方向，很有必要让孩子对自己的家庭职业树进行梳理，发现对自己有借鉴价值和意义的资源，并利用好这些资源，为未来的职业方向提供可参考的依据。孩子在成长过程中一直被动地接受家族成员职业观的影响，很少主动思考与职业有关的问题。帮助学生尽早厘清对职业的态度，有利于形成正确的职业价值观。

我对她不仅做了性格特点和能力特长的测试，从她的家族职业树入手，也做足了功课。问卷结果表明：她的曾祖父是当年（新中国成立前）村里的私塾先生，她的外祖母是民办教师出身，而她的父亲毕业于烟台师范学院，她的姑姑至今仍工作在教育教学一线。在教书世家中成长的她，耳濡目染，深受影响，从小就立志当一名教师。然而青春期的自我意识、自我觉醒以及人生观、价值观的逐渐形成，难免使他们冲动、盲从、叛逆，也许有的时候就是为了证明一下自己的存在，甚至只是为了和师长对着干。徐偲扬的选择大多都是基于这个原因。再加上受到影视作品公司白领工作环境和状态的影响，对物流专业的了解肤浅片面，不够深入，还有对周围同学、好朋友的盲从轻信。这一切让从小沉稳内敛、有条不紊的女孩，在青春期排山倒海而来之时无法招架，突然一反常态，不听家长老师有理有据地说服劝导，不顾一切地放弃了最适合她的职业梦想。

自知者明。职业规划需要遵循一定的原则，对自己的认识和定位是十分重要的。每个人只有找准自己的角色定位才能取得最大的成功。很多时候失败的人不代表没有能力，而是角色定位的失败。个人生涯规划正是对个人角色的有效定位的方式。

转眼徐愆扬已经在她选择的学院和专业学习生活了接近一年。2018年元旦在她寄来的明信片中我已经觉察到她的失落。春节期间，我和她及她的父母都碰过面也分别交谈过，父母的担忧自不必说，她本人的后悔也是不加掩饰的。原来，到了大学之后她才发现物流专业并非如她心中所想，所学专业知识和她的爱好、兴趣以及能力专长关联很少，那些专业知识她既不感兴趣，学习起来又很吃力。新鲜感过后，剩下的只有枯燥乏味，力不从心。虽然离毕业还有三年的时间，但摆在她面前的职业规划已然特别棘手了，又何谈实现自己的人生梦想。

终身学习是通过一个不断支持的过程来发挥人的潜能，它激励并使人们有权利去获得他们终身所需要的全部知识、价值、技能和理解，并在任何任务、情况和环境中有信心、有创造性和愉快地应用它们。

听了她的诉说，除了感到惋惜之外，让我考虑更多的是如何亡羊补牢，如何对她的人生重新进行规划设计。考虑再三，我给出的指导是：每个人一生所从事的职业往往不是一成不变的。目前在她所就读的学院，调整专业已然是行不通的（因为没有让她感兴趣的专业），可行的方法就是调整好心态，学好专业知识的同时，多付出一些辛苦和努力，业余时间自学适合自己的师范专业，以便在将来考研的方向上可以进行调整。

古罗马哲学家塞内卡有句名言："如果我不知道要驶向哪个港口，就没有任何风向适合我。"不知风向地走着就会被沙石迷住双眼，看不到未来，其实也看不到你所走过的路，那是人生的一种悲哀。

"学习即生活"。人生是一场漫长的学习，在学生生涯教育探索的路上我们是先行者，也是学生生涯规划教育的领路人。在充满挑战和机遇的征途中我们孜孜以求，诲人不倦。每一位学生都是独特的个体，茫茫学海中，他们各有所长，像一块块璞玉，是生涯教育的雕琢让他们焕发出夺目的光彩，实现更大的价值，而生涯教育更重要的是给予学生一种生涯规划的理念，形成一种生涯规划的意识，学会生涯规划的方法，让学生自觉规划，自己规划，科学规划。

“功不唐捐，玉汝于成”相信我们所有的努力都不会白费，所有的付出都是值得的。为了孩子们的精彩人生，为了我们心中的教育情怀，让我们勠力同心，砥砺前行。

案例二 梦想激励唤新生 用心浇灌铸成功

孙文玲 张 容

连杰，1998 年出生，2013 年考入龙口第一中学实验班，2016 年以优异成绩考入北京科技大学计算机科学与技术专业。连杰以数理见长，性格活泼顽皮，个性突出。在老师们的激励和引导下，他经过 3 年的努力，成长为一个热爱科学的优秀学生。这背后有怎样的成长轨迹？今天就将连杰同学的高中成长历程以事例方式呈现给大家，也希望对各位老师有所启发。

一、入学前的小插曲

我是连杰高一的实验班班主任和历史老师，为了帮助学生实现由初中到高中的顺利过渡，学校提前在暑期里召集新生报到。我刚进教室，看到女生都很安静地在前排坐着，后方一群男生围了一圈开“碰头会”。我就问：“同学们好，能否请后面的男生把你们手中的好东西和大家一起分享一下？”这时男生们都面面相觑，唯独有一名个子高高的男生突然站起来冒出一句：“报告老师，我们在创建新班级 QQ 群。”我就说，感谢咱们班的男子汉们想得很周到，我们也需要这么一个班级群，那就辛苦你们俩了。不过，为了保证咱们的学习效果，开学后手机就不能再带到学校了，这也是我们的校规。诚实、单纯、机智是连杰给我的最初印象。

事例分析：当时老师的处理方式既为他保留了脸面又婉转提出警告，无形中拉近了师生距离。

二、军训中的勇于担当

开学后第一周是军训。连杰个子高，人群中格外醒目。我发现他做事很认真，无论是军训站军姿、走正步、喊口号还是宿舍内务整理，他都做得很到位。每次我在中午查宿舍，都惊讶地发现他们宿舍的卫生格外整洁，被子叠放得非常整齐像豆腐块，物品摆放有序，地面一尘不染。我就问：“咱们宿舍的地面卫生很棒啊，谁拖地拖得这么好？”有舍友回答道：“是连杰。”我立刻表扬了他。从此以后，我发现连杰的目光中多了一份对我的尊敬和理解。

事例分析：理解和尊重是师生相处之道，对于这种独生子女要努力引导他从小我走向大我。抓住闪光点及时表扬，肯定学生的爱心和能力，一个有能力爱集体的学生是不会太差的。

三、数理精英，又常常违纪

物理老师跟我反映了一个情况，谈及连杰是物理迷，也是分数迷。每次考试，连杰都提前交卷，以便让老师提前批改。考得好就喜形于色，考得一般就垂头丧气。上课时他不断地提问题，经常打断老师的思路。一次，连杰因为在宿舍违纪被学生处记录下来，给我们班级扣 4 分。经了解，午休时候他正在拿螺丝刀拆卸物理教学器具安培表时，被值班的张老师发现。张老师在了解情况的基础上，耐心说服教育他，首先肯定他爱学习爱钻研爱动手实践的优点，鼓励他继续发挥潜能。但同时表示，午休时间是为了保证同学的学习效率，在午休时间拆卸重组物理实验仪器，虽然精神可嘉，但有可能会损坏学校的教学用具。在张老师的耐心说服下，连杰很快认识到自己的问题，由开始进办公室时昂着倔强的头到满心愧疚地和老师真诚地说了声：“老师，我错了。”张老师适时指出，“有兴趣就要发展它，能够做大做强是最好的。老师和学校都是你成长的坚强后盾，不过这次器材需要你承担责任，跟任课老师讲明情况，马上就要期末考试了，等考完试再来领取。”从此，连杰再也没有宿舍违纪的问题。

事例反思：张老师尊重学生的兴趣爱好，适时引导。在学生犯错之后，张老师能用全面发展的眼光看问题，既能够让他及时认识错误，又激励和鼓舞他继续发展自己的兴趣爱好。

四、偏科大王，英雄也有气短处

连杰同学数理见长，但偏科严重。高中第一学期期中考试，他的数理化成绩在全市都是排在前 100 名，但其他学科在 1000 名左右。办公室老师一说到连杰，往往是“作文又没写”“英语作业没交”“地理不及格”“政治提问不会答”……数理化的英雄瞬间变狗熊。我需要和连杰一轮真正交心的谈话。连杰在英语课上拿着圆规尺子做物理练习册被我发现了。我在课间操和他谈话时，连杰认识到自己的错误，当时他涨红着脸，低着头。我说：“小伙子做了一节课的物理题了，累不累？”连杰先是一只手挠着头，然后马上头摇得像拨浪鼓，说：“不累不累。”“那你说老师讲了一节课累不累？”他说，“老师，我知道错在哪里了，我偏科太严重，上课不认真。”我说：“连杰，爱好也是一把双刃剑，老师怕你以牺牲其他学科做代价啊。作为你的老师，希望你能够吸收全方位的知识，特别是提高自身的人文素养。”连杰若有所思地点点头。

事例反思：情感教育，尤其是换位思考是教育学生认识和改正错误回归正途的重要方式。

五、梦想激励，扶他上战马

对于连杰这种近乎偏执的数理化优生来说，单凭一次的说服教育效果甚微，需要寻找时机继续巩固战果。学校开展了学生多元发展课，办了20多个社团和兴趣小组。连杰报了数学和物理两个兴趣小组，物理导师是崇实学部的史老师。每次只要有活动，连杰一定是冲在最前面的学生。一天我正在办公室，连杰气喘吁吁从教学楼走廊的尽头飞了过来，说，“老师，我要请假一节课去上物理兴趣课。”我问下节课是什么课？连杰马上就说，“老师，是艺术课，不重要。”一边说，一边抱着书包很快就消失在走廊的尽头了。在课后我和他进行谈心，谈起了我国的物理泰斗钱学森。我说钱学森作为中国航天事业的先行人，他不仅是我国科学界的旗帜，还是民族的脊梁。钱学森的求学生涯中，受父亲影响至深，一方面学好理工，走技术强国的路；另一方面他父亲又送他学音乐、绘画等艺术课。他的音乐家妻子也给了他很多艺术熏陶，丰富了他的人文素养。文理艺术都能兼容的人才会走得更远。

我接着问连杰的梦想，希望他能在主题班会课上发言。“我的花季——在路上”班会课上，连杰果然不负众望，以自制小视频的方式向同学们展示了自己周末全力以赴攻克数学难题的一天。视频中有自己动手绘制的漫画，穿插着自己剪辑的流行歌曲，视频的最后是自己理想中的大学和专业展示。非常有创意，博得了在场师生的一致好评。

事例反思：学生有问题要巧妙解决，以梦想来激励学生，用任务来激发学生的创造力，使其获得成就感，有助于学生的成长。

六、动态激励，系统纠偏和规划人生

针对连杰和班内部分学生的偏科严重情况，我设计了新的“比学赶帮超”小组动态班级管理方案，对小组卫生、学习和纪律实行捆绑式评价方法，每人次计 5 分，教室里划分 9 大区域，每半个月按照累计情况安排小组座次。计分排名靠前的小组长有权自主选择教室座位和安排组内座位。小组竞争激发了学生的动力和积极性，前面和中间的位置成为他们首先瞄准的战略要地，后排的小组总是想尽快改变不利的局面。连杰很快由一个上其他课都会走神和偷偷做物理数学题的偏科大王逐步变成了专心听讲抢答问题并获得奖励的全面发展型学生。

小组评价不仅帮助了连杰同学纠正偏科，也激发了他的想象力和创造力。一次，学校举行中学生创意科技大赛，要求每班征集作品，并写出基本原理。在动态小组竞争方案的激励下，同学们跃跃欲试，利用课间和周末动脑动手，我们班同学交上 31 件设计方案，当时全校也总共不过 35 件。连杰谈及他的新型创意眼镜。基本原理是利用搜索地图再加上微型摄像机安装在特殊材料制成的眼镜上，能够迅速处理外界信息，广泛用于各领域。我说，“虽然我不是很懂，但我感觉连杰同学的创意确实新颖。现在我更希望大家对科技保持自己的好奇心，从现在开始努力积蓄力量，以待时机。也祝愿连杰同学将来能够如愿以偿，做自己心目中敬仰的科技精英！”连杰同学此后的学习劲头更足了。经过他的不懈努力，学习在文理科分班后集中补上了薄弱学科，成绩稳步上升。

事例分析：学生是有待开发的富藏。只要肯用心，就可以将其的梦想转化为持续不竭的学习动力，只有把梦想、执行力、理想大学和职业规划有机结合起来，春风化雨般融入学生的高中学习生活中，才能为高校为社会输送培养合格的优秀人才，为学生个人成长、民族振兴作出贡献。

后来连杰同学在高二、高三老师的继续辛勤培养下，终于喜得所愿，不仅获得了山东省物理奥赛一等奖，还考入了自己梦寐以求的高等专业和学府深造。

案例三 科学规划刑警生涯 努力成就飒爽英姿

于巧红 曹 钧

辅导对象介绍：王晨，女生，2002年3月16日出生，龙口第一中学2017届崇实学部学生，任班级军体委员，学习努力，成绩优秀，内敛少言，极富主见。

2017年，继浙江、上海两地之后，山东省也开始了高考新改革。高考科目除了语数外3门固定科目，其他3门可在剩下的6门中根据自身兴趣、生涯发展、高校专业选科要求等进行自主选择。给了学生极大的自我选择权和自我发展空间。在这一背景下，生涯发展指导课程也成为2017届高中课程中的必修科目，它对学生的自我认识和生涯规划方面起到了重要的指导作用。在生涯发展的课堂上，我注意到一个“与众不同”的女孩儿。在我所任教的学部，高一新生共设4个班级，共计134人，属于典型的小班教学，他们大多积极乐观，才华横溢，富有主见，追求上进，尊敬师长……这个女孩儿却“与众不同”：一是作为同龄人，她是他们一大群“叽叽喳喳”中少有的内敛者，总是稳重大方；二是作为女生，她是他们班的军体委员；三是她未来的职业目标竟是警察，而且是刑警，是134个同龄中唯一一个，且非常坚定。

作为生涯发展指导教师，我非常清楚一个人将来若能从事着自己喜欢的职业是一件很幸福的事，但同时也清楚擅不擅长、适不适合也能在很大程度上影响着从事这一职业的幸福指数，所以我决定与她做进一步的沟通。

师：“王晨，我很佩服你，小小年纪就有这么明确、坚定的职业目标。我像你这么大时还只是个只会学习，对职业没有什么概念的人。”

王晨脸红了，有些不好意思，笑了笑，没说什么。

师：“你有心仪的大学吗？”

生：“我想报考中国人民公安大学的侦查学专业。”

师：“假如，老师说的是假如，如果这个大学去不了，还有‘备用’的吗？”

王晨笑着说：“中国刑事警察学院、山东警察学院。”

师：“很好，目标明确远大。那你对这些学校的专业了解得多吗？”

王晨迟疑了一下，摇摇头。

师：“老师很愿意和你一起查阅相关资料。”

生（很感激）：“谢谢老师。”

师：“一个人从事着自己喜欢的职业是件很美好的事情，但有一点我们不应忽略，那就是本人到底擅不擅长、适不适合这项工作。若擅长，工作时如鱼得水；若不擅长，纵使喜欢，工作过程中也会困难重重。”

王晨点点头，表示认同。

师：“警察是个比较特殊的职业，自身条件适不适合是不应忽略的一方面，我很愿意和你一个完成这个考察。”

王晨点头，连说两个谢谢。

师：“那我们就从‘自我’这一方面开始吧”。

一、了解自我

根据帕森斯的特质因素论，每个人都有其独特的心理特质，这些独特性反映在性格、兴趣、能力、价值观等人格特质上。同样，每个职业也具有其独特性，成功进行职业选择的前提是了解自我的独特性。而高中生在自我认知上是相对欠缺的。所以我决定先从价值观、性格、能力三大方面对王晨进行了解，从而在自我特性方面初步判断是否与警察职业相匹配。

1. 价值观

我给出了一些表示不同价值观的词语，让王晨按重要程度依次选出五个。她作出了如下选择（按重要程度）：社会奉献、工作稳定性、认可、发挥能力、挑战性。我看她把社会奉献排在第一，就问她想做警察尤其是刑警的原因，她回答的原因如下：

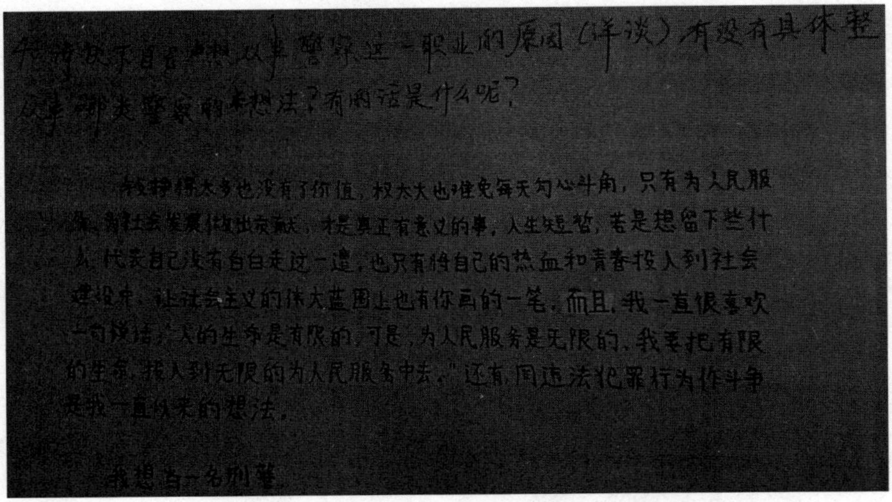

看后我暗暗佩服，小小年纪就有如此的思想境界，如此强的社会责任感，很是难得。警察这一职业确实符合社会奉献这一价值观，但同时能够满足王晨所选定的五个价值观的职业并不是就只有警察，其他相似的职业真的就一点都不考虑吗？具备了这些价值观就能做好警察吗？这是我给她留下的思考问题。我又运用主观预期效用论列出了包括警察在内的四个基本能满足王晨价值观需求的职业类型，让其进行打分评价，具体如下：

价值观	效用（1-10）	职业预期值（0-1）			
		警　察	律　师	医　生	大学教师
社会奉献	10	1	0.8	1	1
任　可	8	1	0.9	0.9	1
工作稳定性	8	1	0.6	0.9	1
挑战性	6	1	1	1	1
发挥能力	6	1	1	0.9	1
薪　酬	2	0.5	0.9	0.7	0.8

SEU（警察）：10+8+8+6+6+1=39

SEU（律师）：8+7.2+4.8+6+6+1.8=33.8

SEU（医生）：10+7.2+7.2+6+5.4+1.4=37.2

SEU（大学教师）：10+8+8+6+6+1.6=44

从王晨的打分情况来看，大学教师也是她可以考虑的职业。看到这个结果，她自己也有些惊讶。我顺势追问她："王晨，假如警察这个职业目标我们不适合，或是因为一些硬件条件不符合要求实现不了，你还想往哪个方向发展呢？"王晨答："生物研究。"她见我有些疑惑，就继续解释："就是研究各种细菌、病毒，为了攻克各种疾病。"我听后莫名的感动，感叹她这么小的年纪为社会、为人类作贡献的愿望如此强烈坚定。

2. 性格

在性格测试中，比较著名的是20世纪40年代，美国心理学家伊莎贝尔•迈尔斯和凯瑟琳•布里格斯母女在荣格的心理学类型理论的基础上提出的一套性格测验模型——MBTI。该模型从纷繁复杂的个性特征中，归纳提炼出4个关键要素——动力、信息收集、决策方式、生活方式。通过对这几方面进行分析判断，从而把不同个性的人区别开来。这个理论模型在世界上运用了将近30年。在世界五百强企业中，有80%的企业在应用，在职业选择方面有广泛的认可度，我将采用王晨自我阐述和利用该模型测试相结合的方式对王晨的性格进行了解。

在王晨的自我性格阐述中，她选择了这些词语：勇敢、坚强、耿直、忠厚、诚实、严谨、理性、勤劳、朴素、乐观。

在MBTI性格测评中，测得"我的精力方向是I类型（内向型）""我的感知功能是S类型（感觉型）""我的判断功能是T类型（思维型）""我的生活方式是J类型（判断型）"，综合起来王晨的性格类型为ISTJ。模型中对于这个性格类型的解读为：谨慎且责任感强，有组织的处理事物和沉着应对危机，对于日常重复的事情具有很强的忍耐心。周密、细心，且擅于批判型思维。推荐相配的职业有：会计师、警察、教师、工程师、军人、法官、病理学医师、中小企业管理者等。

王晨对自己性格的阐述与通过MBTI模型测评得出的结论在很大程度上是相类似的，而严谨、勇敢、坚强、沉着、周密、细心等恰是警察这一职业所需要的，因此王晨的性格与警察职业所需要的性格特征还是比较匹配的。假如王晨测得的性格特征与警察职业匹配度不高，作为生涯导师，我不会因为这个原因劝她放弃如此喜欢的职业的，毕竟我们每个人的性格的形成都受到了遗传和后天两方面的影响，只要我们注意、坚持并采用正确方法，后天形成的那部分性格特征是可以改变的。

3. 能力

能力也称智能，对能力进行测评，比较权威的是霍华德·加德纳博士创建的“多元智能理论”。该理论认为，作为个体，我们每个人都同时拥有相对独立的八种智能，但每个人身上的八种相对独立的智能在现实生活中并不是绝对孤立、毫不相干的，而是以不同方式、不同程度有机地结合在一起的。正是这八种智能在每个人身上以不同方式、不同程度组合，才使得每一个人的智能各具特点。八种主要智能分别是语言智能、逻辑-数学智能、音乐智能、运动智能、空间智能、人际关系智能、内省智能、自然观察智能。

通过完成“多元智能测评题”（共计56道），王晨的八大智能得分如下：

智能类型	音乐	运动	逻辑	空间	语言	人际	内省	自然
问　项	A	B	C	D	E	F	G	H
合　计	7	25	25	22	15	21	25	24

从测评结果可以看出，王晨的优势有三项：分别是运动智能、逻辑-数学智能、内省智能。多元智能理论中将运动智能解释为运用整个身体或者身体的一部分解决问题或者制造产品的思维能力，舞蹈家、外科医生、演员、手工艺大师等此种智能较强；将逻辑-数学智能解释为是有效进行计算、逻辑推理、科学分析的思维能力，电脑程序员、科学家、逻辑学家等此种智能较强；将内省智能解释为是一种深入自己内心世界的思维能力，哲学家、诗人等此种智能较强。警察尤其是刑警在运动方面是需要有高于一般人水平的运动能力的，在案件破获过程中也需要有较强的逻辑推理能力。此外，王晨在空间智能方面也具有一定优势，空间智能是指在头脑中形成一个外部空间世界的模式，并能够运用这个模式的思维能力。作为警察若能够根据相关信息在头脑中尽可能准确地还原案发过程，对案件的破获将起到重大的推动作用。

综上所述，从能力角度而言，王晨也是比较适合警察这一职业的。结果出来后，王晨自信满满地对我说：“老师，我早就知道自己有能力做警察的，从小学到初中，每次运动会上我都会取得不错的成绩，而且在学几何时我一点儿也不费力，这说明我的空间能力还是不错的。”我说：“原来我们的王晨有这么辉煌的历史啊，恭喜你有了做警察的先天优势。”听完我的话后，她高兴得合不拢嘴。

二、了解心仪高校

从自我角度的测评结果来看，王晨选择警察这一职业是比较适合的。但警察是个比较特殊的职业，相关高校在录取时也出台了一些限制条件，包括身体条件、学科成绩等，这也是必须详细了解的方面。于是，我又和王晨就她想去的大学的录取条件进行多方调查，包括上网查询、咨询在读学长等方式。通过调查，我们得知警察类高校在每年的招生中，女生比例是很低的，只占到当年招生人数的10%～15%，侦查学专业女生比例更是低，且录取分数往往比男生高很多。如中国人民公安大学的侦查学专业2017年在整个山东招收女生的计划数只有1人，王晨目前成绩在全市排名125，要实现这个目标困难有些大。查阅中国刑事警察学院2017年在各省、市、区本科实际录取分数线可知，在山东录取分数线为理科男生最高分622，最低分551；女生最高分620，最低分582。侦查学专业录取分数相对较高，且录取女生人数文理相加才3人。王晨以现在的成绩可以更加努力去尝试，但风险也非常大。而山东警察学院相较于前两者，报考难度有所降低。起码在成绩方面问题不大。分析完成绩报考的可能性后，我们又对警察类院校对考生的视力、体能等身体方面的要求进行了了解。在这方面，三大院校的要求是一致的，在身体条件方面均为“女生身高一般不低于1.60米；身体匀称；双眼裸视力均不低于4.8（0.6）（含文、理科），无色盲、色弱；两耳无重听；无口吃；五官端正，面部无明显特征和缺陷（如唇裂、对眼、斜眼、斜颈、各种疤痕等），嗅觉不迟钝，无鸡胸，无腋臭，无严重静脉曲张，无明显八字步、罗圈腿，无重度平趾足（平脚板），无文身、少白头、驼背，无各种残疾，直系血亲无精神病史；无传染病。双眼裸视力均不低于4.8。”王晨身高1.70米，体重52公斤，身材匀称，没有任何疾病，完全符合要求。在体能方面，三大院校给出的标准如下：

性　别	测试项目	合格标准
男　子	50 米	7″1 以内
	1000 米	4′05″以内
	俯卧撑	10 秒内完成 6 次以上
	立定跳远	2.2 米以上
女　子	50 米	8″6 以内
	800 米	4′00″以内
	仰卧起坐	10 秒内完成 5 次以上
	立定跳远	1.5 米以上

而王晨在“山东教育综合平台”上录的体能成绩如下：

● 2017年体质健康测试记录　　〈返回　收起^

身高（厘米）	体重（公斤）
170	52

单项指标	成绩	附加分	得分	等级
体重指数（BMI）	17.99	0	100	正常
肺活量	4986	0	100	优秀
50米跑	8.8	0	78	及格
立定跳远	200	0	95	优秀
坐位体前屈	16	0	76	及格
1000米(男)/800米(女)(秒)	216	0	90	优秀
引体向上(男)/1分钟仰卧起坐(女)(次)	60	4	100	优秀

标准分	附加分	学年总分	等级评定	体育教师	班主任
90.7	4	94.7	优秀	张容	李延宾

在 800 米跑、仰卧起坐、立定跳远三项中，王晨的成绩均为优秀，50 米跑只差 0.2 秒，在体能测试方面，王晨没有问题，她对自己在体育运动方面一直很有自信。

此外，我们从去年进入山东警察学院的我校毕业生那里了解到，就他们学校而言，若想要将来从事刑警，没有必要非得学侦查专业，即使是治安学、刑事科学技术、经济犯罪侦查等余下的六大专业业毕业生在经过大四的统一公考后，也可以按成绩自主选择就业地区和警类。事实上山东警察学院的本科毕业生毕业后多数都做了刑警。这一消息让王晨的眼睛一亮，整个人都神采奕奕，她感觉她离目标如此近，剩下的只是努力地学习了。

无论从王晨的"自我特性"还是相关院校的硬性要求，王晨选择从事警察这一职业都没有问题。我最后又问了她几个问题。

师："你对警察这个职业了解吗？能说说吗？"

生："打击邪恶、打击犯罪、有一定危险性。"看来她揣测到了我想问什么。

师："那你不怕吗？"

生："不怕，做什么都得担风险。"

师："你父母同意吗？"

生："同意，我妈妈年轻时就特别想做警察，我爷爷也当过兵。"

师："期待目睹王警官的飒爽英姿！加油！"

案例四　生涯教育　行路致远

公丕亮　焦尊怡

《国家中长期教育改革和发展规划纲要（2010—2020）》明确提出："鼓励有条件的普通高中根据需要适当增加职业教育的教学内容。""采取多种方式，为在校生和未升学毕业生提供职业教育。"《中共中央关于全面深化改革若干重大问题的决定》提出："逐步推行普通高校基于统一高考和高中学业水平考试成绩的综合评价多元录取机制。探索全国统考减少科目、不分文理科、外语等科目社会化考试，一年多考。"

基于此大背景，我校开始了高中生涯规划教育的探索、研究和实践，并取得了一定的成果。我们在课程的开设过程中，有效地帮助学生客观地了解自己的梦想、性格、兴趣、能力、价值观等，帮助学生形成了积极的自我观念。我们系统地分析职业世界的各种信息和发展趋势，筛选出符合学生自己特性的最佳的职业群，帮助学生探索出与自己喜爱的职业相关的专业、学科、大学，了解高中科目与大学专业的关系，增强学习动机。最后根据探索的结果，作出合理的生涯决策，制订具体的目标和计划，并根据情况的变化调整和完善自己的生涯规划，效果很好。下面我就举些具体的实例：

1. 吕文棋，龙口第一中学高一年级的一名学生，她是极具绘画天赋的女孩

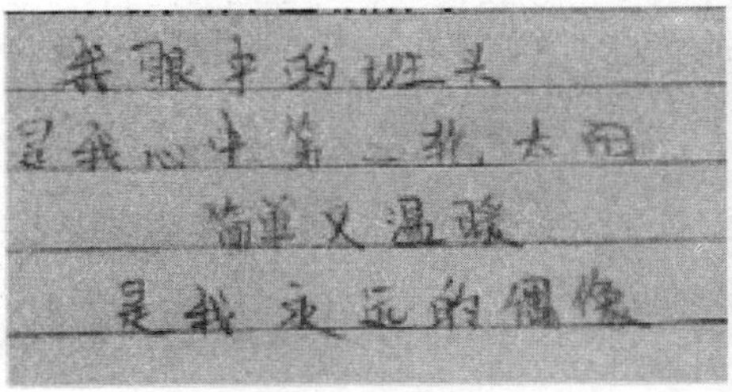

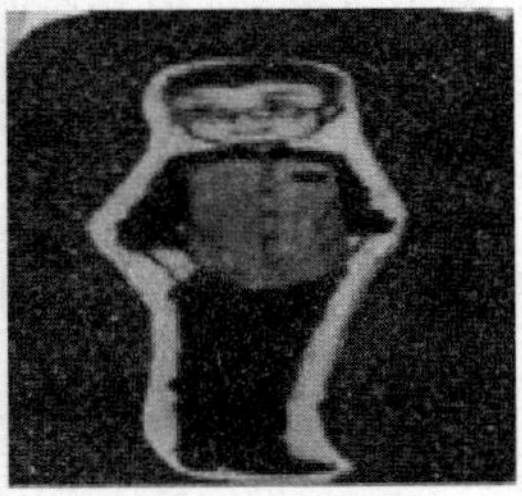

上面是她给我的画像，她自己还是比较满意的，画得惟妙惟肖。她喜欢文学和绘画，在平时的学习中尤其擅长语言方面的学科，而且这些学科成绩也不错，但是物理、化学等学科学起来就相对吃力一些。在要做出六选三时候，她坚定地告诉我，她要学美术，以后想要学服装设计专业。她作出该选择的原因有两个：一是符合自己的兴趣爱好，能够继续绘画；二是她认为这个专业比较有前景，有一定的发展空间。但是家里不同意，双方闹得非常凶，所以她很长一段时间都不开心。她表现得很痛苦，甚至严重影响了听课效果，学习状态非常差。作为孩子的班主任，她找到了我，她不知道怎么样才能作出抉择？同时，她的父母也着急上火，经常打电话发微信来与我联系，想要帮助孩子尽快地解决问题。（下面是孩子妈妈给我发来的一些微信截图）

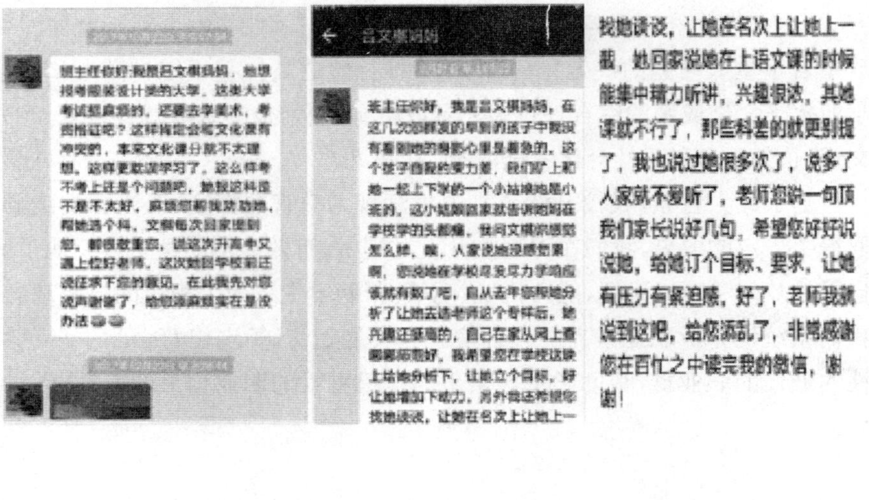

作为孩子的班主任，我对于该生的发展状况是有一定的了解的。该同学的家庭经济条件不是很好，而且母亲面部有一定的残疾，这对孩子的身心发展影响很大。孩子特别容易自卑，最害怕的就是父母在别人面前拿她与别的孩子进行比较，这件事闹得沸沸扬扬，这也是影响她学习的一个比较重要的因素。在我第一次找该同学分析生涯规划的时候，我就对她说："高中阶段是你们人生价值观形成的关键时期，你的理想专业服装设计是一个相对来说比较时尚和前卫的工作。我相信你并不是盲目选择该专业的，你肯定也是查找了一些相关资料，首先也为你的前期准备工作点个赞。"我先鼓励一下孩子的努力，然后让孩子自己分析一下她从事该职业的一些优势和劣势，以让孩子客观地了解自己的优缺点。

随后，我就利用在发展课上《学生生涯发展指导手册》上所学的霍兰德职业兴趣自测 (Self-Directed Search) 的测评工具为孩子做了全面和客观的测评，并结合她的实际发展状况、家庭特点、性格特点和我的了解等，帮助孩子作出了探索的结果和合理的生涯决策，制订了具体的目标和规划，而且也根据实际一些具体的变化作出了相应的调整。

霍兰德职业兴趣测评六个维度显示：

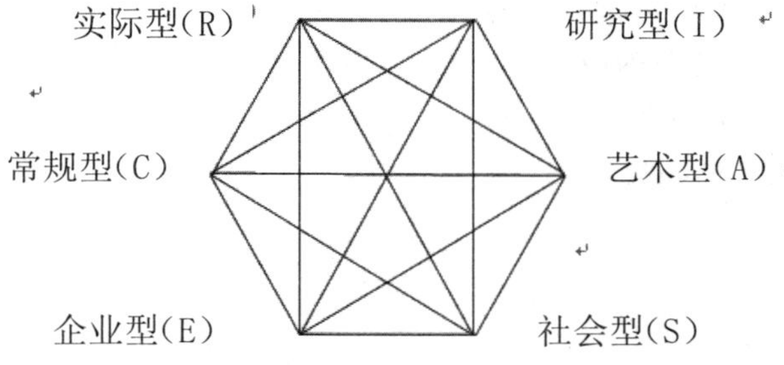

吕文棋同学的职业兴趣维度在六边形上处于对角位置的类型之间的相对关系中取分数最高的前三位组合一一分析，结果显示为 RAC 型，即偏向于实际型、常规型和艺术型的特质。根据我接近一年的观察和分析，她的倾向选择与自我兴趣类型匹配的职业为教师最佳，而且她本人对于教师这个职业也是比较喜欢的。在确定自己的生涯规划之后，她本人也是相当满意，家长也很认可。一方面可以满足孩子的兴趣爱好，满足她的个性发展需求；另一方面父母也希望孩子不要走远，毕竟学艺术对于这个家庭来讲负担不起。孩子毕业之后也能够帮衬一下这个相对薄弱的家庭，这很好地找到了双方的契合点，孩子目前的发展势头非常好，动力十足。

通过这个案例，我们可以得到启示：适合自己的才是最好的，才能够最大限度地激发学生的个性需求和发展要求。影响学生发展生涯规划的因素是多方面的，我们既要依据学生的个人兴趣类型，也要参照社会的职业需求及获得职业的现实可能性。因此，我们在做职业生涯规划时，既要追求相对客观的态度，还要采用一定的技术手段作为参考和辅助，最大限度地引导学生选取与自我兴趣相同的生涯规划。这不仅是对我们工作的考验，也是一种很大的鼓励。

2. 赵春燕，龙口市第二中学 2003 级毕业生。高中三年的学习成绩特别优异，综合素质较高，高考时，以超出山东省重点本科线 30 分的成绩被天津师范大学对外汉语专业录取。据她介绍，当时报这个专业的原因就是专业的名称非常的“高端、大气、上档次”，看到这个专业的第一眼她就被深深地吸引了。在兴奋之余，她又从网上查找了大量的资料来了解这个专业，这个专业在当时是新兴的热门专业。

她从网上查找到，对外汉语专业是一个新兴的应用型学科，同时又是一个交叉型学科，旨在培养学生具有较扎实的汉语和英语基础，特别是这个专业的培养对象更加坚定了自己的判断。这个专业主要培养高层次对外汉语专门人才，以及能在国内外有关部门、各类学校、新闻出版等岗位上从事对外汉语教学及中外文化交流相关工作的实践型语言学高级人才。她更坚定了自己的信念，她的梦想就是出国。

大学四年，她的各门功课都十分优秀，对于自己当时的那份坚持也感到比较庆幸，为出国做了一些准备。可是毕业之后，她发现现实距离她所想的越来越远。在她应聘山东电力公司的招聘的岗位时，她的专业就给她带来了很大的麻烦，招聘岗位上写的是英语类相关专业，但是她是以对外汉语专业应聘的。在递交应聘材料时，她就被用人单位以专业不相符为由刷了下来，这对她的打击很大，很长时间心灰意冷。后来在家人的鼓励下，她也慢慢地走出了心理阴影，重新进入就业市场。

在一次参加孔子学院招募志愿者的活动中，她有幸进入了考察培训阶段，只是在最后的筛选阶段因为英语没有通过专业八级的缘故，没有被选录。其实，正是这个专业的一些限制导致了她的落选。对外汉语专业是两个传统专业汉语言文学和英语的交叉学科，既要求有相当的英语功底，又要有扎实的汉语基础。这个专业的要求是普通话水平在二级甲等及以上，英语水平大学英语六级，学生有一个要求不达标就毕不了业。恰恰是这个专业的特性，决定了对外汉语专业的学生参加不了英语专业的专业四级乃至八级的考试，减少了这些专业同学的英语再深造的考试机会，这直接导致赵春燕同学在最后的选拔中落选。

从著名的职业生涯规划大师萨柏(Donald E.Super)的终身职业生涯发展理论中，我们可以看出一二。萨柏他最主要的贡献是“生涯彩虹图”。他认为在个人发展历程中，随年龄的增长而扮演不同的角色，图的外圈为主要发展阶段，内圈阴暗部分的范围，长短不一，表示在该年龄阶段各种角色的分量；在同一年龄阶段可能同时扮演数种角色，因此彼此会有所重叠，但其所占比例分量则有所不同。

根据萨柏的看法，一个人一生中扮演的许许多多角色就像彩虹同时具有许多色带。萨柏将显著角色的概念引入了生涯彩虹图。结合此理论，赵春燕同学在获取职业的决定性因素中，她对自己的定位不准，受到了除角色与年龄及社会期望有关因素的影响之外，与个人所涉入的时间及情绪程度都有关联，因此她的生涯规划不是呈现出一种动态性的考虑，而只是一种单纯的喜好决定论作祟。

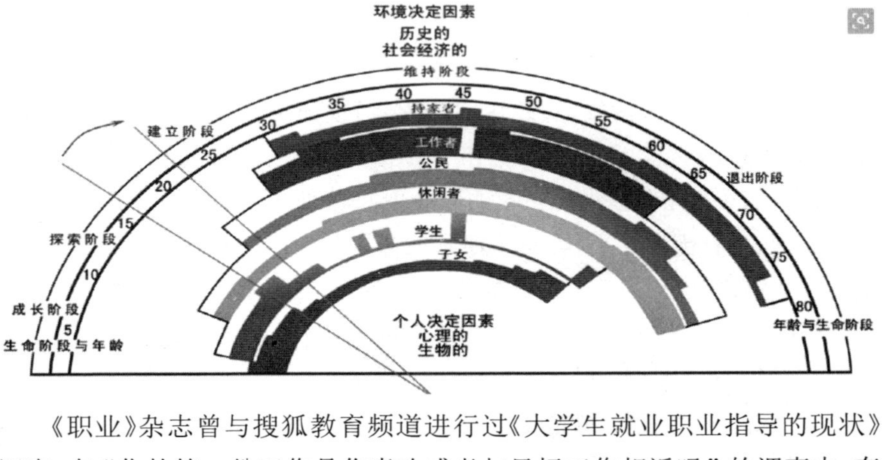

《职业》杂志曾与搜狐教育频道进行过《大学生就业职业指导的现状》调查：在“你的第一份工作是你喜欢或者与目标工作相近吗”的调查中，有36.6%的人选择“先就业后择业，能找到工作就不错了”；4%的人“找工作的时候并没有明确的目标”；只有26%的人“是经过考虑和挑选才最终确

定"的。在另一项调查"你毕业多久之后就重新换了一份工作"中,有23%的人回答在短短半年内就换了工作;在1年内跳槽的占18.3%;两年内换工作的人占24%;只有25%的人毕业后的第一份工作超过3年。

这些调查侧面说明我们的生涯规划还需要很大的努力,前期的生涯规划做得不好,后期的下列问题就暴露出来了。美国有"职业日",父母亲或老师可以在职业日带领6~16岁的孩子参观他们的工作环境,参与到这些工作里面去,让孩子尽早地知道他们的父母从事什么样的工作、目前有哪些职业等问题。孩子上八年级以后就要请专家给孩子们做职业兴趣分析。十几岁的孩子职业兴趣并没有定型,但通过职业日、职业实践活动等,可以根据其暴露出来的特点进行引导,达到以兴趣定职业方向的目的。赵春燕同学的例子就需要我们深思。

赵春燕同学的例子表明了她自己生涯规划的失败,对于自己的职业没有一个长远的打算和定位。高瞻远瞩的人对于他们自己以及生活,一般都会有长远规划。职业生涯规划的长期眼光,是我们未来的事业能够登峰造极的重要条件。在前期,我们必须掌握好扎实的基础,对自己的生涯规划做好合理安排,切记好高骛远。我们应在人生理想的指引下,采取"积小成功为大成功"的做法,结合现实的生涯规划模式,将个人理想与组织远景相配合并使双方受益,逐步实现可行性目标,在实践的过程中,能够积累起足够的自信和能力。

"路漫漫其修远兮,吾将上下而求索。"作为生涯规划教育的先行者,我们有义务、有责任去探索、实践这门课程。当今信息社会竞争激烈,物竞天择,适者生存。要想让我们的学生在今后的职业活动中脱颖而出,就需要我们帮助他们在高中阶段做好自己的职业生涯规划。只有这样,学生才能做到心中有数,不打无准备之仗。有了清晰的认识与明确的目标之后,再把目标活动付诸实践,这样的效果要好得多,也更经济、更科学。

高中的生涯规划教育不仅是帮助学生个人按照自己规划找到一份合适的工作,以期实现个人目标,更重要的是帮助个人真正了解自己,为自己定下事业大计,筹划未来,拟定一生的发展方向,根据主客观条件设计出合理且可行的职业生涯发展方向。

生涯规划教育不仅仅是一门学科,不仅仅是校长、班主任、德育、心理老师的事情,它更是全体科目老师应当承担的职责。这是我们的使命,更是我们肩上沉甸甸的责任。最后以普列姆昌德的一句话作为结尾:“我们的理想应该是高尚的,我们不能登上顶峰,但可以爬上半山腰,这总比待在平地上要好得多。如果我们的内心为爱的光辉所照亮,我们的面前又有理想,那么就不会有战胜不了的困难。”

案例五 追逐梦想 不负年华

王 瑛 栾永祖

从事教育工作20多年来,我一直任教数学学科并担任班主任。我的教育理念是不仅传授给学生课本知识,更要关注学生的成长与发展,通过指导学生做好生涯规划,引导他们树立人生目标,认识自我,充分发挥个体特长,选择自己喜欢的职业,实现人生价值。在教育教学中,我通过与学生和其家长的多方面接触,了解学生的性格、能力、兴趣、爱好,家庭背景、成长环境,加强对学生的生涯规划指导,多年来小有成果,学生们事业进步,生活快乐也使我很欣慰。刘睿同学的生涯规划是一个成功的案例,在这里分享一下。

刘睿,现在澳大利亚新南威尔士大学攻读法律博士学位,立志要做一名优秀的跨国律师。她是2010年进入高中。从军训开始,她就给我留下了深刻的印象。她很快和同学熟络起来,关心同学,班级事务跑前跑后,任劳任怨,工作上成了我的得力助手。我了解了她的成长经历,她上学后一直是班长,锻炼和培养了她的领导能力。她的母亲是律师,言传身教,潜移默化,使她从小就与众不同,有自己的梦想。作为班主任,帮助她做好生涯规划也是我的责任和义务。

从她的家庭环境来看,她母亲常说她不是一个称职的母亲,特别在刘睿小时候,她母亲作为一名年轻的律师,怀着对法律专业的浓厚兴趣、对律师这个职业的敬畏,整天奔波在为他人代理、辩护案件的维权路上,孩子基本是放养状态。她母亲常常把孩子从幼儿园接回来,没来得及和孩子沟通幼儿园的事情,就一头扎进了看案情看法条为第二天开庭做准备的忙碌工作中。刘睿的父亲在家里最大的爱好是喜欢安静地读书,培养了刘睿从小读书的良好习惯。没有母亲的悉心照顾,刘睿反而特别独立要强。小时候刘睿受父亲的熏陶,非常喜欢读书。

我和学生的母亲首先对她做了职业兴趣测评，她的职业兴趣代码是SIR，社会型：善于表达，喜欢人际交往，喜欢社会管理工作，务实认真，关心社会的公正公义，有团队精神和感染力。研究型：独立，善于分析，有头脑，对心理咨询等行业有浓厚的兴趣和发展潜力。实用型：喜欢具体的工作任务，直率，逻辑性强。我们考虑到她的兴趣爱好和能力，富有同情心，喜欢帮助他人，有奉献精神，不计较名利。语言表达能力好，思维活跃，善于学习。刘睿母亲认为，现在社会生活节奏快，工作压力大导致大多数人或多或少都存在焦虑、抑郁等不良情绪，将来心理疏导是一门有益于自己也有益于他人的职业。但是我感觉在法律领域更能发挥孩子的兴趣和特长，她母亲是律师，对职业比较熟悉，有更好的人脉和丰富的资源。律师需要的技能沟通能力，多听少说，把握别人的心理，理解别人，善于换位思考；律师同时需要表达能力，言简意赅；律师需要写作能力，写诉状和代理意见的时候需要一定的文字表达能力，力求客观、真实、有理有据。这些方面刘睿都有较好的基础和潜力。

我们接着耐心细致地帮助刘睿分析她的人生规划：高中3年辛苦学习，然后上一所好的大学攻读法学；大学毕业后到国外选一所世界排名前列的大学开阔视野，丰富知识，历练人生。这样的规划刘睿愉快地接受了，作为自己的梦想，愿意为之付出艰辛的努力。

刘睿利用假期社会实践进行职业体验。暑假她跟随母亲去律师事务所接触了一些案例，旁听了母亲代理案件的庭审，母亲工作的敬业和社会好评让她对律师这个职业产生了浓厚的兴趣，立志将来像母亲一样做一个法律人，母亲经常常说的一句话就是：律师兴，法治兴；法治兴，国家兴。

刘睿树立了人生目标，激发了她学习的源动力。刘睿的学习和精神状态都很好，积极进取，学习工作都很顺利。在班级工作方面，刘睿得到了同学的认可和老师的满意。高二时除了当班长，英语和历史老师抢着要她做课代表。老师不在，她也会把工作布置得井井有条。凭着她优秀的成绩和出色的工作能力，她被选为山东省优秀班干部。当然她也有一些不足，比如太在意老师和同学的评价，太在意考试成绩，考试紧张，心理压力大，对自己期望太高。在这些方面我做了大量的辅导工作，帮助她调适自己，顺利地度过了高中三年。她高考时通过了西南大学的自主招生考试，如愿以偿考入法学专业。

在刘睿读大一的时候，枯燥的法条法理也让她一度迷茫过，她母亲与女儿做了很多次沟通。引导刘睿对学习枯燥的法律条文逐步有了兴趣和动力。在大二的时候，学校组织的一次模拟法庭评选中，凭借庭前充足的准备、得体的衣着和不亢不卑的代理风格，刘睿拿到法学院第一名的好成绩，受到众多教授的高度认可。一位教授对她说，这个模拟的案子在实际中她代理这方是败诉的，如果当初这个案子让刘睿代理，可能会胜诉，并肯定地说她将来一定会是一个优秀的律师。这次学校的模拟练习，让刘睿进一步坚定了要攻读法律，将来做法律人的信心和决心。

在大一时，刘睿利用业余时间经常到社区法律援助中心体验，积累社会经验，同时着手考察理想的法学院校。在充分考察后，刘睿锁定了几所国外的大学，包括澳大利亚的悉尼大学和新南威尔士大学，她在平时努力学习大学的专业课，保证每门学科都不低于国外录取院校要求的最低平均分。

在大二寒假时，刘睿一个人独自去了澳大利亚的黄金海岸，住到自己联系的寄宿家庭。刘睿选定去澳大利亚八大名校攻读法律博士的方向，但需要雅思成绩合格。她首先主动找英语角提高自己的英语口语能力，然后在网上参加和外国老师一对一聊天的方式进行英语口语的练习，最后参加雅思班封闭培训，一步步地学习终于使她在大四上半年通过雅思考试。

2017 年 6 月份刘睿被悉尼和新南威尔士两所大学法学专业录取。经过慎重考虑，她选择了就读新南威尔士大学的法学专业。近期传来她的喜讯，在班级的案情分析写作考试中，刘睿取得了第一名的好成绩，成绩远远超过了本土学生，还可以通过交换生的方式到国内的清华大学或者美国的哥伦比亚大学进行短期学习交流。在我与刘睿的交谈中，谈到她的生涯规划，她说特别感谢她的父母，引导她从小养成读书的好习惯。特别感谢龙口一中的老师，给她一个良好的受教育环境，帮助她提早做好了生涯规划，引导她为梦想拼搏，不负年华。她表示，一定不辜负老师的培养和教育，不辜负父母的期望，更不辜负自己心中的梦想，将来做一个合格的法律人，为弱者伸张正义，为祖国的强大尽一分力量。

刘睿的成长使我对学生生涯指导更有信心，面对新高考学生选课走班，更突显了学生生涯规划的重要性，同学们要有自我认知，全面了解学科、专业和行业的前景。现在我校每周一节生涯规划指导课，结合节假日学生职业体验指导学生做好人生规划，引导学生追逐梦想，不负年华。

案例六 生涯教育——我们在路上

马丽岩 王可文

一、发现问题

徐杰开学初给我的印象是内向，沉默寡言，但理科成绩特别好。高一下学期开学后不久，徐杰跑到我办公室请假，说不想读书了，要回家。我问原因时，他抬起了头，眼神有点游移："我本来就不想念，我也不想考大学。"听到这，我的心向下一沉。于是我问他："不考学，你将来能干什么？"他看了看我又低下头说："有很多工作都可以。"我继续问："比如？"他突然有些情绪激动地说道："老师，我真的不想念了，我每天在这里待着感觉很压抑，我也不想给你添麻烦。"听到这，我知道问题不简单，而且我也不放心让他自己回家。我开车送他回家。在送他的路上，我再次问他将来的打算。他放下了心理包袱，跟我说："我不知道，很多人都没上大学，也都有很好的工作，也能养活自己，我上学也并不是不想学，而是不知道学了这些东西有什么用，感觉总是在为了学习而学习，天天坐在那，既然是学一些没有用的知识，那我还学它干啥，不如早点出来踏入社会呢！"

二、生涯规划的重要性

这样的回答，相信让每个成年人都会认为幼稚，但他们是高一学生，正处在自我同一性和角色混乱的冲突的阶段，或许是因为周围的环境给他造成了这种偏激的思想。我继续问道："那你能做哪些工作？"他说："很多，大不了回家种地。"我笑了笑，继续问道："那如果考上大学毕业后，你能做什么工作？"他想了想："考公务员，当老师，但我都不想干。""其他的呢？"我问道，他回答："不知道。"谈到这里，我明白了，他为什么不想考大学，在他的认知里，考大学也就是为了考公务员，考教师编，也许是家里父母会更多地提起这些，他认为考大学就是为了这些，而忽略了其他职业，这也越发看出学生生涯规划的重要性。进入他家后，我发现他家庭条件并不好。在与他父亲的聊天中，我了解到他父亲期望他将来考个公务员或者当个老师。不仅仅是学生，往往有些家长对各个职业也不是很了解，只不过从"听说"中替学生做了选择，对于学生来说，这些选择并不是自己迫切希望的，而是被迫的，也就造成处于叛逆阶段的学生产生了反感，甚至厌学，弃学。目前，首要任务要让他重返学校，于是根据学习动机的启发，我决定首先要与他建立情感交流，做他的知心朋友，使他对我有较强的信任感、友好感、亲近感，在此基础上进行生涯规划，引导他了解学科的发展及各学科与相关职业的关联度，来改变他对于职业生涯的错误理解。于是我首先跟他聊了很多闲话。在我离开他家的时候，明显感觉到他跟我说话更加自然，我希望他第二天能够来学校，他家长也表示支持。这时他的心态开始有了些转变，于是我们约定，明天学校见。

三、反思后的生涯规划

我回家后，开始反思自己的班主任工作，不仅要在学习、生活、纪律、卫生等方面管理班集体，更重要的是要让他们能够在高中生活中摆脱人云亦云，建立自己稳定持久的价值观；要让他们从梦想中汲取源源不断的动力。这些的前提是他们要有梦想，有目标。

我第二天在教室看到了徐杰，跟他相视一笑，利用自习课的时间，我们倾心交流。徐杰聊了很多，他提到喜欢钻研物理、数学难题，当做出来后很有成就感。为了更好地交谈，我们首先做了个霍兰德兴趣岛的游戏，让他选择喜欢在什么岛上生活。他第一选择选择了深思冥想岛，第二选择了温暖友善岛，第三选择了自然原始岛，也就说明他更倾向于研究型。于是为他介绍了物理学家、研究所研究员、电气工程师这几个职业。当他看到研究员的介绍材料时，露出了笑容。我知道抓住了他的兴趣点，于是我趁热打铁，我跟他一起查阅了中国有名的研究院，当看到了这些，他用半信半疑的语气反问我，“我真的能行？”“为什么不行？”我知道他是不自信，于是我举了个我身边的例子，我的堂弟如何一步一步地实现自己的目标，我还让他看了我堂弟微信的朋友圈，每天晒出自己努力的一点点的痕迹，终于，我看到他的眼神坚定了。“我会做到的。”他看着我的眼睛说。“怎么做到？”我反问道。“认真学习。”他毫不犹豫地回答。“不仅要好好学习，既然你知道了你的目标是什么，你与理想差距在哪里？将来你如何选科，你要在高中达到什么成绩，要上哪所大学，需不需要考研，怎么样才会成功进入研究院呢？”听到这儿，他茫然了。“那就应该去了解啊，去制订你的规划，你的生涯规划。”我提示道。“嗯，知道了。”他坚定地点了点头。

四、向理想的学校不断前进

此后的一个月里，他勤奋、乐观，成绩提高了一大截，我也为他的进步由衷感到欣慰。但两个月后的一天，我发现他上课经常走神，于是我又询问他"最近学习上怎么样？"他忧郁地说："我发现现实与理想差距太大了。"我发现了问题所在：一个长远的目标的实现往往：需要花费较长的时间，而在短时间内的效果通常不是很明显，这样，人们的积极性就很容易受挫。

我应该帮他将大目标分解为小目标。制订小目标。他想考中国科技大学，但是分数要求很高。中科大是国家"双一流""985 工程"。中科大物理系有五个国家重点学科，分别是理论物理、粒子物理及核物理、凝聚态物理、光学、等离子物理。我鼓励他先在班级里不断进步，一点点想向理想的大学迈进。即使考不上中科大，还有很多著名大学，还有很多相近专业可以选择。

在以后的学习中，他能够始终保持勤奋，在期末考试中考到了班级前 20 名，这虽只是前进路上的一个小目标，却是通往他人生路上的一大步。新学期开始了，他还能够始终做好自己，当然其中还会有我们不断地帮助他把握方向，我们应该始终牢记学生是发展中的，他们在成长的道路中会有反复，会遇到挫折而心理状态不佳，这也更体现出我们一名教育者的价值，也体现出生涯规划的价值，来帮助他们一步步走向成功。

一个人，若要获得成功，必须拿出勇气，付出努力、拼搏、奋斗。成功，不相信眼泪；未来，要靠自己去打拼！实现目标的历程需要付出艰辛的汗水和不懈的追求，不要因为挫折而畏缩不前，不要因为失败而一蹶不振；要有屡败屡战的精神，要有越挫越勇的气魄；在职业生涯的道路上，我们的征途才刚刚开始，为了我们的学生，为了我们的事业，不忘初心，砥砺前行。

案例七　一路走来一路歌

刘治品　张宇龙

我是一名班主任，在十多年的班主任管理工作中，我深刻地感受到生涯规划对一个学生的巨大影响，自己也从完全被动到小有感悟，一路走来一路歌，有悲歌也有欢歌，下面就跟大家分享几个案例：

我在任教高二的时候曾经遇到这样一位男学生，他上课目光空洞而呆滞，经常迟到和请假三五天。他叫遇永瑞，是所有任课老师的噩梦，是家长眼中的不肖子。我看在眼里急在心头。经常找他谈话，跟他家长交流，在沟通中我得知他有一个好朋友由于各种原因退学了，他经常去陪他的朋友渡过难关。他的朋友经常向他灌输一些读书无用论，要不是他的父母强逼着他来读书，恐怕他也会过早地进入社会。后来他朋友去异地工作后，他才逐渐地认识到学习的重要性。但由于高一的课程他学得不扎实，到了高二他常常感到心有余而力不足。在一次班级晚会上，他为大家即兴跳舞，我发现他动作准确到位，能够随音乐很好地调整自己的舞姿，他有舞蹈的天赋。

我向他提出建议，可以考虑舞蹈专业。我们找来专业舞蹈老师评价他的可塑性，舞蹈老师明确指出他跳舞很有灵气，虽然专业功底不是很扎实，但是只要肯吃苦一定会过艺考线的。这些话让他深受鼓舞。当时我要讲一节班会公开课，有一个环节需要展示同学们的才艺，我把这个环节就交给他了。他牺牲了 3 个午休的时间录制了一段舞蹈视频。我迫不及待地拿到班里让大家先睹为快。我发现他舞姿优雅，眼神坚定，简直跟换了一个人一样。高考过后，遇永瑞给我打电话说，他考上了延边大学舞蹈教学以及编辑专业，虽然我预料到他能考上大学，但是能考上一所 211 工程大学还是出乎我的意料。

回想起以前他对未来毫无希望的日子，以及后来有了明确的专业目标之后的样子，我感慨万千。每一个孩子都是可塑之才，他们知道自己的未来在哪里和不知道未来在哪里的表现简直判若云泥。

下面这个例子是一个被动地接受职业生涯教育的孩子，他寻找自己的未来，自己的专业，所幸他找到了。

2013 年，我接了一届高三学生，里面有一个男孩叫战其遇，特别引人注意，他思维敏捷、反应迅速，但成绩并不出众，高一高二的知识根基明显不扎实。我问他原因，他诚实地回答高一高二期间贪玩，功课落下很多。我问他职业规划，他回答准备当兵。我鼓励道：“是啊，当兵也是一条出路啊，说不定你就能当上将军了呢。我教的语文你一定要补回来。”在我的引导下，战其遇的语文成绩节节攀升，但可惜高一高二基础不牢固，别的科目虽然也有小幅反弹，高考时的总成绩还是不甚理想，只能上个三本院校。在毕业聚会时，我鼓励他当兵也要当个有文采的好兵，要在军队里努力考上军校。

在他毕业一年后的一个早晨，我从教室里出来就接到战其遇的电话，

"老师,是我——战其遇,我立功了！我参加全军的"中国梦"演讲比赛得了一等奖,立了个三等功。"听完学生的汇报我心里也是欣喜万分。他的成绩也有我的一份功劳。在孩子彷徨失意的时候,我们给他点燃一盏灯,让他有一个奋斗的方向,看到自己身上的闪光,说不定在什么时候他就能提着这盏灯翻越高山到达另一个美好的世界呢。当然凭借着这个三等功,战其遇也顺利得到了部队的推荐,获得了报考军校的资格,并且连战连捷最终考上了中国人民武装部队警官学院。

随着时代的发展、信息的发达,让越来越多的学生知道了生涯规划的重要性,他们从很早就确定了自己的专业方向,自主选择自己的未来。作为教师,我们应该做好引导工作。这里也有一个案例。刘洋菲是一个热情开朗的女孩,成绩在班级里属于中游水平。学校里有几次文体活动,她都报名参加,虽然有时并不能入选,但是丝毫不能减弱她的热情。我被她这种热情所打动,于是就和她攀谈起来,原来她从小就对电视节目和电影特别喜欢,惊诧于这些好看的节目是如何制作出来的,于是就对表演、编导特别感兴趣,也想以后能够从事这方面的专业工作。我就安排她多参加与此相关的活动,平时班里有个主持、演讲的活动,都让她好好准备,多加练习。转眼到了元旦,学校招募元旦晚会主持人,她特别想当主持人,好几次拿着稿子来找我修改,逐字逐句地读,让我帮忙拿捏语调急缓和感情抒发。去应聘的时候,审节目的老师还是很认可她的朗诵的,可是当时已经选好的男主持人个子比较高,而她个子矮,两个人站在一起很不协调,男主持人稀缺,女主持人过剩,当时就换了另一位女主持人。我知道这件事后,私下了去找负责的老师,提议让刘洋菲穿上高跟鞋去主持,看在我多次去说这件事的面子上,这位负责招募的老师最终答应了让她穿高跟鞋主持,前提条件是必须穿长裙把高跟鞋遮起来。因为学校有规定,学生不能穿高跟鞋。鉴于这次是演出,只允许破例一回。听到这消息之后,刘洋菲高兴得跳了起来。当她身穿长裙缓缓从幕后走出之时,全场爆发出热烈的掌声,我们班的学生手掌都拍红了。此后她的表演信心大增。开春的青春赛诗会她以一首讴歌母爱为主题的《天堂的蜡烛》勇夺一等奖。听到她声情并茂的朗诵,很多观众潸然泪下。在坚持自己梦想的路上也会出现一些质疑声。她的父母就不是很赞同她的选择,认为文化产业不是正途,以前家里也没人干过这个行业,希望她当个老师或者医生什么的。这时我给她出主意,让她上网去查询关于该行业的有关信息,好跟父母沟通，让父母放心。随着她对这个专业方向的理解，发现自己越来越喜欢这个方向了，从而更加坚定了自己未来的道路。她理想的学校是中国传媒大学，分数要求很高，她很难考上。如果她参加艺考，她的身高、体貌等都不太适合走艺考这条路。她又来找我商量，我针对她的情况给出了坚定文化课不动摇，将来填志愿先选专业后选学校的建议。

高考结束后，刘洋菲的喜讯传来，她顺利考上了北京舞蹈学院文化产业管理专业。与其说刘洋菲是幸运的，不如说是她的坚持成就了她，是她早早地确定了自己的未来的职业方向成就了她。也许我在其中起到了一定的推动作用，但是孩子对自己命运的把握才是最根本的。但我也有一些担忧，刘洋菲在专业性这么强的学校里会不会无所适从呢？后来她的一个电话打消了我的忧虑。刘洋菲说：来到这里特别兴奋，自己无论站在多大的舞台上都不怯场，而且自己的功课很好。好多同学都称她为学霸呢。看到刘洋菲在自己喜欢的专业领域如鱼得水，身为班主任的我真的感到很欣慰。

以上就是我跟大家分享的三个案例，由最开始的学生出现问题走投无路的时候，我从职业生涯的角度出发去激发孩子的源动力，到针对孩子的问题和特点，找到孩子的闪光点，由点到面引领孩子去规划自己的职业人生，到现在不是仅仅关注到问题学生而是面向全体学生，针对他们职业生涯规划给予个性化指导，让他们最终实现自己的理想，这正好和我们国家教育从快出人才、出好人才到多出人才、人尽其才的理念的转变相契合。

探索学生生涯规划的道路还很长，正所谓“路漫漫其修远兮，吾将上下而求索”。作为一名高中班主任，面对时代的不断发展，我也有自己的职业生涯要去探索和修正，以期能够和学生共同发展、成长。

案例八　因材施教　发挥优势

郑典利　孙　杰

高中生处于青春前期，兴趣广泛，对未来充满憧憬。每个高中生都有自己的兴趣点和特长，学校应该帮助学生了解他自己，寻找将来热爱的职业，探索与职业相关的专业，选择适合的大学。学生能够找出自己现有的学习成绩与理想的大学录取分数之间的差距，从而激励自己努力学习，为进一步深造打下坚实的基础。

据一项调查显示，我国高中生生涯教育较为薄弱，只有1/3的高中生接受过职业与大学所学专业的指导，新高考改革方案要求在高中阶段就完成六选三的学科选择，学科选择与大学专业密切相关，而大学的专业很大程度上决定一个人的职业。因此，对高中生进行职业教育势在必行。在下面列举的两个学生进行生涯规划时，我通过一系列测试，帮助她们认识自己，得到了她们的认同，并据此我们共同研究，选择了适合她们自己的大学和专业，取得了良好的效果。

李妍，龙口第二中学2004级学生。性格温和，爱好学习，不太喜欢与人打交道。最喜欢一个人静静地读书、做题。高一入学成绩较好，数学成绩最佳，物理、化学成绩名列前茅，政治、历史等文科因为不愿意背诵，学习成绩伴随着老师要求的严厉程度而时好时坏，是典型的理科女孩子。高二文理分科时，很自然地选择了理科。高考时她考了603分，超出一本线30分。在高考报志愿时，李妍和父母的意见出现分歧。她父母希望她报考医学类院校，认为专业技能性比较强，且相对其他专业好找工作。她并不喜欢医生的工作，她去医院时看到病号时，有本能地躲避感，且对血有点晕。她最想报考的专业是与数字打交道的工作，面对一系列数据时，她感到非常亲切，能够很快找到其中的逻辑关系。当李妍咨询到我时，我让她先进行霍兰德职业兴趣测试。

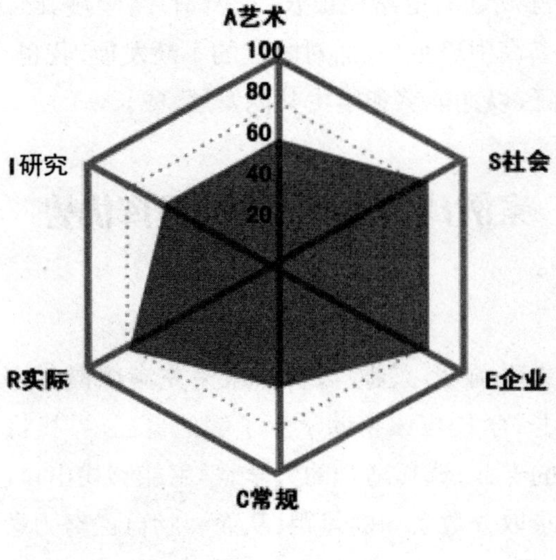

经过测试发现她喜欢按部就班的工作，喜欢做事之前制订计划，并严格按照计划做事情，习惯接受他人的领导，自己对领导他人不感兴趣。她关注细节问题，为人做事非常实际，很谨慎和保守。她考虑问题非常理性，做事喜欢精确化，喜欢逻辑分析和推理，对数字非常感兴趣，抽象思维能力较强，擅长分析，经分析属于典型的IC型。与IC型相匹配的工作有：工程师、程序员、系统分析员、科学研究人员、会计、投资分析员、图书馆管理员等。这些数据分析得到了她的认同，认为分析准确，符合她自己的个性特征。

我从网上给她找了各种工作的日常生活是怎么样的，让她对各种类型的职业有了直观的认识。通过比较她发现，如果她选择科学研究人员，在我国现行教育制度下，进入大学当老师或进入科研院所做研究人员至少需要博士学位，但李妍并没有做好从本科一直攻读到博士学位的准备。系统分析员和投资分析员大概率地在大城市工作，选择专业往往是金融类的，而且往往是投资银行有这样的职位，进入这些职业的门槛比较高，多要求名校毕业，她的成绩距离名牌大学还有一段距离。如果她选择未来的职业是图书管理员，需要大学毕业后考事业编制，而考事业编制中的公共管理基础科目是她所不擅长的科目。这样就剩下工程师、程序员和会计这几个职位。李妍对这几个工作都很感兴趣。我们就从就业情况、发展前景、基本的生活状态入手进行具体分析。工程师职位，社会需求量非常大，我国是工业大国，企业非常多，每个企业都需要大量的工程师，就业可以保证，缺点是有时需要出差。程序员职位，伴随着计算机技术的快速发展，我国必然会重点发展互联网行业，程序员大有用武之地，但工作比较累，生活相对枯燥。会计职位，社会需求量很大，重点大学的会计很好找工作，工作地点是在办公室。李妍与父母经过讨论，希望从事一辈子的职业是会计。确定未来希望从事的工作是会计后，我们根据工作确定报考的专业是会计学。

在选择大学时，我们细致地分析了报考志愿的流程。由于当时大学录取主要采用了“大学＋专业”的方式，优先能够保证的是高分考生学生报考的大学，而非所学的专业。虽然她的分数高于一本线30分，如果报考211大学，有一定可能性被录取，但是不能选择自己喜欢的专业。与其这样，不如选择自己喜欢的专业。我们认真地查阅了历年各高校在山东的录取分数线，根据李妍的分数确定她可能上的大学层次。她有希望上的高校当时有东北财经大学、浙江工商大学、江西财经大学、北京工商大学、天津财经大学、安徽财经大学、山东经济学院、山东财政学院、浙江财经大学、南京财经大学、青岛大学等。鉴于北京、天津、南京高校的分数可能较高，就不冒险了。几个距离山东较远的大学，如东北财经大学、江西财经大学、安徽财经大学、浙江财经大学也被李妍本人否定了。李妍比较恋家，不希望就读的大学离家较远，同时本省的学校招生人数较多，她还是倾向于选择本省的高校。于是，她决定在青岛大学和山东经济学院之间进行选择。根据高考志愿报考的“大小年”的情况，以及青岛作为山东省内经济发展最好的城市和环境最为优雅的城市，且是沿海城市，发展潜力非常大，每年青岛大学的录取分数线都比较高，会计专业作为青岛大学的热门专业，录取分数线可能会比较高，报考有一定的风险，很可能被青岛大学录取但被调剂到其他专业。我们终于把目标确定到山东经济学院和山东财经学院上。这两所学校虽校名是“学院”，但在经济类专业上实力很强，教学质量非常好，毕业生被各大经济机构所认可。这两所学校的毕业生在经济领域上遍布山东，只要认真学习，毕业生就业是没有问题的。这两所学校在省城济南，在省城上大学可以开阔视野。两所学校以后可能会合并（现在已经合并为山东财经大学），发展前景会更好。因此，经过慎重考虑，我和李妍、她父母仔细研究了山东经济学院的历年分数线，发现她以高于一本线 30 分的分数还是很有把握报考的。于是我们决定了第一志愿报考山东经济学院的会计学专业。最终李妍顺利地被山东经济学院的会计学专业录取。

在大学里，由于是李妍喜欢的专业，且山东经济学院有浓厚的学习氛围，李妍在大学快乐地学习生活了 4 年。在大学期间，多次获得奖学金，学习成绩优秀。不仅如此，李妍性格也逐渐开朗起来，大学还参加了多个社团活动，取得了一定的成绩。大学毕业后，李妍希望回到家乡，她参加了人才招聘会，由于出类拔萃的学习成绩，顺利地被当地的一家大型工业集团——龙口南山集团录取。由于工作出色，她很快被提拔为主管，在工作中如鱼得水，实现了自我价值和社会价值的统一。

案例二：柳琳，龙口第一中学 2013 级学生，高一入学成绩在全班名列前茅。学习认真踏实，是一个性格开朗的女孩。平时非常热心学校的各种活动，参加了学校组织的许多社团，经常为大家出谋划策，组织大家在周末到野外活动。喜欢唱歌、舞蹈、画画，富有艺术天赋。在生活中是同学们的知心大姐姐，喜欢帮助同学们排忧解难，同学们有了困难喜欢找她帮忙，她也乐在其中。但她逻辑思维能力显然不如形象思维能力，对于数学、物理学科的学习明显吃力。

柳琳的各科成绩中，语文和英语成绩非常好，理科成绩略差。随着高中课程难度的加深，柳琳数学成绩开始下滑，物理、化学成绩非常不好。我找她谈话，她说理科跟不上进度，有时听不懂老师讲课。我鼓励她早自习多学习理科，积极跟理科教师沟通，有不明白的问题及时向老师询问。经过一段时间的努力，她理科成绩有所提升，但依然是中游水平。高一末文理分科时，她犹豫不决。她自己希望选择文科，她喜欢文科，假期喜欢写一些文章，或者看一些美剧，在学校老师的推荐下阅读过一部分名著和理论书籍，如《呼兰河传》《平凡的世界》《中国在梁庄》《万历十五年》《旧制度与大革命》《中国古代思想史》等。但她的父母希望她读理科，原因一是理工科学生相对文科生好找工作；二是她文科成绩虽然较好，但距离 211 大学还有一定差距，如果她进入一般的大学读文科，她父母认为很难找好工作；三是她父母希望她以后从事会计工作，工作稳定且有一技之长。我认真询问了她自己的意见，她也希望找一个稳定的工作，不愿意从事赚钱较多但风险大、较艰苦的职业。我后来通过谈话发现，她不是对会计专业感兴趣，而是对会计职业的稳定性感兴趣。我于是列举了一系列相对稳定的工作，如公务员、教师等。为了让学生更了解自己，认识社会发展的趋势和各行业的情况，在选择文理科时科学地看待自己，我召开了班会。在班会上我进行了心理测试，心理测试时我注意测验的信度和效度。采用了 MBTI 测试。

性格维度

外向（E）和内向（I）

感觉（S）和直觉（N）

思考（T）和情感（F）

判断（J）和知觉（P）

通过测试，柳琳判断自己为外向型、情感型性格，测试结果为 ISFJ。柳琳具有奉献精神且坚韧不拔，会体贴他人，能够换位思考，坚持自己的信念，会安慰他人。她能够辨别是非，喜欢规划事情并严格按照规划执行。她情感热烈，喜欢与他人交往。她观察力很好，能够观察到细微的东西。这个测评结果得到了柳琳的认可。通过性格测评，她发现与自己性格合适的职业有：护士、教师、服务人员、中层管理者等。

班会过后，柳琳坚定了自己的选择，她最终选择了文科。同时，我也和家长交流，将来工作的选择不仅仅看赚取金钱的多少，更要看孩子是否幸福。当一个人确信他的工作有价值，并愿意为之而奋斗时，他才具有取之不尽用之不竭的学习动力。我和家长共同分析了柳琳的兴趣爱好和学习成绩，发现她对于教师的职业还是很感兴趣的。她作为学习委员，乐于助人，经常看到她在课间给同学讲题，并从中获得幸福和快乐。我们开始采用霍兰德兴趣测评。经过测试，发现柳琳在兴趣方面属于典型的社会型，即喜欢与人交往，不断结识新的朋友，能言善辩，愿意教导别人。关心国家社会大事，渴望在社会中发挥自己的作用，比较注重社会义务和社会道德品质。

高二选择文科后，学习动力明显提高，文科成绩名列前茅，但数学成绩一直较低。数学教师尽力帮助她，但她逻辑思维能力略差。高三时最好的选择是学艺术，但她父母错误地认为只有学习差的学生才选择艺术作为考大学的捷径，这影响了李妍的职业选择。由于认识上的偏差，李妍还是选择了文科的普通高考。高考时，她的成绩刚进本科线，如果读本科，只能读一些民办院校的本科，而且可能调剂到自己不喜欢的专业。如果是读专科，则毕业时很难获得教师编制考试的资格。经过一段时间的深思熟虑后，她决定复读，为了心中的教师梦而奋斗。柳琳复读一年后，终于考上一所一本院校的汉语言文学专业本科。

在柳琳上大学后，我通过QQ与她交谈，发现她乐观、积极、向上，非常享受大学生活，大一即考过英语四级，阅读了很多名著，健康积极地生活着。教师能够引导学生发现自己，认识到自己真正的兴趣点在哪里，并指引学生向着理想的方向前进，这是生涯规划的重要组成部分。系统的心理测评，能够科学地引导学生了解自己、发现自己、挖掘自己，让学生找到自己为之奋斗一生的职业，不仅引导他们取得一定的成就，而且让他们获得尊严感和价值感。

第四篇章

上下求索　创新融合

生涯规划(Career planning)的概念源于20世纪初在美国出现的职业辅导领域。在实践探索当中,我们注意到不同的专家用了不同的词,“生涯规划”“职业规划”“人生规划”“职业生涯设计”等,其实表达的都是同样的内容。

生涯规划教育是有目的、有计划、有组织地培养个体规划自我职业生涯的意识与技能,发展个体综合职业能力的活动,而这种活动可以通过学校教育来实现。在国外,特别是美国、日本、德国等发达的国家,生涯规划的起步较早,已形成一套规范的生涯规划指导体系,但国内起步较晚,发展也不够均衡、不够系统。

高中生涯规划教育旨在加强学生对自我的了解,觉察影响自我和未来发展的因素,明确自我发展的目标和实现途径,探索职业的种类和特点,提高职业选择和规划能力,创造有价值的人生,并使个人有意识、有准备地融入社会。学科知识是未来职业必备的基础知识和技能,与职业有着紧密的内在逻辑关联。

因此,学生在学习学科知识的过程中,可以同时进行职业生涯探索,从而深刻了解知识的价值及职业意义。脱离学科知识的生涯规划教育,无疑是空泛的,缺乏支撑和着力点的,很可能流于形式,止于口号。而缺乏规划的学科知识的学习,必定是效率低下,动力不足的。生涯规划教育与学科教育教学的融合,是实现“全员导师制”的有效途径之一,也是学校生涯教育工作发展的必由之路。

让生涯规划教育渗透到每节课中,这样才能从真正意义上,最大限度地助力学生的生涯规划与自我发展,生涯规划教育才能不断向纵横方向延伸和拓展。这种“互融式”教育教学模式促进了教学手段与教学内容的深度融合,拓展了职业生涯教育的空间,是最符合现代生涯发展理论的,也是最具有实践价值和意义的。

首先,谈一下生涯规划教育与学科教学融合的必要性。“新高考”改革的逐步推进,增加了学生的自主选择性,学生将“依兴趣选课,依专业选科,依进度选考,依基础选班,依特长选师”。学生面临“选科难为”,教师面临“教学难为”的局面。如何破壁?唯有融合。只有具备生涯认知且打通了学科、专业、职业之间的知识壁垒,学生方能具备生涯规划和自主选择的能力,为终身发展奠定基础。

通过学科融合对学生进行生涯规划教育，以此来激发学生学科学习的主动性，激活高中阶段乃至今后人生各阶段学习和发展的动力源泉。促使学生形成“目标→策略→行动”的生活习惯和不断追求努力目标的积极情态，使其努力培养和提高自己对于学科特长和创新潜质的认识，从而形成持续的自我发展能力和动力。这也是终身学习的意义所在。

其次，指导学生学会自我人生规划已迫在眉睫。生涯规划教育与学科融合的作用不仅仅是帮助学生科学合理地进行“6选3”及专业的选择，更重要的是它兼顾了学生升学和职业发展两种需要，将教育从“升学主义”转向关注学生个人的未来发展，引导学生将学习与社会及职业选择连接起来，更多地认识和探索自身、关注并了解社会，不断思考和明晰自身发展的道路，理智地寻找自己的学业指向，对未来专业和职业的选择有更清晰的目标，从而逐步发展为一个既能适应当下的学习生活又能胜任未来生涯发展的完整个体。我们主要从以下四个方面进行探索实践：

1. 从学科知识上挖掘生涯教育切入点；
2. 以学科名人和科学家激励学生树立正确价值观；
3. 将学科与大学专业联系；
4. 融学科发展与未来就业前景。

最后，学校生涯规划教育已成为贯彻新高考“选择性教育”理念，推行“选课走班教学”的首要工作。目前，我们学校的生涯教育已基本形成了以班主任、心理健康教师为主体，专职教师为骨干，学科教师共同参与的生涯规划教育模式，为每个学生配备了专职或兼职的生涯规划导师。在此基础上，结合教学实际，在课程建设中，我们进行了大胆的尝试和探索。专门组建了“生涯规划教育与学科教学融合”课题研究小组，定期举行课题实践研讨，分析教学效果，汇集实践经验，已取得了初步的成果。学生面貌焕然一新，学校办学成绩斐然，高考成绩的推进率逐年上升。

英语学科与生涯规划教育

——Module Five Great People of China

英语作为新高考中不可或缺的主角，无论在学科知识方面还是生涯发展方面都有着举足轻重的地位，我们怎样既能让学生掌握好英语的学科知识，又能同时对他们进行生涯规划指导，深刻认识英语对生涯发展的重要性和意义，从而激发他们英语学习的兴趣和动力，只有通过学科知识和生涯规划教育融合的途径。本节课旨在把高中英语学科知识和生涯规划教育进行融合，让学生既学习了英语学科知识，激发他们学习英语的积极性、主动性，同时也让他们能够随时地、适时地进行自己的生涯规划。

优秀教学案例　生涯规划导师　徐晓青

<table>
<tr><td>课　题</td><td>Module Five Great People of China</td><td>1 课时</td></tr>
<tr><td>教学目标</td><td colspan="2">1. Language goal：to review the attributive clause
2. Ability goal：to use the attributive clause to communicate
3. Career goal：to realize the importance of the occupation choice and learning English well.</td></tr>
<tr><td colspan="3">教学过程
一、课堂导入 Leading-in
出示孔子图片，学生说出他的职业身份
Ok，class，last period you had a knowledge of yourselves.This class let’s learn about two great persons in China and their occupations（职业）/jobs.First ， read the goals of this class.Are you clear? Now look at the picture. Who is he? What’s he?/What’s his occupation? Right，he is Confucius who is a great teacher of ancient China.
二、教学目标 Teaching Goals
1. Language goal：to review the attributive clause
2. Ability goal：to use the attributive clause to communicate</td></tr>
</table>

续表

3. Career goal: to realize the importance of the occupation choice and learning English well.

三、自由谈论 Free-talk

What would you like to do in the future ? Why?

Student A: I want to be a doctor because doctors have a high position in society.

Student B: I'd like to be a singer because I am good at singing.

Student C: My ideal occupation is a computer programmer because it sounds so cool.

Student D: I want to be a boss because I want to earn a lot of money.

Student E: I'd like to be a teacher because I like working with children.

Ok very good.But please think about three questions:

1. Are the jobs suitable for you?

2. Are you up to the jobs?

3. How can you achieve your goals?

四、阅读课文 Reading

Before reading the passage, let's first talk about all the jobs Confucius did during all his life?

Student F: a shepherd

Student G: a clerk

Student H: a librarian

Student I: an official

续表

Student J：an adviser

Student K：a successful teacher

Very good.Confucius is a success as a teacher because he is up to the job.That a job is suitable for sb is very important .Now，let's read the passage fast to learn more about Confucius.While reading，underline all the attributive clauses.

五、激发英语兴趣 Set off the students'interest of learning English and let them know the importance of English by giving the example of Ma Yun

Who is he?What's his occupation?

He is MaYun，a successful businessman，who is the richest man in China.

But do you know English plays an important role in his success? Who can say sth about May-un's success? Who'd like to have a try?

MaYun is a successful businessman whose success is not accidental.As a teenager，He showed great interest in English，so he often went to the West Lake where he could have small talk with foreigners to practice his spoken English.Because of his poor math，he failed to enter the college twice.But thanks to his excellent English，he got to HangZhou Teachers Institute at last.The year 1999 is a very important time for him when he founded the famous Alibaba Group.Now MaYun，who is the richest person in China，is also known to the world.Do you know the reasons why he succeeded?

Read the passage about MaYun on your panel computers and pay attention to the underlined words

Ok，English is so important to Mayun's career. So what's the usage of English to your future occupation，your future life，your career?

Discuss it in groups

Now stand up and begin.

续表

Give me the answers: StudentP: Learning English well can help me enter a good university. StudentQ: Learning English well can contribute to my becoming a postgraduate. StudentR: Learning English well can get an ideal job. StudentS: Learning English well can let me make a fortune. StudentT: Learning English well can help me realize my life value. 六、求职面试表演 Act out job interviews Now class, I'd like you to act out job interviews in English with your deskmates.One acts as the interviewer and the other interviewee. While acting , you should 1 .Use as many attributive clauses as possible. 2. Include : your university, your major, your advantage, and the reason why you apply for the job. Give you two minutes to prepare. Now , which pair wants to have a try? StudentsU and V: (Apply for teachers at Confucius Institute) er (考官): Please introduce yourself and your major at college. ee(应试者): I come from a coastal city, Longkou, the scenery of which is so beautiful.I graduated from Shandong University and my major is English which I am good at. er: What's your advantage ? ee: I am fluent in English , and I am good with different people. er: Please tell me the reason why you apply for the job. ee: The reason for which I apply for the job is that I want to teach foreigners to speak Chinese which is the most beautiful language in the world. The second pair StudentsW and X: (Apply for tour guides) er (考官): Please introduce yourself and your major at college.

续表

ee（应试者）：I come from an inland city，where the people there are friendly”. I graduated from HeBei Tourism College where I studied international tourism for 4 years.

er：What's your advantage？

ee：I am familiar with the world's famous scenery and good at English.

er：Please tell me the reason why you apply for the job.

ee：The reason for which I apply for the job is that I want to go abroad and admire the famous scenery .

The last pair

StudentsY and Z：(Apply for salespersons)

er（考官）：Please introduce yourself and your major at college.

ee（应试者）：My hometown is a peaceful town which is situated in the east of Shandong Province. I studied international finance and economics at college.

er：What's your advantage？

ee：I am good at communicating with people and my spoken English is excellent.

er：Please tell me the reason why you apply for the job.

ee：The reason why I apply for the job is that I want to communicate with different people and make a fortune.

Good job! Let's give them a big hand!The 3 pairs'wonderful performances resulted from the cooperation with their part ners，yes? So we must learn to cooperate.Ok?

七、课堂总结 Summary

Ok，you've done very good jobs.Finally I'd like to tell you that the occupation choice is of great importance to our career.And learning English well is important as well.Do you think so?From MaYun，we also learn that CHANCE FAVORS ONLY THE PREPARED MIND. and NEVER CAST ASIDE AND NEVER GIVE UP. Yes? As long as you have prepared minds and never give up you will succeed as MaYun some day. Do you agree with me?

续表

<table>
<tr><td colspan="2">教学准备
教学活动需要准备的资料、材料(表格、挂图、调查表、画图笔等),孔子图片、孔子学院图片、马云图片</td></tr>
<tr><td>注意事项</td><td>1. 充分体现学生的主体地位;
2. 导师要及时适时指导。</td></tr>
<tr><td>课后探究(调查、访谈、体验等)</td><td>1. 上网搜寻依靠英语取得成功人士的励志故事;
2. 访谈两位熟人的职业选择和职业成就感。</td></tr>
</table>

【课后反思】

从本堂课的教学目标来看,学生在英语学科知识方面的目标已经基本实现,像学生在用英语进行求职应聘的过程中能熟练运用本节课知识——定语从句。从生涯规划教育角度看,学生通过阅读课文 Great People of China 对孔子的职业生涯有所了解,从而对自己将来的职业规划有了最基本的认识,知道职业选择最重要的是适合自己,只有选择适合自己的职业,才能取得最好的成就,做最好的自己。通过马云的故事,同学们认识到了英语学习的重要性,英语对自己生涯的影响,从而激发他们学英语的兴趣和积极性,也实现了英语学科知识和生涯规划教育的完美融合。

本节课的不足之处在于没有照顾到各个层次的学生,比如在有关孔子职业经历的问题抢答环节中,只有一部分学生有展示的机会,尤其是在用英语求职应聘的环节,一是因为时间有限,只能有三组(6 人)进行展示;二来,这一环节对英语口语要求较高,还要运用定语从句知识,所以设计的难度相对较大,造成一部分同学不敢自我展示。今后在课堂设计上要特别注意难易程度,只有这样才能收到更好的教学效果。

语文学科与生涯规划教育

——第一课 语文学科与大学中文系各专业

本节课旨在让学生了解语文学科的重要性，引导学生了解大学中文系的主要专业以及各个专业的学习目标和就业方向，让学生对大学中文系有一定的了解，引导学生根据自己的职业规划选择适合的专业。

优秀教学案例　生涯规划导师　郑典利

课　题	语文学科与大学中文系各专业	1课时
教学目标	1. 了解语文学科的重要性； 2. 掌握大学中文系各学科的学习目标； 3. 了解各学科的就业方向。	

教学过程

一、课堂导入

新高考形势下语数英仍然必考，高考区分度在语文。“语文是学好各门学科的最基本的工具。语文学得好，有较高的阅读写作水平，就有助于学好其他学科，有助于知识的增广和思想的开展。反之，如果语文学得不好，数理化等其他学科也就学不好，常常是一知半解的。”（苏步青）学好语文是提高人际沟通能力、语言表达能力的基础，是培养优秀的审美能力，提高思维水平的有效工具。

二、教学目标

1. 了解语文学科的重要性

2. 掌握大学中文系各学科的学习目标

3. 了解各学科的就业方向

三、小组讨论

1. 提高对于语文的认识

语文分值高达150，并且是其他学科的基础，数理化题意的理解离不开语文，英语阅读的主旨大意题、段落翻译题更是离不开语文。

续表

2. 生涯指导

高一学生及学生家长要了解学校前几年上线情况，了解各类院校招生计划、专业特色、专业要求、录取分数及就业前景。

四、教师讲解

中文系是众多文科考生的去向。中国语言文学类包含了汉语言、对外汉语、中国少数民族语言文学、古典文献学、应用语言学、秘书学、汉语言文学等专业。

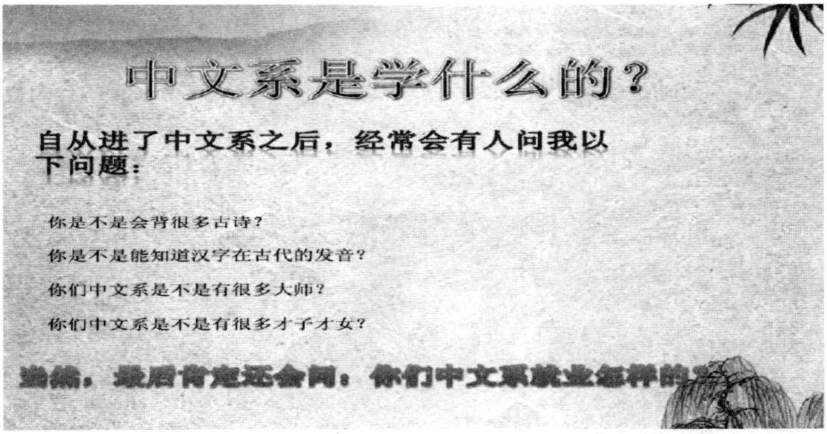
中文系是学什么的？
自从进了中文系之后，经常会有人问我以下问题：
你是不是会背很多古诗？
你是不是能知道汉字在古代的发音？
你们中文系是不是有很多大师？
你们中文系是不是有很多才子才女？
当然，最后肯定还会问：你们中文系就业怎样的

汉语言专业：

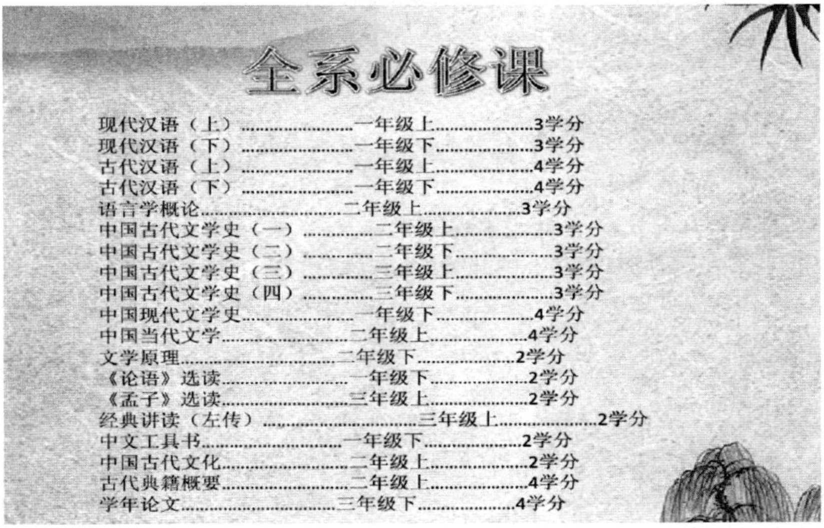
全系必修课
现代汉语（上）……………………一年级上………………………3学分
现代汉语（下）……………………一年级下………………………3学分
古代汉语（上）……………………一年级上………………………4学分
古代汉语（下）……………………一年级下………………………4学分
语言学概论…………………………二年级上……………………3学分
中国古代文学史（一）……………二年级上………………………3学分
中国古代文学史（二）……………二年级下………………………3学分
中国古代文学史（三）……………三年级上………………………3学分
中国古代文学史（四）……………三年级下………………………3学分
中国现代文学史……………………一年级下………………………4学分
中国当代文学………………………二年级上………………………4学分
文学原理……………………………二年级下……………………2学分
《论语》选读………………………一年级下………………………2学分
《孟子》选读………………………三年级上………………………2学分
经典讲读（左传）…………………………三年级上……………………2学分
中文工具书…………………………一年级下……………………2学分
中国古代文化………………………二年级上………………………2学分
古代典籍概要………………………二年级上………………………4学分
学年论文……………………………三年级下……………………4学分

续表

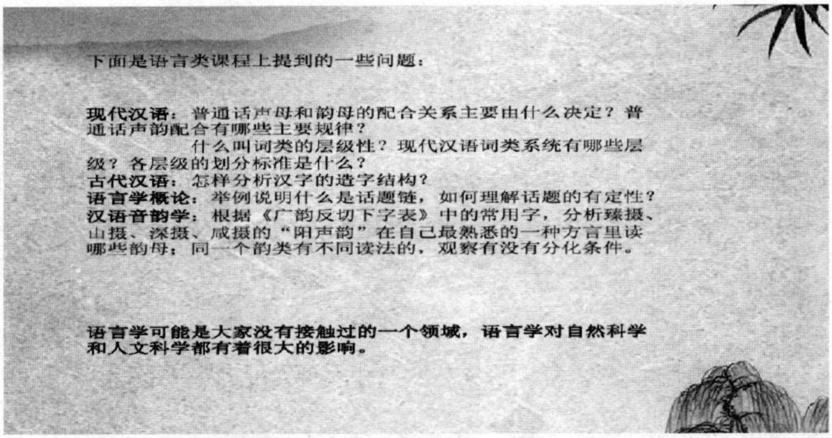
下面是语言类课程上提到的一些问题：
现代汉语：普通话声母和韵母的配合关系主要由什么决定？普通话声韵配合有哪些主要规律？
什么叫词类的层级性？现代汉语词类系统有哪些层级？各层级的划分标准是什么？
古代汉语：怎样分析汉字的造字结构？
语言学概论：举例说明什么是话题链，如何理解话题的有定性？
汉语音韵学：根据《广韵反切下字表》中的常用字，分析臻摄、山摄、深摄、咸摄的“阳声韵”在自己最熟悉的一种方言里读哪些韵母；同一个韵类有不同读法的，观察有没有分化条件。
语言学可能是大家没有接触过的一个领域，语言学对自然科学和人文科学都有着很大的影响。

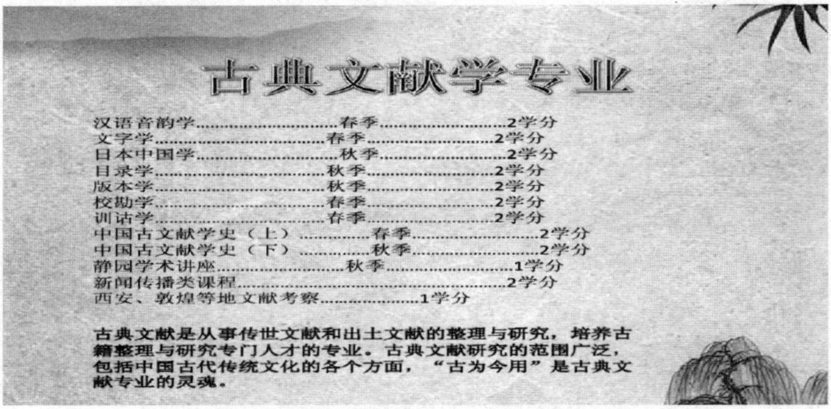
古典文献学专业
汉语音韵学……春季……2学分
文字学……春季……2学分
日本中国学……秋季……2学分
目录学……秋季……2学分
版本学……秋季……2学分
校勘学……春季……2学分
训诂学……春季……2学分
中国古文献学史（上）……春季……2学分
中国古文献学史（下）……秋季……2学分
静园学术讲座……秋季……1学分
新闻传播类课程……2学分
西安、敦煌等地文献考察……1学分
古典文献是从事传世文献和出土文献的整理与研究，培养古籍整理与研究专门人才的专业。古典文献研究的范围广泛，包括中国古代传统文化的各个方面，“古为今用”是古典文献专业的灵魂。

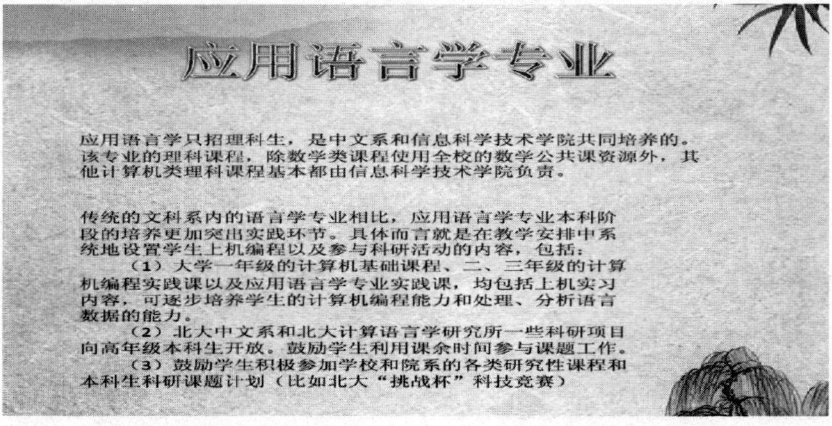
应用语言学专业
应用语言学只招理科生，是中文系和信息科学技术学院共同培养的。该专业的理科课程，除数学类课程使用全校的数学公共课资源外，其他计算机类理科课程基本都由信息科学技术学院负责。
传统的文科系内的语言学专业相比，应用语言学专业本科阶段的培养更加突出实践环节。具体而言就是在教学安排中系统地设置学生上机编程以及参与科研活动的内容，包括：
（1）大学一年级的计算机基础课程、二、三年级的计算机编程实践课以及应用语言学专业实践课，均包括上机实习内容，可逐步培养学生的计算机编程能力和处理、分析语言数据的能力。
（2）北大中文系和北大计算语言学研究所一些科研项目向高年级本科生开放，鼓励学生利用课余时间参与课题工作。
（3）鼓励学生积极参加学校和院系的各类研究性课程和本科生科研课题计划（比如北大“挑战杯”科技竞赛）

续表

对外汉语：具有良好汉语和英语基础，适合从事对外汉语教学和中外文化交流工作的人才。

主要课程：现代汉语 / 古代汉语 / 语言学概论

中国古代文学 / 中国现当代文学 / 外国文学 / 文学概论

基础英语 / 英语口语 / 英语写作 / 翻译理论与实践

中国文化概论 / 西方文化与礼仪

对外汉语教学论

中国少数民族语言文学：

能在少数民族教育文化部门及相关单位工作的少数民族语言文学专门人才。

主要课程：语言学概论、有关民族语言史、古代汉语、有关民族现代语言、现代汉语、汉语-民族语语法对比、文学概论、有关民族文学史、中国文学史、有关民族历史、有关民族文字史、有关民族文写作、中国文献学、有关民族古籍概论等。

秘书学主要课程：秘书学概论、秘书实务、策划学基础、现代汉语基础、普通话、秘书公关和礼仪、秘书文档管理、管理学原理、中国秘书史、中外秘书比较、秘书工作案例、秘书实训、文献检索、中国古代文学作品选、中国现当代文学作品选、外国文学作品选、文书处理与信息管理、秘书写作、基础写作、应用文写作、公务文书写作、公共关系实务等、逻辑学、口才训练、书法、公务员制度、行政法学。

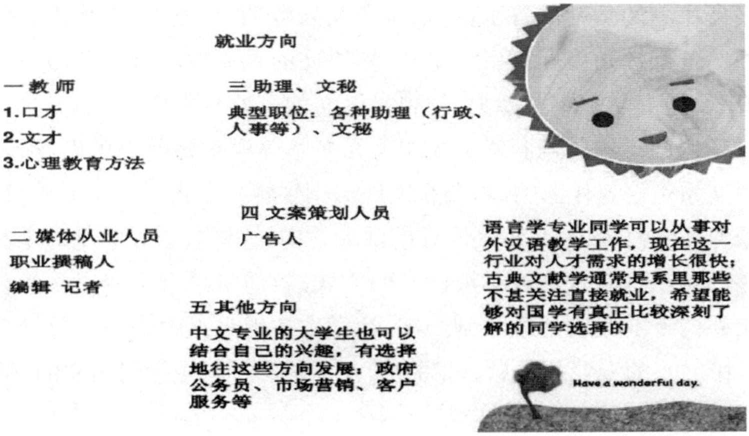
就业方向
一 教 师
1.口才
2.文才
3.心理教育方法
三 助理、文秘
典型职位：各种助理（行政、人事等）、文秘
二 媒体从业人员
职业撰稿人
编辑 记者
四 文案策划人员
广告人
五 其他方向
中文专业的大学生也可以结合自己的兴趣，有选择地往这些方向发展：政府公务员、市场营销、客户服务等
语言学专业同学可以从事对外汉语教学工作，现在这一行业对人才需求的增长很快；古典文献学通常是系里那些不甚关注直接就业，希望能够对国学有真正比较深刻了解的同学选择的
Have a wonderful day.

续表

<table>
<tr><td colspan="2">汉语言文学主要课程:语言学概论、现代汉语、古代汉语、文字学、声韵学、训诂学、中国古代文学、中国现代文学、中国当代文学、外国文学、文学概论、中国文化概论、中国历代文论、古典文献学、马克思主义文论、美学、民间文学、儿童文学、影视文学、比较文学、西方文论、写作、文艺心理学、中外语言学史、中国文学批评史、语文教学论、语言文字信息处理等。</td></tr>
<tr><td colspan="2">教学准备
教学活动需要准备的资料、材料(表格、挂图、调查表、画图笔等)及多媒体课件。、</td></tr>
<tr><td>注意事项</td><td>1. 把语文学科与大学中文系各专业紧密联系起来;
2. 需要把专业和学科的内容结合起来探索。</td></tr>
<tr><td>课后探究(调查、访谈、体验等)</td><td>1. 调查大学中文系各专业与高中语文知识的关联点;
2. 上网查阅自己的目标大学的中文系情况,并进行深度分析;
3. 拓展活动。请中文系学长来深度了解自己所关注的专业。</td></tr>
</table>

【课后反思】

经常有学生问我:“老师,我们学习背诵这么多的古文到底有什么用处?”如果教师仅仅回答“腹有诗书气自华”是很难说服学生的。本课不仅仅从高考命题的角度回答了“得语文者赢高考”的硬道理,更从语文作为其他学科的基础性角度回答,让学生了解语文的重要性。另外,助力学生身心健康成长、提高学生审美能力,这也是语文的重要功能之一。很多对语文学科感兴趣的同学经常问我:“大学中文系是培养学生做什么的?”很多同学误解中文系是培养作家的。本课系统地给学生解释了大学中文系的各个专业,每个专业必修的课程,每个专业的就业方向,这样就引导学生对中文系有了完整的认识。同时,通过小组讨论的方式,教师引导学生将语文学科与大学中文系的专业紧密地联系到一起,让学生认识到高中语文的每一个部分与大学中文系的专业都是息息相关的,从而提高了学生学习语文的兴趣。

数学学科与生涯规划教育

数学是一个非常抽象和美妙的世界，给人类提供了一种典范的思维方式，一种精确的语言，一种有力的工具。伽利略曾经说过："如果一个人不懂得宇宙的语言，即数学的语言，他就不能够阅读宇宙这本伟大的书。"

本节课针对学生在生涯规划中的迷茫，只学了数学的书本知识，其他了解甚少的现状，向学生介绍数学的各个分支和实际应用，发展前景以及相关专业和职业。感受数学的博大精深，开阔视野，体会数学的重要性，激发学生学习数学的兴趣。引导学生自我认知，对数学是否有兴趣，有能力，是否有从事数学的想法。特别是对数学基础好，悟性高，有意选择数学专业的学生的生涯规划起指导作用。

优秀教学案例　生涯规划导师　王　瑛

课　题	生涯规划与数学学科的融合	1课时
教学目标	1 帮助学生了解数学的分支、发展和应用，数学相关专业和职业，开阔视野。 2. 使学生体会到数学的重要性，激发学生学习数学的兴趣和动力，指导生涯规划。	
教学过程 一、课堂导入 同学们，你对数学了解多少？学习数学中有什么难忘的故事，是否有过苦思冥想之后茅塞顿开的欣喜若狂？你觉得学数学有用吗？未来你是否会选择数学专业？数学家华罗庚曾经说过，宇宙之大，粒子之微，火箭之速，化工之巧，地球之变，日月之繁无处不用数学。今天我们来深入地认识数学的博大精深，希望对你的职业规划有一定的帮助。 二、教学目标 1. 帮助学生了解数学的分支、发展和应用，数学相关专业和职业，开阔视野。		

续表

2. 使学生体会到数学的重要性，激发学生学习数学的兴趣和动力，指导生涯规划。

三、数学的分支与应用

1. 展示数学地图，介绍数学两大分支：纯粹数学和应用数学。纯粹数学包括数字系统、结构、空间和变化，应用数学包括概率论和数理统计，运筹学，数学规划等被广泛地应用在各个科学领域。

2. 数学之美：最速曲线

过山车就是应用了最速曲线的原理。

过山车

3. 计数方法

高斯的巧妙的计数方法应用广泛。

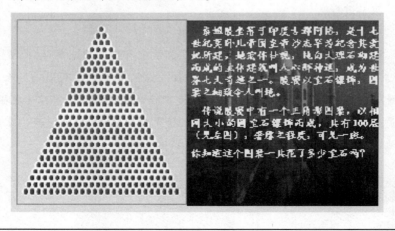

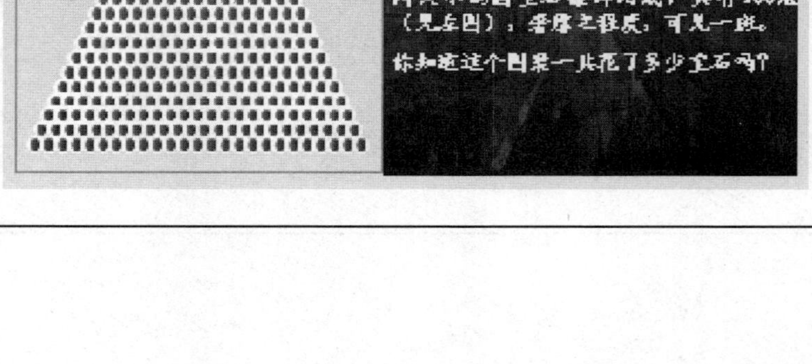

续表

4. 数据分析

大数据时代，数据分析给出更多信息。

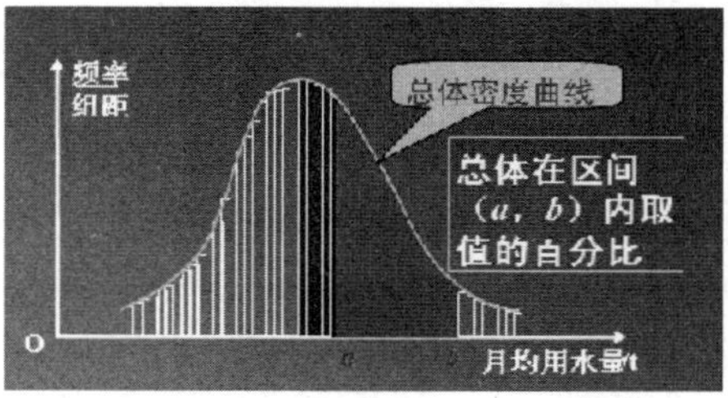

5. 投资理财

复利是世界一大奇迹。

6. 高端产业

人工智能、云技术、物联网等高科技领域都需要扎实的数学知识。

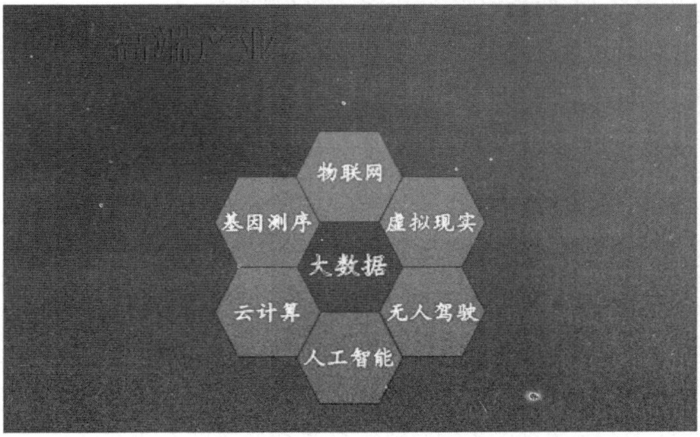

续表

<table>
<tr><td colspan="2">四、数学就业方向与领域
会计与财务类职位，银行业内的职位，精算师，统计类职位，学术界与科研类职位，工程领域，气象，教学等等。
五、课堂总结
总结本节内容，学生小组讨论，谈谈对本节课的感受，为下节课继续探索有关的职业做准备。</td></tr>
<tr><td colspan="2">教学准备
教学活动需要准备的资料、材料（表格、挂图、调查表、画图笔等）及多媒体课件、数学地图</td></tr>
<tr><td>注意事项</td><td>1. 学生多发言，多讨论，搞好互动；
2. 认识数学的重要性，激发学生学习数学的兴趣；
3. 对学生的生涯规划有一定指导作用。</td></tr>
<tr><td>课后探究（调查、访谈、体验等）</td><td>访谈两位从事数学方面的工作人员，了解数学的应用、前景与发展。</td></tr>
</table>

【课后反思】

通过生涯规划教育让学生克服对数学的恐惧，本节材料准备还可以更充分，学生如果想选择数学相关专业，还要进一步了解。大学里的好多专业对数学都有很高要求。所以要充分重视数学这门学科。而且要讲究学习方法，提高变通能力，数学思维能力。课堂上让学生积极发言，谈谈自己的打算，鼓励有能力的同学从事数学相关职业 。

【生涯故事】

陈景润，1933 年 5 月 22 日生于福建闽侯，家境贫寒，学习刻苦。他在中、小学读书时，就对数学情有独钟。一有时间就演算习题，在学校里成了个“小数学迷”。高中没毕业就以同等学力考入厦门大学。1953 年毕业于厦门大学数学系。1957 年进入中国科学院数学研究所并在华罗庚教授指导下从事数论方面的研究。历任中国科学院数学研究所研究员、学术委员会委员兼贵阳民族学院、河南大学、青岛大学、华中工学院、福建师范大学等校教授，国家科委数学学科组成员，《数学季刊》主编等职。

1742年6月7日，德国数学家哥德巴赫提出一个未经证明的数学猜想“任何一个偶数均可表示两个素数之和”简称：“ 1+1”。这一猜想被称为“哥德巴赫猜想”。陈景润打开了“哥德巴赫猜想”的奥秘之门，在哥德巴赫猜想研究方面取得了国际领先的成果。这一成果国际上誉为“陈氏定理”，受到广泛引用。除攻克这一难题外，陈景润又把组合数学与现代经济管理、尖端技术和人类密切关系等方面进行了深入的研究和探讨。他先后在国内外报刊上发明了科学论文70余篇，并有《数学趣味谈》《组合数学》等著作。

地理学科与生涯规划教育

本课为地理学科与生涯规划课程的学科融合课，是摸着石头过河的一个完成过程。课程主体由三大部分组成，第一部分是对地理学科的一个基本介绍，设计思路为“地理学的前世今生”；第二部分主导思想是要体现地理学的重要性和其广阔的发展前景，包括地理学与生活、与地理知识相关的大学专业、与地理知识相关的未来的就业前景，尤其突出“十八大”提出的“海洋强国战略”与地理知识密切相关；第三部分是介绍我国几大著名地理学家，设计目的主要让学生感受地理学对人类与社会的巨大贡献，感受学科价值。

优秀教学案例　生涯规划导师　于巧红

<table>
<tr><td>课　题</td><td>地理学科融合</td><td>1课时</td></tr>
<tr><td>教学目标</td><td colspan="2">1. 了解地理学科；
2. 了解地理与生活及职业的关联；
3. 了解著名地理学家及其成就。</td></tr>
<tr><td colspan="3">教学过程
一、课程导入
你知道吗？大型客机飞行，在低纬要2万米左右，在中纬要1万米以上，在高纬要1万米以下就可以。为什么？世界上除了人们所知的七个大</td></tr>
</table>

续表

陆,在太平洋最人迹罕至的地方——美国加利福尼亚州和夏威夷之间,又有一个“新大陆”正在生成——这个“新大陆”完全是由垃圾堆起来的,人们把它称为“第八大陆”。这个巨大的垃圾岛,面积是英国的六倍,“第八大陆”为什么会形成在太平洋的这个位置?

这些现象都可以用相关的地理知识进行解释,地理就是这样与我们的生活、生产、环境等方面密切相关。

二、学习目标

1. 了解地理学科;

2. 了解地理与生活及职业的关联;

3. 了解著名地理学家及其成就。

三、了解地理学科

什么是“地理”呢?(简单和同学们一起了解“地理”的“前世今生”)

“地”——地理事象;“理”——地理的规律与法则,综合而言,地理学科就是研究发生在地理环境(包括自然和人文环境)中的各种事象的规律和法则的学科,研究的目的是为了更好地开发和保护地球表面的自然资源,协调自然与人类的关系。地理学的核心指导思想就是协调人地关系。

作为一门古老的学科,地理学曾被称为“科学之母”。古代的地理学主要探索关于地球形状、大小有关的测量方法,或对已知的区域和国家进行描述,这就使地理与天文学、历史学、哲学等发生联系。地理学发展至今已成为一门范围广泛的学科,可分为自然地理学、人文地理学和区域地理学三个分支。自然地理学可再分为地貌学、气候学、生物地理学和水文学。这一范畴特别注意沿岸地区、水资源及矿产资源(包括能源)和自然灾害。人文地理学包括历史地理学、文化与社会地理学、人口地理学、政治地理

续表

学、经济地理学（包括对农业、工业、贸易和运输的研究）和城市地理学。区域地理学的研究范围可以是全世界，也可以是一个大陆、一个大文化区、一个国家、国家内一个区划和一个城市。可以说地理学是一门最可能使同学们成为博物学家的学科。（课件上出示博物学家代表如下）

四、地理学与生活及职业的关联

1. 地理学与生活

因为地理学具有“博物”的特点，所以与我们日常生活的方方面面关系极为密切，在日常生活中的很多现象，无论是自然还是社会均可以用地理学上的知识进行解释，如本节课开始向大家提出的两大问题，一是可以用大气层分层知识点去解释，一个是可以用洋流知识去理解；再比

续表

如，道路两旁的绿化树木下面为什么要铺设方格状或是压上鹅卵石？为什么在我国夏季吹偏南风，且暖湿，冬季吹偏北风，性质寒冷干燥？为什么作物可以通过浇水或是制造人工烟雾来抵御寒潮？通过地理学习可以让同学们“明明白白”地生活。阅读和多元越来越成为我们这个社会的主旋律，同学们读过在全球畅销2000多万册的《追风筝的人》吗？学过了高中地理，你就能推测阿富汗有斗风筝的传统的各种原因，从而使你比一般读者有更丰富的体验，更有质量地对本书进行阅读，过程中形成更多自己的看法，社会越是多元越是需要有批判精神和独立思考能力的人，这时候敢质疑权威，有自己的思想就显得尤其珍贵，而知识底蕴越是丰厚，就越会有自己的独立思想。学习了地理，会有助于使同学们成为思想丰富的幸福的人。

地理学还可以与其他很多方面发生联系，如：

服饰与地理

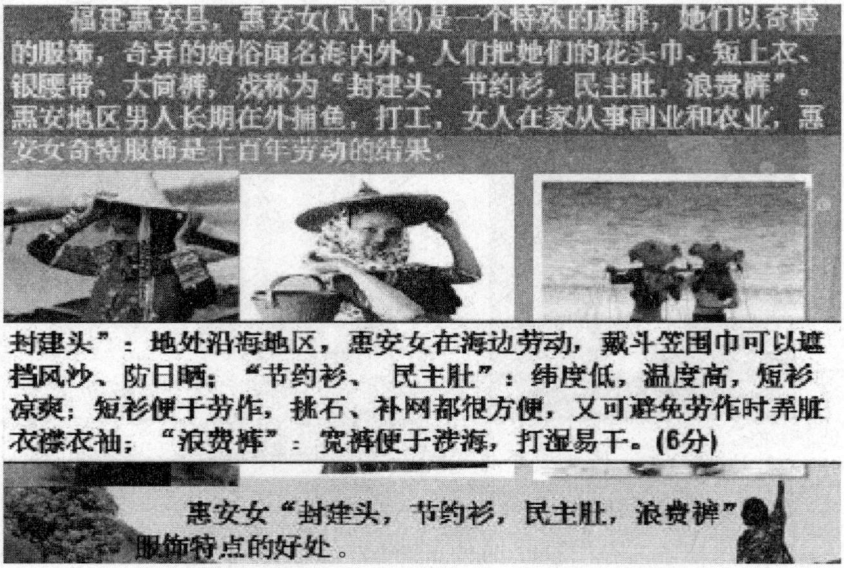

福建惠安县，惠安女(见下图)是一个特殊的族群，她们以奇特的服饰，奇异的婚俗闻名海内外，人们把她们的花头巾、短上衣、银腰带、大筒裤，戏称为“封建头，节约衫，民主肚，浪费裤”。惠安地区男人长期在外捕鱼，打工，女人在家从事副业和农业，惠安女奇特服饰是千百年劳动的结果。
封建头”：地处沿海地区，惠安女在海边劳动，戴斗笠围巾可以遮挡风沙、防日晒；“节约衫、 民主肚”：纬度低，温度高，短衫凉爽；短衫便于劳作，挑石、补网都很方便，又可避免劳作时弄脏衣襟衣袖；“浪费裤”：宽裤便于涉海，打湿易干。(6分)
惠安女“封建头，节约衫，民主肚，浪费裤”服饰特点的好处。

续表

居住与地理

灾难与地理

续表

旅游与地理

2. 与地理学相关的专业

高中学习了地理学科后上大学后可以有哪些与地理有关的专业供我们选择呢？让我们一起来了解。在我们中国目前的大学专业中，有不少与地理知识有着非常密切关系的专业，如地理科学类、地质类、海洋科学类、大气科学类、地理信息科学、自然地理与资源环境、人文地理与城乡规划等。

3. 将来就业范围

专业	培养目标	就业方向
地理科学	培养具备地理科学的基本理论、基本知识和基本技能，具有对区域自然要素和社会经济要素进行综合分析能力，了解本学科最新发展，受到科学研究的基本训练的人才	在相关部门从事教学、科研和业务管理工作

续表

自然地理与资源环境	能从事国土资源整治、自然资源开发利用与规划管理、环境保护与治理、生态环境规划以及城市规划与管理等方面的科研及管理工作的人才	在企事业单位从事国土资源治、自然资源开发利用与规划管理、环境保护与治理、生态环境规划以及城市规划与管理等工作
人文地理与城乡规划	具备能在城乡建设、国土规划、土地管理、自然资源与旅游资源开发管理、环境保护、房地产开发与经营、大型企业等部门从事规划管理工作能力的专门人才	在企事业单位从事城乡建设、国土规划、土地管理、自然资源与旅游资源开发管理、环境保护、房地产开发与经营等工作
地理信息科学	具备可在与城市、区域、资源、环境、交通、人口、住房、土地、基础设施和规划管理等领域的相关部门从事与地理信息系统有关的应用研究、技术开发、生产管理和行政管理等工作能力的专门人才	在相关部门从事与地理信息系统有关的应用研究、技术开发、生产管理和行政管理等工作，也可在科研机构或高等学校从事科学研究或教学工作
地质类	总体可分为地质工程和资源勘察工程专业，目标在于培养在综合找矿、工程地质和资源勘察方面的高级工程人才和专门应用型人才	在相关部门从事国土资源、油气能源、工程勘察、地质灾害、水利水电、工程地质勘察、固体、液体、气体矿产资源勘察、评价和管理等工作

续表

大气科学类	培养具有扎实的大气科学基本理论、基本知识和基本技能，能够在大气物理、大气环境、大气探测、气象学、气候学、应用气象及相关学科从事科研、教学、科技开发及相关管理工作的高级专门人才	在相关部门从事大气物理、大气环境、大气探测、气象学、气候学、应用气象及相关学科从事科研、教学、科技开发及相关管理工作
海洋科学类	培养具有良好科学素养，系统而扎实的数学、物理基础，掌握海洋科学基本理论、现代海洋调查和资料分析技术以及计算机应用与信息处理技术，了解海洋科学及海—气相互作用的研究前沿，具有从事海洋科学研究和海洋调查基本能力的高级专门人才	在相关部门(如国家海洋局及其所属单位、地方海洋局、高等学校、海军等)从事海洋科学研究和海洋调查等工作

值得与同学们提一点的是“党的十八大”提出的“海洋强国战略”，“21世纪是海洋世纪”的论断已经成为全球政治家、战略家、军事家、经济学家和科学家的广泛共识，海洋再度成为世界关注的焦点，海洋的国家战略地位空前提高，而海洋强国战略的实施必须依靠大批高素质的具备海洋方面知识的人才，同学们不知是否有志于助推国家这一战略的实施，为伟大中华民族的复兴贡献自己的力量？

续表

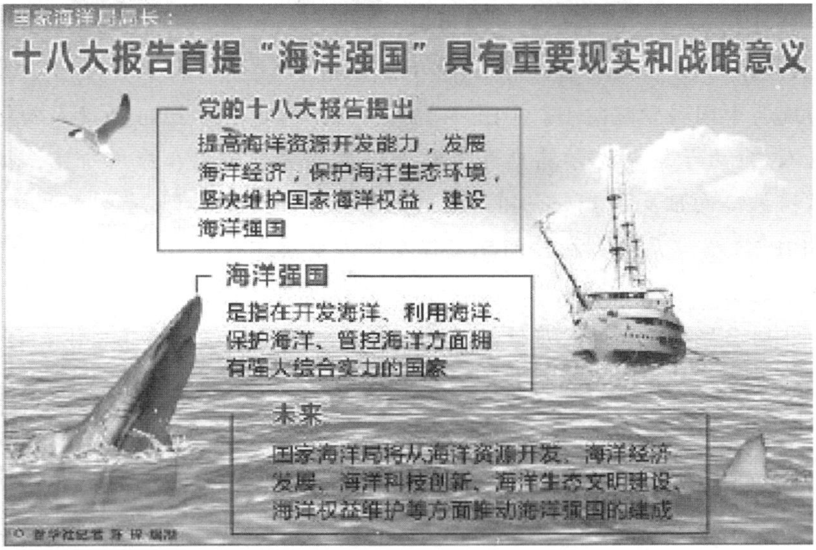

五、地理人物及其贡献

地理学不仅使我们“明明白白生活”，具有独立思想，丰富我们的生活内容，还能给全人类带来宝贵的生活与生产财富。下面，就让我们从对几位地理大师的认识中感受地理知识的力量吧。

1. 竺可桢

竺可桢，中国科学院院士，中国共产党党员，中国近代气象学家、地理学家、教育家，中国近代

续表

地理学和气象学的奠基者，是中国物候学的创始人。作为中国现代气象科学的奠基人，竺可桢先生始终关注并"尽毕生之力"开展气候变化研究，他关于气候变化的一系列奠基性研究，对于人们今天认识这一全球重大问题，具有基础性的科学意义。

2. 李小文

李小文，著名遥感学家、地理学家、中国国内遥感领域泰斗级专家。李小文1968年毕业于成都电讯工程学院（今电子科技大学）；1985年获美国加州大学圣塔芭芭拉分校(UCSB)地理学博士学位；2001年当选为中国科学院院士；2015年12月入围“感动中国2015年度人物”候选人。致力于地物光学遥感和热红外遥感的基础研究和应用研究，创建了植被二向性反射Li-Strahler几何光学模型，并入选国际光学工程学会(SPIE“里程碑系列”。在普朗克定律在地表遥感中尺度效应研究方面，建立了适用于非同温地表热辐射方向性的概念模型，首创了普朗克定律用于非同温黑体平面的尺度修正式及一般的非同温三维结构非黑体表面热辐射在像元尺度上的方向性和波谱特征的概念模型。

3. 黄秉维

黄秉维，著名地理学家，中国科学院院士，中国当代地理学研究的主要组织者和带头人。1934年毕业于中山大学地理系。1955年被选聘为中国科学院学部委员（院士）。曾任中国科学院地理研究所研究员、所长、名誉所长，中科院地理学部委员、中国地理学会理事长、罗马尼亚科学院院士、美国地理学会会员、英国皇家地理学会名誉通讯会员、国际山地学会顾问。获得1996年国际地理联合会特别荣誉奖、1997年度何梁何利科学与进步奖。黄秉维长期从事地貌和自然区划的研究，开拓了热量和水分平衡、化学地理和生物地理群落等自然地理3个方向；先后组

续表

<table>
<tr><td colspan="2">织了水土保持、中国综合自然区划、热量与水分平衡的大规模研究，倡议开展陆地地球系统科学与区域可持续发展战略研究新方向。
6. 课堂总结
通过本节课的学习，我们对地理学有了一个相对全面的了解。不知道你对这样的地理是否喜欢？据观察，对地理感兴趣的同学，一般会比较喜欢了解自然现象，如地形地貌、山河湖泊等，此外，在日常生活中也比较喜欢关注自然现象与人类的关系，如人文风情、气候变暖等，你是这样的同学吗？</td></tr>
<tr><td colspan="2">教学准备
教学活动需要准备的资料、材料（表格、挂图、调查表、画图笔等）及多媒体课件、图片。</td></tr>
<tr><td>注意事项</td><td>用一堂课去了解一门学科，即使是“概括”，时间也是显然不够的，可推荐一些适合该年龄段，同时又会令其感兴趣的地理书籍与节目（如《中国地理》《国家地理》电视节目《地理中国》《美丽中国》《航拍中国》等），使其对地理这门学科有更加全面深刻的了解。</td></tr>
<tr><td>课后探究（调查、访谈、体验等）</td><td>试着用地理知识解释身边的一个或两个自然、社会现象。</td></tr>
</table>

【课后反思】

学科与生涯规划融合课的主要目的是让学生了解学科知识在未来生涯中的重要性。本节课在地理学科基本情况介绍环节略显单薄，有种意犹未尽的感觉。还可列举一些具体例子加以丰富，以具象形式呈现，效果会更好。在呈现地理学科重要性方面，思路新颖，考虑全面，从微观（地理学科在日常生活生产中的作用、未来发展前景）和宏观（学科对人类社会发展的价值）两大方面呈现，使人印象深刻。此外，课中注重引用时事热点作为论据，能在很大程度上提高信服力。

【生涯故事】

亚历山大·洪堡(Humboldt，Alexander)1769—1859 德国著名博物学家、自然地理学家，近代地理学的奠基人，19 世纪科学界中最杰出的人物之一。出身于普鲁士一个地方贵族家庭，自幼受到良好的教育。1787 年考入法兰克福大学学习经济学，此后又进入柏林大学、哥廷根大学，学习工厂管理、植物学、矿物学和地质学等学科。从学校出来后，曾任弗朗科尼亚矿区的检查员和主任。洪堡自幼志趣广博，尤爱旅游，走遍了西欧、北亚、南北美。早年赴南美考察 5 年，出版了 30 卷本的《1799—1804 新大陆亚热带区域旅行记》。世界上以他的名字命名的地名有澳洲、新西兰的山脉，美国的湖泊与河流，甚至月亮上的山等。他所涉猎的科目非常广泛，包括天文、地理、生物、矿石等，并在每个领域都有贡献。洪堡最先确定了等温线与等压线的概念，绘制了全球等温线图。他也是研究动植物群落与地球环境关系的先驱。在对火山的考察中，他认识到了岩石水成论的局限。由于杰出的地理学贡献，洪堡成为公认的近代气候学、植物地理学、地球物理学的创始人之一。洪堡的主要著作有《宇宙》5 卷，《中部非洲》3 卷和《新大陆热带地区旅行记》30 卷等。

历史学科与生涯规划教育

——改变世界的高新科技

本节课让学生了解第三次科技革命的意义和重要性。20世纪四五十年代后，以电子计算机、原子能技术、航空航天等为代表的第三次科技革命方兴未艾，美苏“冷战”的需要进一步推动其发展。随着互联网技术的诞生和进一步发展，信息技术极大地改变人们的生产和生活方式。20世纪末人类跨入“信息时代”。计算机的出现，把人类社会引入“信息时代”，网络使地球缩小成了一个“村”。生物科学的发展使我们对自身有了进一步的认识，生命奥秘的大门被一层一层地打开。航天科学的发展为人类开辟了更广阔的活动和生存空间。这些高新科技在改变世界的同时也给我们一定的启示，如何在历史发生的前沿阵地跟上时代潮流，这就需要我们研究历史事件的发展过程。

优秀教学案例　生涯规划导师　朱　玲

课　题	改变世界的高新科技	1课时
教学目标	1. 让学生掌握电脑与网络、探索生命的奥秘和登上太空的基本史实； 2. 了解信息技术的产生、发展过程，理解信息技术对人类社会带来的影响。	
教学过程 一、课堂导入 我们前面学过两次工业革命，人类分别进入了蒸汽时代和电气时代，本节课学习的第三次科技革命把人类带进了信息时代。 二、教学目标 1. 让学生掌握电脑与网络、探索生命的奥秘和登上太空的基本史实； 2. 了解信息技术的产生、发展过程，理解信息技术对人类社会带来的影响。		

续表

三、课堂活动 本节课有三个模块组成，请同学们分成三组，分别整理该项科技成就的发展历程，总结其优势劣势，以及从事该行业的发展前景，国家应出台什么样的政策等。 学生利用桌子上的纸张，规划好表格，彩笔标出醒目字眼，以作为展示之用。分组展示各自的成果，教师可以适时适当地补充相关知识。 （一）“信息时代”——计算机和互联网的诞生 1. 信息技术发展概况 课件展示一组图片，简单介绍信息技术发展的表现（图一：埃尼阿克，1946 年，美国研制世界上第一台计算机，奠定了现代信息技术的基础；图二：1957 年苏联发射的第一颗人造卫星）。 世界上第一台电子计算机是个庞然大物，是二战期间美国军方为了解决计算大量军用数据的难题而研制出的，许多科学家都参加了实验和研究，起名为“埃尼阿克”。20 世纪 60 年代末，“冷战”时期，美国为与苏联争夺世界霸权的需要加紧了对信息科学技术的研究和开发，推动了互联网的产生（产生的原因：军事上的需要）：1969 年美国国防部建立了包括四个站点的网络，促进了互联网的产生；20 世纪 90 年代以来，互联网进一步发展为全球信息网（World wide web），音译为万维网。 一般认为，信息传播的四大媒介是报纸、广播、电视和网络。网络媒体具有界面直观、音色兼备、链接灵活和高速传输的特点，是人类进入信息化社会的显著标志。与前两次科技革命相比，信息时代的经济增长方式逐渐摆脱对自然资源的依赖，更加环保，经济增长涉及的层面更加丰富和广泛，并能打破常规的时间和空间的界限，将世界紧密联系在一起。 2. 信息技术的影响 结合身边实际谈谈你利用信息技术（网络）都做了什么？它的发展给我们带来了哪些影响？ 出示 PPT 图片（图一：网购；图二：韩剧《来自星星的你》剧照；图三：炒股图片；图四：网上阅览室；图五：网络犯罪；图六：沉迷游戏）。 （二）探索生命的奥秘 1. 生物工程技术发展的前提条件：计算机、化学领域的技术支持；

续表

2. 生物工程技术的应用，展示图片； 3. 遗传工程的进展和意义，转基因技术。 人类自古以来的很多梦想，都可以从生物工程技术中找到实现的可能。像麒麟、龙、飞马等只存在于幻想中和传说中的生物，也许以后能通过生物工程技术制造出来。而在我们日常生活中，很多时新的事物都是出自转基因技术之手，这已经是司空见惯的事了。 从20世纪90年代开始的国际人类基因组计划所取得的成就，它标志着人类对自身了解的关键性的进步。在走过几千年对自身探索的道路后，人类终于拿到了至关重要的钥匙，而人类打开生命之谜的大门并不意味着走到了终点，这之后人类又将开始新阶段的探索。对于克隆技术的意义，我们首先应当持肯定态度，这必将对人类生命或种族的延续及健康保障等前景产生十分积极的影响。 （三）登上太空 1. 条件：国力（综合国力）； 2. 苏联：第一颗载人飞船； 3. 美国：阿波罗—11号宇宙飞船登月。 从20世纪50年代初起，苏、美都加紧研制中远程和洲际导弹。1957年8月苏联向太平洋目标区域发射了第一枚Ss-6洲际弹道导弹，射程约8000千米；1959年美国的“宇宙神”洲际弹道导弹研制成功，射程超过1万千米。导弹的关键技术是火箭技术，火箭技术的进步为空间技术的发展创造了条件。1957年10月4日，苏联成功地将世界上第一颗重836千克的人造地球卫星送上太空；1958年1月31日美国的“探险者”1号人造卫星发射成功，但重量只有苏联的1/10。1960年美、苏都掌握了卫星回收技术。1961年4月12日苏联发射了第一颗载人飞船，宇航员加加林在太空遨游108分钟、绕地球一周后安全返回地面。这一创举标志着人类进入了太空时代。1961年5月美国总统肯尼迪为了缩短与苏联的“空间差距”，提出10年内完成阿波罗登月计划。1964年8月19日，美国成功地发射了第一颗地球同步静止轨道通信卫星，说明火箭一卫星技术又达到了一个新的水平。之后，全球卫星通信事业发展迅速。1969年7月

续表

16日,美国的“阿波罗-11”号宇宙飞船从肯尼迪航天中心升空,7月21日宇航员阿姆斯特朗和奥尔德林在月球上留下了人类的第一个脚印,阿姆斯特朗说:“这是人的小步,却是人类的一大步。”他们在月球上逗留了21小时以上,收集了标本,拍摄了照片,装置了仪器,7月25日平安返回地球。这是人类征服宇宙的又一壮举。 四、课堂总结 我发现在每一项科学成就的影响上同学们都争论得特别激烈,每个小组都想为自己代言的科学成就展示出更多的优势,其他组的同学也客观地补充了其劣势。同学们把优势劣势结合起来就是其发展前景。其实你们已经在做的一件事情,就是体验进入这一行业的情景,通过对比相信同学们已经对自己的职业生涯做出了良好的规划,希望通过今天的学习大家及早明确学习方向,做好人生规划。
教学准备 教学活动需要准备的资料、材料(表格、挂图、调查表、画图笔等)及大型纸张、表格、画图笔。

注意事项	提前分好三组,每组提前做好准备,可以百度三项科学成就的图片资料作为展示素材。
课后探究(调查、访谈、体验等)	课后调查发现学生对信息时代下的网络图书馆、网络游戏比较感兴趣,可以以此为突破口,调动学生的积极性,认识网络时代的利弊。

【课后反思】

中国在前两次工业革命发生时没有跟上时代步伐。第三次科技革命给了我们更多的机遇和更大的挑战。课堂上同学们的踊跃参与说明了这一点。高中阶段的生活是紧张枯燥乏味的,如果能适时地在课堂上让学生展示下自己,既能活跃课堂气氛调动学生的积极性,又能渗透生涯规划的理念,相信这样紧贴生活实际的课程会得到学生的喜爱。在成果展示环节有的小组准备充分,讲解详尽,即使其他小组有反驳意见也都能从容不迫地解答。因此要让学生明确课前准备的重要性，这考查了学生的综合能力，如知识面的宽度、小组合作协调能力、解决问题的能力、演讲与口才能力等。有的小组准备不够充分，面对其他小组的问题张口结舌，起不到锻炼的作用。课前教师要做好发动工作，让课堂环节更加紧凑，让学生都积极参与发言。

政治学科与生涯规划教育

——我国政府是人民的政府

本节课旨在引导学生运用自主学习合作探究的方法，明确我国政府的性质、宗旨、原则，了解政府的作用，政府为公民求助或投诉提供的途径与方式，知道我国政府的基本职能及我国正在建设服务型政府，体验政府面对困难和挑战作出的果断决策，体会政府是便民利民的政府，理解政府，支持政府，相信我国政府是为人民服务的政府，培养公民意识，关注政府的表现，参与评价政府，积极寻求政府的帮助。本课讲授的主体政府与公务员职业息息相关，在教学设计上，力图把学科教学与生涯教育融合在一起，学生在学习政府知识的基础上，链接相关职业，引导他们客观、全面、深入地了解这个职业，规避将来从事这个职业的盲目性，同时培养学生的前瞻意识。在生涯规划的思考过程中，不仅要关注当下，还要预见未来，学会用发展的眼光看问题。学科融合生涯教育，助力学生成长。

优秀教学案例　生涯规划导师　张希玲

<table>
<tr><td>课　题</td><td>我国政府与公务员</td><td>1 课时</td></tr>
<tr><td>教学目标</td><td colspan="2">1. 了解政府的性质、职能、作用、宗旨及原则；
2. 培养公民意识，理解政府，相信政府，积极寻求政府帮助；
3. 生涯教育——树立职业意识，培养学科素养。</td></tr>
<tr><td colspan="3">教学过程
一、课堂导入
视频播放：2018 年 3 月 5 日上午 9 时，十三届全国人大一次会议在人民大会堂开幕，听取国务院总理李克强作政府工作报告。</td></tr>
</table>

续表

教师总结：我们的总理是人民的公仆，我们的政府是人民的政府。接下来让我们一起学习第三课：我国的政府是人民的政府，在此基础上，进一步走进政府，全面了解与政府有关的热门职业——公务员。 二、教学目标 1. 了解政府的性质、职能、作用、宗旨及原则； 2. 培养公民意识，理解政府，相信政府，积极寻求政府的帮助； 3. 生涯教育——树立职业意识，培养学科素养。 三、政府 1. 播放视频：红海行动，引导学生归纳总结：政府的性质及政府保障人民民主和维护国家长治久安的职能。 2. 观看课本 p36 页上的五幅图片，思考：（1）上述资料表明我国政府履行了哪些职能？（2）政府履行职能对我们的生活有什么影响？ 3. 学生活动 思考、讨论并积极展示学习成果。 4. 教师活动 归纳总结政府的其他四个职能，通过案例进一步让学生体会到我国政府是便民利民的政府，政府的宗旨是为人民服务，原则是对人民负责，有困难我们可以向政府求助。同时引导学生和大家分享自己的所见所闻，切身体会，来感受我国政府是人民的政府，培养学生热爱祖国、报效祖国、相信政府、支持政府、为人民服务的高尚情操。 四、公务员 教师活动：在政府工作的相当一部分人叫公务员。展示山东近 3 年报考公务员的数据统计，让学生感受公考热潮。引导学生思考：公务员是什么？ 学生活动：思考并畅所欲言。 教师活动：公务员全称为国家公务员，是各国负责统筹管理经济社会秩序和国家公共资源，维护国家法律规定贯彻执行的公职人员。在中国，公务员是指依法履行公职、纳入国家行政编制、由国家财政负担工资福利的工作人员。 教师活动：展示多媒体课件一组数据图片：1. 近年来全国招录公务员

续表

<table>
<tr><td colspan="2">状况;2.《2015 年度人力资源和社会保障事业发展统计报告》中统计的公务员数量。
引导学生思考:考公务员的动机是什么?
学生活动:小组讨论,小组代表发言。
教师活动:归纳总结动机:缓解就业压力;实现政治抱负;追求社会期望;追求社会地位;追求工作待遇。
教师活动:走近公务员,通过社会调查案例分享资料。1. 基层公务员个人成就感削弱;2. 实现政治抱负是小概率事件;3. 分析公务员的薪酬特点。
学生活动:讨论、积极发言。
教师活动:引导学生理性认识公务员职业。
五、公务员的未来
教师活动:展示公务员“离职潮”数据,要求学生思考并讨论:公务员还热吗?会一直热吗?“离职潮”是真的吗?
学生活动:围绕“公务员热”“离职潮”展开充分的讨论并发言。
教师活动:展示 1994−2018 年公务员总体趋势分析图及公务员报考与录取比例数据表,得出结论:公务员职业依旧热,和学生一起探讨“热”的原因。
六、课堂总结
通过本堂课的学习,我们要用发展的眼光看问题,时时关注事物的动态变化,在未来职业选择上要有预见性。</td></tr>
<tr><td colspan="2">教学准备
教学活动需要准备的资料、材料(表格、挂图、调查表、画图笔等)及视频、调查数据、表格、PPT、纸笔。</td></tr>
<tr><td>注意事项</td><td>合理统筹传统教学与生涯教育的时间安排。</td></tr>
<tr><td>课后探究(调查、访谈、体验等)</td><td>课后调查发现学生对信息时代下的网络图书馆、网络游戏比较感兴趣,可以以此为突破口,调动学生的积极性,认识网络时代的利弊。</td></tr>
</table>

【课后反思】

著名学者戴尔·卡耐基曾经说过:“一个人不论具有什么样的才能,他如果不知道自己有这种才能,并且不形成适合于自己才能的计划,那这种才能对他便完全无用。”由于中学生生涯教育缺失,不少学生存在着“学习无动力、升学无厚望、生涯无规划、发展无方向”的现象,令教育工作者和家长忧心忡忡。加强人生规划教育,让学生明确人生目标计划,已成为当前中学教育改革发展面临的重要课题。本节课教学设计过程中把政治学科知识的教学与生涯规划融合在一起,一是培养学生生涯意识,把政治学科知识与未来职业联系起来。在这个过程中,引导学生学会思考,勇于探索,善于用全面、联系、发展的观点看问题,减少生涯规划中的盲目性。二是通过生涯教育帮助学生认识自我、学会规划、科学确立自己的人生定位。初步确立自己职业的兴趣,规划职业发展方向,激发自我学习动力。

物理学科与生涯规划教育

——宇宙航行

物理学作为自然科学的基础学科在新高考中占有重要地位,高等院校理工科专业绝大部分都要求选考物理。同时物理是实用性很强的学科,它可以解答很多生活中出现的问题,跨越众多自然科学领域,可有效提高学生的逻辑思维能力、观察实验能力、建模能力、计算能力、动手能力等,因而成为很多学生未来发展的重要方向。新高考要求学生具备清晰的生涯规划意识,合理选课,为自己人生的发展作出最科学的选择。本实例尝试将生涯规划渗透在物理教学中,为生涯规划与物理学科教学的融合提供有益的探索。

优秀教学案例　生涯规划导师　李延宾

课　题	宇宙航行	1 课时
教学目标	1. 知识目标 （1）了解人造卫星的有关知识； （2）理解三个宇宙速度的含义，会推导第一宇宙速度。	

续表

<table>
<tr>
<td></td>
<td>
2. 技能目标
通过用万有引力定律会用两种思路推导第一宇宙速度，培养学生运用物理知识解决问题的能力。
3. 情感目标
（1）通过介绍我国在航天科技发展的伟大成就和钱学森等优秀爱国科学家事迹，激发学生对物理航天专业产生兴趣，培养学生的生涯规划意识；
（2）感知人类探索宇宙的梦想. 促使学生树立献身科学的价值观。
</td>
</tr>
<tr>
<td colspan="2">
教学过程
一、课堂导入
同学们，1957 年苏联发射了第一颗人造地球卫星，开创了人类航天时代的新纪元。我国在 70 年代发射第一颗卫星以来，相继发射了众多不同种类的卫星，掌握了卫星回收技术和“一箭多星”技术，1999 年发射了“神舟”号试验飞船。
地面上的物体在什么条件下才能发射成为人造卫星呢？
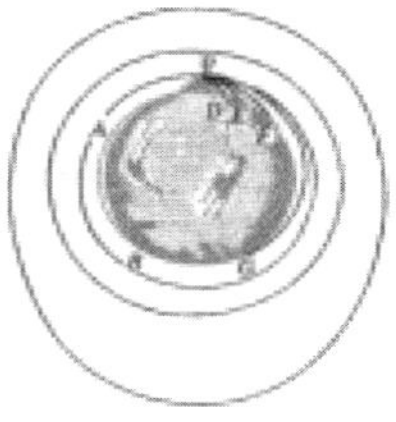
二、教学过程
1. 牛顿的设想
在高山上用不同的水平初速度平抛出一个物体，不计阻力，它们的落地点相同吗？
它们的落地点不同，速度越大，落地点水平位移越大。因为在同一座高山高度相同，它们运动的时间相同，水平速度大的水平位移大，所以落地点也较远。
若被抛出物体的速度足够大，物体的运动情形会怎样呢？
如果地面上空有一个相对于地面静止的物体，只受重力由静止下落，它将做自由落体运动，如果物体在空中以水平初速度平抛，牛顿曾设想过：从高山上以不同的水平速度抛出物体，速度一次比一次大，落地点也一次比一次离山脚远，若不受阻力影响，当速度足够大时，物体就不会落到地面上来，它将围绕地球旋转，成为一颗绕地球做圆周运动的人造
</td>
</tr>
</table>

续表

地球卫星。

2. 人造地球卫星

(1)人造地球卫星

从地面抛出的物体,在地球万有引力作用下绕地球旋转,就成为绕地球运动的人造卫星。

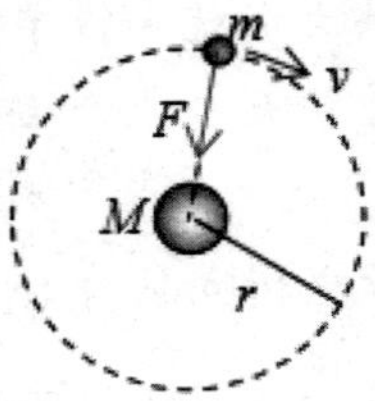

(2)人造地球卫星必须满足的条件

地球对卫星的万有引力恰好提供卫星作匀速圆周运动所需的向心力。

(3)描述卫星运动的物理量

设地球的质量为M,人造卫星的质量为m,地球的半径为R,卫星离地面的高度为h,则卫星的轨道半径为$r=R+h$,设卫星轨道上运动的向心加速度为a,线速度为v,角速度为ω,周期为T,由万有引力提供卫星匀速圆周运动的向心力这一关系,得:

$$F=G\frac{Mm}{r^2}=ma=m\omega^2 r=m\frac{v^2}{r}=mr\frac{4\pi^2}{T^2}$$

①卫星的向心加速度为

$a=\frac{GM}{r^2}$, $r\uparrow\rightarrow a\downarrow$。

②卫星运动的角速度为

$\omega=\sqrt{\frac{GM}{r^3}}$, $r\uparrow\rightarrow\omega\downarrow$。

③卫星运动的线速度为

$v=\sqrt{\frac{GM}{r}}$, $r\uparrow\rightarrow v\downarrow$。

④卫星运动的周期为

$T=2\pi\sqrt{\frac{r^3}{GM}}$, $r\uparrow\rightarrow T\uparrow$。

当人造卫星环绕地球表面运动时,$r_{min}=R$,$T_{min}=5060s$。所以不可能在地球上发射一颗周期小于5060s的卫星。

注意:卫星的轨道与相关各量的一一对应性。

续表

3. 宇宙速度

设一颗人造卫星沿圆轨道绕地球运转，卫星绕地球运转的向心力由地球对卫星的万有引力来提供。由 $v=\sqrt{\frac{GM}{r}}$ 知，距地面越高的卫星运转线速率越小。

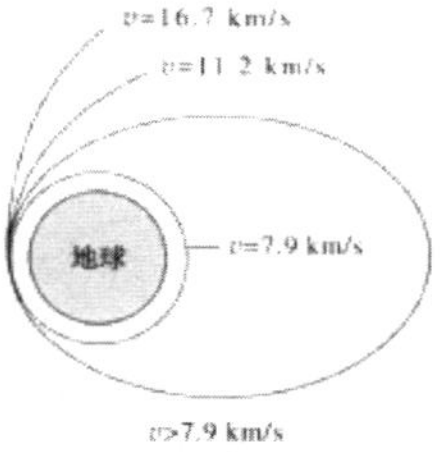

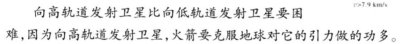

【思考讨论】是向高轨道发射卫星困难，还是向低轨道发射卫星困难呢？

向高轨道发射卫星比向低轨道发射卫星要困难，因为向高轨道发射卫星，火箭要克服地球对它的引力做的功多。

（1）第一宇宙速度

物体在地球表面附近绕地球做匀速圆周运动的速度，叫作第一宇宙速度，也叫作地面附近的环绕速度。

对于贴近地面运行的人造卫星，可认为该卫星的 r 近似等于地球的半径 R，则

$$F=G\frac{Mm}{R^2}=m\frac{v_1^2}{R}=mg$$

$$v_1=\sqrt{\frac{GM}{R}}=\sqrt{Rg}=7.9\,\text{km/s}$$

（2）第二宇宙速度

若卫星进入地面附近的轨道速度大于 7.9km/s，此时卫星的运行轨道又怎样呢？

①人造地球卫星进入地面附近的轨道速度大于 7.9km/s，而小于 11.2 km/s，它绕地球运动的轨迹就不是圆形，而是椭圆。

②当物体的速度大于或等于 11.2 km/s 时，卫星就会脱离地球的引力束缚，不再绕地球运行（此时轨道为抛物线）。

从地面上发射人造天体，要使它挣脱地球的引力束缚，不再绕地球运行，所需要的最小发射速度，叫第二宇宙速度。也叫作地面附近的脱离速度。

$$v_2=\sqrt{2}v_1=11.2\,\text{km/s}$$

续表

（3）第三宇宙速度

达到第二宇宙速度的物体还受到太阳的引力束缚。在地面附近发射物体，要使物体挣脱太阳引力的束缚，飞到太阳系外，必须使它的速度大于或等于 16.7 km/s，这个速度叫作第三宇宙速度（以大于第三宇宙速度发射的人造天体，其轨道为双曲线）。

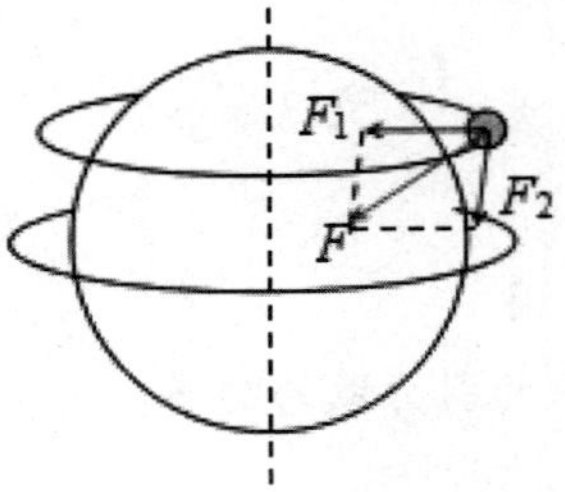

从地面上发射人造天体，使它挣脱太阳引力束缚所需要的最小发射速度，叫第三宇宙速度，也称为逃逸速度。

$v_3 = 16.7\,\text{km/s}$

4. 地球同步卫星简介

（与学生一起分析卫星的轨道问题：让学生画出他认为地球卫星可能的轨道，逐一分析，得出卫星的稳定圆轨道必须在通过地球球心的大圆轨道内。向学生介绍轨道平面、轨道倾角等概念；介绍极地轨道、赤道轨道、一般倾斜等轨道类型）

地球同步卫星是指相对地球静止，即始终在地球某一位置的正上方。所以，同步卫星必须满足一定的条件。首先，卫星的运转方向必须与地球的自转方向一致，且和地球自转的周期、角速度要相同。

如图，可分析得地球同步卫星轨道平面必须和纬度圈共面，其受力为地球对它的万有引力 F，将 F 分解为指向地轴圆心的分力 F_1，提供卫星绕地球转动的向心力，另一分力为 F_2，将把卫星拉向赤道平面。只有在赤道地球对卫星的万有引力才全部提供向心力，所以地球同步卫星只能定点在赤道上空。

（1）地球同步卫星轨道平面的特点：卫星的轨道平面与地球赤道平面重合，卫星位于地球赤道的正上方一定高度处，运转方向与地球自转方向一致。卫星的周期与地球自转的周期相同，则角速度与地球自转的角速度相同。

【例题】已知地球半径 $R = 6400\text{km}$，自转周期 $T = 24h = 24 \times 3600\text{s}$，地球质量 $M = 5.98 \times 1024\text{kg}$，求同步卫星的轨道高度 h？

解析：同步卫星匀速圆周运动所需的向心力由万有引力提供：

续表

$$G\frac{Mm}{(R+h)^2}=m(R+h)\omega^2=m(R+h)\frac{4\pi^2}{T^2}$$

$$h=\sqrt[3]{\frac{GM}{\omega^2}}-R=\sqrt[3]{\frac{GMT^2}{4\pi^2}}-R$$

代入数值得:$h=3.6\times10^7$m。

地球同步卫星的"五定":定周期(运转周期与地球自转周期相同);定轨道平面(轨道平面与赤道平面重合);定高度(离地高度为36000km),定速度(线速度均为3.1×10^3m/s);定点(每颗同步卫星都定点在世界卫星组织规定的位置上)。

5. 梦想成真

探索宇宙的奥秘,奔向广阔而遥远深邃的太空,是人类自古以来的梦想。真正为人类迈向太空提供物理科学思想的,是生于19世纪中叶的俄罗斯科学家齐奥尔科夫斯基。他明确指出,利用喷气推进的多级火箭,是实现太空飞行最有效的工具。

地球是人类的摇篮,但人类不能永远生活在摇篮里。——齐奥尔科夫斯基

1957年10月4日,世界上第一颗人造地球卫星在苏联发射成功。卫星质量83.6 kg,每96min绕地球飞行一周。

几年后,1961年4月12日,苏联空军少校加加林进入了东方一号载人飞船。火箭点火起飞,飞船绕地球飞行一周,历时108 min,然后重返大气层,安全降落在地面,成为进入太空人类第一人,铸就了人类进入太空的丰碑。

1969年7月16日9时32分,美国阿波罗11号飞船在美国卡纳维拉尔角点火升空,揭开人类登月这一伟大历史事件的序幕。7月19日,飞船进入月球轨道。7月20日,指挥长阿姆斯特朗和驾驶员奥尔德林进入登月舱,与母船分离后于下午4时17分在月球表面着陆。10时56分,阿姆斯特朗小心翼翼地踏上月面,并说出了那句载入史册的名言:"对个人来说,这不过是小小的一步,但对人类而言,却是巨大的飞跃。"人们欣

续表

喜地说:“由于你们的成功,天空已成为人类世界的一部分。”

1992年,中国载人航天工程正式启动。2003年10月15日9时,我国神舟五号宇宙飞船在酒泉卫星发射中心成功发射,把中国第一位航天员杨利伟送入太空。飞船绕地球飞行14圈后,于10月16日6时23分安全降落在内蒙古主着陆场。这次成功的发射实现了中华民族千年的飞天梦想,标志着中国成为世界上第三个能够独立开展载入航天活动的国家,为进一步的空间科学研究奠定了坚实的基础。

尽管人类已经跨入太空,登上月球,发射了探测火星及其他太阳系的探测器,但是,相对于宇宙之宏大,地球和月亮不过是茫茫宇宙中的两粒尘埃;相对于宇宙之久长,人类历史不过是宇宙年轮上一道小小的划痕……宇宙留给人们的思考和疑问深邃而广阔。宇宙有没有边界?有没有起始和终结?地外文明在哪里?……

爱因斯坦曾经说过:“一个人最完美和最强烈的情感来自面对不解之谜。”你想加入破解它的行列吗?

三、生涯规划渗透

1. 科学家事迹——树立学生学习的榜样

同学们,物理学中的航天技术日益成为现代科技的前沿领域,大家有没有对此感兴趣,向往自己的理想成为一名从事航天研究的科学工作者吗?下面老师给大家介绍一下我国杰出的物理学家、“两弹一星”功勋奖章获得者——钱学森的故事。

钱学森,1911年12月11日出生于中国上海,祖籍是浙江杭州。曾任美国麻省理工学院教授、加州理工学院教授,为中美两国的导弹和航天计划都曾作出过重大贡献。中国空气动力学家,中国科学院、中国工程院院士,中国两弹一星功勋奖章获得者之一,中国人体科学的倡导者。曾任中国人民解放军原总装备部科技委高级顾问,中国人民政治协商会议第六、七、八届全国委员会副主席、中国科学技术协会名誉主席、全国政协副主席等重要职务。1957年9月,被授予中国人民解放军中将军衔。是中国航天科技事业的

续表

先驱和杰出代表，被誉为“中国航天之父”和“火箭之王”。中国共产党的优秀党员，忠诚的共产主义战士，享誉海内外的杰出科学家和我国航天事业的奠基人。因病于 2009 年 10 月 31 日 8 时 6 分在北京逝世，享年 98 岁。 钱学森，是中国杰出的爱国科学家，是航空领域、空气动力学学科的第三代擎旗人，是工程控制论的创始人，是 20 世纪应用数学和应用力学领域的领军人物。1923 年 9 月进入北京师范大学附属中学学习，1929 年 9 月考入上海交通大学机械工程系铁道门，1934 年 6 月考取清华大学第二届公费留学生，1935 年 9 月进入美国麻省理工学院航空系学习，1936 年 9 月转入美国加州理工学院航空系，成为世界著名空气动力学教授冯·卡门的学生，并很快成为冯·卡门最得意的弟子。先后获航空工程硕士学位和航空、数学博士学位。1938 年 7 月至 1955 年 8 月，钱学森在美国从事空气动力学、固体力学和火箭、导弹等领域研究，并与导师共同完成高速空气动力学问题研究课题和建立“卡门 – 钱近似”公式，在 28 岁时就成为世界知名的空气动力学家。 钱学森在 20 世纪 40 年代就已经成为和其恩师冯·卡门并驾齐驱的航空航天领域内最为杰出的代表人物之一，成为 20 世纪众多学科领域的科学群星中极少数的巨星之一；钱学森同志也是为新中国的成长作出不可估量贡献的老一辈科学家团体之中，影响最大、功勋最为卓著的杰出代表人物，是新中国爱国留学归国人员中最具代表性的国家建设者，是新中国历史上伟大的人民科学家：被誉为“中国航天之父”“中国导弹之父”“火箭之王”“中国自动化控制之父”。钱学森被中国国务院、中央军委授予“国家杰出贡献科学家”荣誉称号，获中共中央、国务院、中央军委颁发的“两弹一星”功勋奖章。 通过了解钱老的事迹，大家都有什么感想呢？同学们互相讨论一下。挑选几位同学起来发表一下自己的感受。 2. 我国近期航天事业的最新进展 探索浩瀚宇宙、发展航天事业、建设航天强国，是我们不懈追求的航天梦。 中国人逐梦苍穹的脚步未曾停歇。火箭的运载能力有多大，航天的舞台就有多大。中国现役“长征”系列运载火箭，已具备发射高、中、低轨不同

续表

类型航天器的能力。 自2017年第二个“中国航天日”以来，中国航天实现宇航发射25次，累计将53颗卫星送入太空，空间科学、空间技术、空间应用取得一批重大成果。 ——8颗北斗三号全球组网卫星成功发射，中国北斗卫星导航系统全面步入全球组网新时代。 ——高分辨率对地观测系统高分三号卫星投入使用，高分一号02.03.04星成功发射，高分地面系统数据接收站网全面建成，高分卫星应用国家整体能力初步形成。 ——中国首颗X射线天文卫星“慧眼”成功发射，实现了中国在空间高能天体物理领域由地面观测向天地联合观测的跨越。在轨测试运行期间，“慧眼”成功监测到双中子星合并产生引力波事件。上九天揽月，驻天宫揽胜。据了解，嫦娥四号探测器计划于今年年底发射，将实现人类探测器在月球背面首次软着陆并开展巡视探测。 重型运载火箭长征九号关键技术攻关已全面启动，将为实现更大更远的宇宙探索和空间利用梦想提供新动力。逾200颗在轨卫星“护航”经济社会发展。航天技术应用正日益成为人们生活的“心头爱”。无论是飞机、高铁的无线上网，还是偏僻山村的远程通信；无论是远洋航行的导航定位，还是农林水文的监测分析，都离不开卫星技术的支持。 2017年，中国首颗高通量通信卫星实践十三号成功发射，通信容量超过中国已研制发射的通信卫星容量总和，将促进自主宽带卫星通信在高铁、船舶、飞机等移动载体及企业联网、应急通信等领域应用。目前，中国在轨卫星超过200颗，空间信息正加快与大数据、云计算、物联网等高技术融合，卫星应用及战略性新兴产业规模年均增长率超过20%，已成为服务经济社会发展的重要手段。 截至2017年年底，高分专项部署了20余个行业应用示范系统建设，设立了30个省级数据与应用中心。中国民用遥感卫星数据分发量已累计已超过1000万景，“北斗”车载终端持有量超过400万套。中国民用空间基础设施规划稳步推进，已完成23颗卫星立项实施，将为国土资源调查、环境保护、气象预报、防灾减灾、海洋监测和交通运输等领域提供高精度、

续表

定量化、长期稳定服务。北斗导航系统全球组网，“长征5号”大推力火箭研制，“嫦娥”探月工程实施，探索火星计划逐步开展，中国航天事业发展蒸蒸日上。

从我国航天事业的发展中，大家看到了怎样的发展趋势？大家对未来我国航天发展进行一下预测、畅想吧。让同学们尽情讨论，鼓励学生发表一下自己的看法，引导学生树立为祖国航天事业贡献自己的力量的决心。

3. 大学航空航天专业

按照教育部《普通高等学校本科专业目录（修订二稿）》中的名录，航空航天类分成7个专业：

082001　航空航天工程（包含081505S航空航天工程、081506S工程力学与航天航空工程、081507S航天运输与控制）

082002　飞行器设计与工程

082003　飞行器制造工程

082004　飞行器动力工程

082005　飞行器环境与生命保障工程

082006M　飞行器质量与可靠性

082007M　飞行器适航技术

我国目前开设航空航天类专业的重点院校有北京航空航天大学、南京航空航天大学、哈尔滨工业大学、北京理工大学、西北工业大学、南京理工大学、哈尔滨工程大学等。

近年来，清华大学、北京大学、复旦大学、上海交通大学、厦门大学等也相继设置了此类专业，这些学校是在力学基础上进行拓展的，特别是清华大学、北京大学航空航天专业的后劲很足。开设航空航天类专业的普通院校有南昌航空工业学院、沈阳航空工业学院、郑州航空工业管理学院、中北大学、中国民航大学等。中国大学航空宇航科学与技术专业排名大体上如下：

一、北京航空航天大学

二、西北工业大学

三、南京航空航天大学

四、哈尔滨工业大学

续表

五、国防科学技术大学 六、北京理工大学 七、哈尔滨工程大学 八、清华大学 以上学校都有航空宇航科学与技术一级学科博士点，在学科上具备实力。 九、厦门大学 十、上海交通大学 十一、中南大学 十二、厦门大学 十三、西安交通大学 十四、北京大学 十五、浙江大学 十六、湖南大学 十七、复旦大学 以上学校目前都还没有航空宇航科学与技术一级学科博士点，但是，绝大多数依托力学发展，设立有相应的博士方向，而且，加大了对外合作的步伐，在学科上具备后劲，北京大学、浙江大学、复旦大学、上海交通大学后劲最足。 设问：物理学科是自然科学的基础学科之一，同学们有没有想报考物理航空航天专业的？请想报考的同学起来谈一下自己的未来生涯规划。 生涯规划内容在学生 e 学本上提前推送，让学生有充足时间了解相关生涯规划的信息。 四、课堂总结 通过本节课的学习，我们学习了解了描述卫星的各个物理量的特点。知道了第一宇宙速度（环绕速度）$V_1 = 7.9\text{km/s}$；第二宇宙速度（脱离速度）$V_2 = 11.2\text{km/s}$；第三宇宙速度（逃逸速度）$V_3 = 16.7\text{km/s}$ 相关概念。要区分卫星的发射速度与卫星进入轨道后的环绕速度。 在生涯规划上，我们了解到钱学森的故事，在同学们心里有了追寻的榜样；我国航天事业发展的成就，让我们看到了祖国航天事业的广阔前

续表

景；"985""211"航天专业的著名大学，激励着每一位有志于献身祖国航天事业的莘莘学子向着心中的理想努力拼搏。 五、布置作业 教材第 44 页"问题与练习"；上网查阅钱学森的生涯经历。	
教学准备 教学活动需要准备的资料、材料（表格、挂图、调查表、画图笔等）及图片、调查数据、PPT。	
注意事项	合理安排物理知识教学与生涯教育的时间安排。
课后探究（调查、访谈、体验等）	1. 思考物理学科在未来人类发展中的意义和价值； 2. 访谈两位学长，了解物理学科在大学专业选择和未来就业前景的作用。

【课后反思】

本节课主要让同学们学会宇宙航行相关知识，同时渗透生涯规划的意识，让学生对自己未来的发展有适当的规划，为以后的选课奠定基础。鼓励学生科学调查和评估所期望的航天专业和相关大学，结合同学的兴趣爱好对他们的价值取向做适当的引导。让他们的选择既能发挥自身专长又能对国家做出贡献。充分调动学生实践的积极性，让他们自己主动思考人生的发展方向，实现科学规划未来发展的目标。

化学学科与生涯规划教育

——酸雨及其防治

本节课让学生通过测试雨水的 PH，知道雨水一般为弱酸性，酸雨的 PH＜5.6，是大气污染的产物。通过测定 PH 的实验，体验水质检测员职业，培养职业生涯意识。通过学习了解酸雨防治基本方法，增强环境保护意识。

优秀教学案例　生涯规划导师　蔡沅满

课　题	酸雨及其防治	1课时
教学目标	1. 了解形成酸雨的过程和酸雨对环境的影响； 2. 强化 pH 测定实验步骤和实验技能； 3. 通过测定 pH 的实验，体验水质检测员职业，培养职业生涯意识； 4. 了解酸雨防治的基本方法，增强环境保护意识。	

教学过程

一、课堂导入

上节课我们学习了 SO_2 的性质，知道了 SO_2 是酸雨成因之一，这节课我们一起来研究一下酸雨。

二、实验探究—— 测试雨水的 PH

【学生活动】

各小组交流课外收集雨水的地点和方法，并说明本组两份雨水测试到的雨水 PH 范围。比较分析各组的测试结果。

1. 雨水的 PH 一般小于 7，为弱酸性。

2. 收集雨水的时间和地点不同，测试的结果不尽相同。

3. 同一时间地点收集，保存方法不一样，测定结果不一样。

【教师活动】

1. 教师将各组测试的雨水 PH 标记在黑板上，比较共同点和差异。给出数据 PH $<$ 5.6 的属于酸雨。

2. 引导学生根据现象合理分析，得出结论，并给予修正。

【结论】

1.PH $<$ 7 的不能说都是酸雨，因为空气中的二氧化碳溶于水会造成雨水弱酸性；

2. 很多地区都有酸雨污染，且污染程度不一样；

3. 酸雨长期放置的话 PH 会下降，原因是亚硫酸被氧气氧化成硫酸，酸性变强。

续表

【生涯教育】 刚刚同学们的实验实际上已经体验了水质检测员的工作，你们知道水质检测员吗？你了解这个工作吗？ 【学生讨论】 小组代表总结发言。 【多媒体播放】 北京启动水质督查行动：播放视频。 【PPT投影】 了解水质检测员职责，体会水质检测员职业。 水环境监测工作关系到国家经济的发展和人类的生存，所以水质检测员是水环境保护的尖兵。要做好水质监测工作，水质检测员必须有高度的责任感，端正的工作态度。作为一个水质化验工作人员，需要应认真履行以下职责。 1. 认真学习《水环境监测技术规范》和水环境监测国家标准中的规定，熟悉水环境监测操作规程。 2. 采集水质样品时，做好采样工做准备，符合要求的采样器、水样桶、水样容器以及所使用的化学药品等。采样时，严格按有关标准、规范、规程的要求去做，确保样品的代表性。 3. 对现场监测项目，在现场认真监测，并做好监测记录。同时，根据水体的污染程度，认真填写采样记录，记录时应详细填写现场各有关参数和环境现状，并与水样桶编号相对应。 4. 采样完毕，妥善保存和密封样品容器。运输时，应防震、避光和低温，防止污染物进入容器和玷污瓶口。 5. 样品带回化验室后，立即移交样品接受员，检查编号、登记、存放，由样品接受人员签字，并根据监测项目的不同，送到各化验室。 6. 化验员必须持证上岗，熟练正确地掌握本岗位水质监测分析的技术和有关仪器使用和维护，在实验前，检查仪器设备、药品、试剂、记录表格、使用记录等准备情况，全面做好实验准备。 7. 水样送达后，在规定的时间内，为保证监测质量，化验员要坚决完成自己的水质化验任务。根据要求，适当加测平行样、空白样、标准样品跟踪

续表

等，检测过程中坚持控制好准确度和精确度。检测中发现异常要及时汇报，对化验结果有异议，马上分析原因，主动提出合理建议，认真解决问题。 8. 遵守工作制度，严格执行检测规范和操作规程，正确使用计量器具和实验设备，不得使用未经检定合格或超过检定周期的计量器具进行样品检测。按规定填写原始记录，按时报送检测结果，实验完毕，检查仪器情况，确认运行良好后，按操作规程关机，填写使用记录，及时整理、清洗实验器具。 9. 实验过程中坚持原则、忠于职守，不受其他因素干扰。做到科学、求实、公正、廉洁，保证检测数据的科学性、公正性和准确性。 10. 实验完毕后，认真分析监测数据，填写分析报告，校核原始资料和成果表格，及时出具检测报告。 11. 以上只是实验过程中化验员的职责，在工作中，化验员还要认真学习计量认证知识，贯彻计量认证要求，刻苦钻研业务知识，收集和掌握与本人业务有关的国内外检测技术发展现状与动态，认真分析实验中发现的问题，积极探索解决方案，不断提高水质检测能力和服务水平，坚持为社会提供科学、准确的检测数据。并做到爱护公共财物，节约试剂、水电，保持室内和工作台面的清洁整齐，维护公共场所卫生，时刻做好安全生产工作。 【结论】 水质检测员工作非常重要，牵涉到千家万户吃水健康问题，喜欢这个职业的同学可以继续研究，了解更多职业相关问题。 【过渡】 酸雨的危害都有哪些？如何防治呢？ 【学生活动】 展示收集的关于“酸雨的危害”的图片或资料 【多媒体播放】 酸雨危害及防治视频资料 【归纳总结】 酸雨已经严重危害人类的生存。为了人类的可持续性发展，我们必须采取防治酸雨的措施。一般应从两个方面着手：其一，从实际情况出发，对酸性物质的排放加以控制；其二，改变能源结构，开发利用氢能、风能、太阳能等清洁能源，从根本上解决问题。无论是发达国家，还是发展中国家，都有责任减少大气污染物的排放，开发无污染的新能源。

续表

<table>
<tr><td colspan="2">教学准备
教学活动需要准备的资料、材料(表格、挂图、调查表、画图笔等):
1. 各小组课前分别准备雨水(两份)、玻璃杯(一次性塑料杯)、滴管(或玻棒)、PH 试纸和比色卡。
2. 学生收集的关于“酸雨的危害”的图片或资料。
3. 酸雨防治视频资料
(http://v.youku.com/v_show/id_XODYxNTU3MzI=.html?debug=flv)
4. 北京启动水质督查行动视频资料
(http://baidu.pptv.com/watch/5285429241886815263.html?&recFrom=site&&page=videoMultiNeed)</td></tr>
<tr><td>注意事项</td><td>课前需要学生搜集酸雨,分成两份,一份密封保存,一份不要密封。目的是确定亚硫酸可被氧气氧化为硫酸,酸性增强。</td></tr>
<tr><td>课后探究(调查、访谈、体验等)</td><td>到自来水厂去体验访谈水质检测员。</td></tr>
</table>

【教学反思】

学生深处校园的象牙塔中,对社会的职业现状甚至有哪些行业都缺乏了解和认识。因而在化学课堂教学中首先要有意识地进行职业类型的介绍,帮助学生重点认识与化学专业相关的职业,使学生更加了解化学的作用和地位,吸引更多的学生加入到化学专业学习领域中来。为了实验探究的真实性,本节课的难点在于收集雨水,开学之初就要求学生着手准备而且要学生家长帮忙,还要有从不同地区收集的雨水。上课过程中学生们的积极性非常高,对于经过长时间准备的实验非常珍惜。学生职业生涯意识的具备是学生正确选择目前专业和未来职业的必备素质。实验过程中学生积极认真,课堂效果非常好。同时通过实验学生们体验了水质检测员的工作,激发了学生生涯规划意识,强化了学科重要性,一举两得。

生物学科与生涯规划教育

本节课让学生了解学习生物学科的意义和重要性，通过具体事例、图片及视频等形式客观呈现本节内容，为学生了解职业提供参考，以帮助学生对自身职业生涯进行合理规划。

优秀教学案例　生涯规划导师　闫　娜

课　题	生物学科融合	1 课时
教学目标	1. 了解生物学是什么； 2. 了解生物有关专业及就业前景； 3. 掌握学好生物的方法。	

教学过程

一、课堂导入

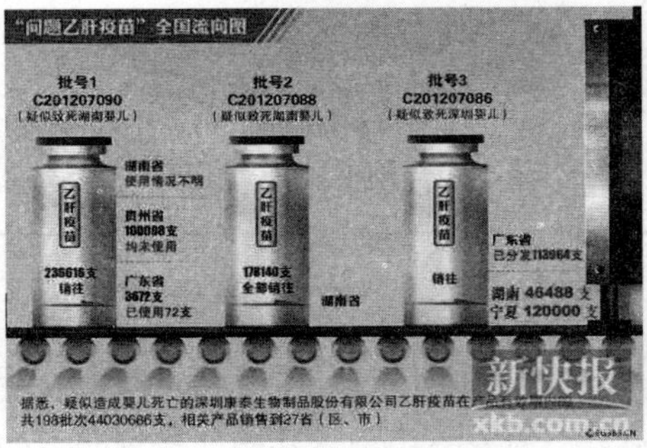

从“问题疫苗”说起。问题疫苗到底是怎么回事？为什么会引起如此大的恐慌？因为“问题疫苗”我们就不打疫苗了吗？对于这些问题，我们要客观理性地对待，要作出理智的选择，这就离不开生物学的相关知识。生物学是一门什么样的学科？为什么说21世纪是生命科学的世纪？这节课我们一起来认识一下。

二、生物学科及应用

生物学是研究生物（包括植物、动物和微生物）的结构、功能、发生和发展规律的科学，是自然科学的一部分。生物学的目的在于阐明和控制生

续表

命活动，改造自然，为农业、工业和医学等实践服务。几千年来，我国在农、林、牧、副、渔和医药等实践中，积累了有关植物、动物、微生物和人体的丰富知识。1859 年，英国博物学家达尔文《物种起源》的发表，确立了唯物主义生物进化观点，推动了生物学的迅速发展。

从生物学的目的来看，生物学是在各个方面来为人类服务的。小到我们平时吃的馒头、面包、泡菜、酸奶、喝的啤酒，大到国防科技，都离不开生物学方面的应用。首先我们来看一下泡菜的制作过程（此处插入“舌尖上的中国——泡菜制作视频”）。馒头、泡菜、酸奶、啤酒这些都是微生物发酵在生活中的应用，如何制作出高品质的食物，需要我们对微生物的生活条件有所了解。下面我们来看一下生物学高大上的应用（此处插入“脑电波控制无人机视频”）。而这样的应用，是建立在我们学习的神经系统知识的基础之上。又如，前面我们提到的疫苗问题，涉及免疫学的相关理论。提到免疫，我们不得不提今年的诺贝尔生理学奖或医学奖——美国免疫学家詹姆斯·艾利森（James P Alison）和日本免疫学家本庶佑（Tasuku Honjo）。因为他们在肿瘤免疫领域作出的贡献，荣获 2018 年诺贝尔生理学或医学奖。其中涉及的理论，我们通过下面的漫画图解来了解一下（此处提供漫画资料）。从这些例子我们可以看出，学好生物可以很好地为人类服务。我们学习生物的就业前景如何呢？我们一起来看一下与生物有关的专业。

续表

三、相关专业

生物科学	主要就业方向:本专业培养具备生物科学的基本理论、基本知识和较强的实验技能,能在科研机构、高等学校及企事业单位等从事科学研究、教学工作及管理工作的生物科学高级专门人才,特别是在科研方面前景看好。
生物技术	主要就业方向:本专业培养具备生命科学的基本理论和较系统的生物技术的基本理论、基本知识、基本技能,能在科研机构或高等学校从事科学研究或教学工作,能在工业,医药,食品、农、林、牧、渔、环保、园林等行业的企业、事业和行政管理部门从事与生物技术有关的应用研究、技术开发、生产管理和行政管理等工作的高级专门人才。
生物医学工程	主要就业方向:本专业培养具备生命科学、电子技术、计算机技术及信息科学有关的基础理论知识以及医学与工程技术相结合的科学研究能力,能在生物医学工程领域、医学仪器以及其他电子技术、计算机技术、信息产业等部门从事研究、开发、教学及管理的高级工程技术人才,特别是在科技领域前景远大。
食品科学与工程	主要就业方向:本专业培养具有化学、生物学、食品工程和食品技术知识,能在食品领域内从事食品生产技术管理、品质控制、产品开发、科学研究、工程设计等方面工作的食品科学与工程学科的高级工程技术人才。
生物工程	主要就业方向:本专业培养掌握生物技术及其产业化的科学原理、工艺技术过程和工程设计等基础理论、基本技能,能在生物技术与工程领域及医药,农林等领域从事设计、生产、管理和新技术研究、新产品开发的工程技术人才。

续表

农　学	主要就业方向：本专业培养具备作物生产、作物遗传育种以及种子生产与经营管理等方面的基本理论、基本知识和基本技能，能在农业及其他相关的部门或单位从事与农学有关的技术与设计、推广与开发、经营与管理、教学与科研等工作的高级科学技术人才。
园　艺	主要就业方向：本专业培养具备生物学和园艺学的基本理论、基本知识和基本技能，能在农业、商贸、园林管理等领域和部门从事与园艺科学有关的技术与设计、推广与开发、经营与管理、教学和科研等工作的高级科学技术人才。
植物保护	主要就业方向：本专业培养具备植物保护科学的基本理论、基本知识和基本技能，能在农业及其他相关的部门或单位从事植物保护工作的技术与设计、推广与开发、经营与管理、教学与科研等高级科学技术人才。
茶　学	主要就业方向：本专业培养具备农业生物科学、食品科学和茶学等方面的基本理论、基本知识和基本技能，能在农业、工业、商贸等领域或部门从事与茶学有关的技术与设计、推广与开发、经营与管理、教学与科研等工作的高级科学技术人才。

与生物学有关的专业：法医学类、药学类、预防医学类、临床医学与医学技术类、动物生产类、水产类、动物医学类等。

四、学好生物的方法

1. 强化记忆，夯实基础

记忆要得法，如何克服遗忘，必须讲究记忆的方法。高考越来越重视基础知识的考查，完善知识细节，拓展知识深度和广度，提高知识掌握的准确性，对同学来说尤为重要。

续表

<table>
<tr><td colspan="2">
2. 理解知识的内涵、外延，根据知识的逻辑关系建立知识网络
知识不能死记硬背，只有理解某一知识点相关的问题，整理知识之间的内在联系，在碰到实际问题时，才能灵活应用，举一反三。高考中应用所学知识分析解决一些问题的题目也不少，因此知识不能学死，虽然生物中要记忆的东西非常多，知识之间逻辑性不像数理那样明显，但认真去分析，还是能找到一些规律。
3. 重视思维训练，培养思维的严密性、逻辑性以及清晰的思维习惯
新课改更重视能力的培养，新高考更重视能力的考查，而好的思维习惯是各种能力的基础，因此建立良好的思维习惯能提高解题的速度及准确性。而平时如何培养好的思维习惯呢，构建知识网络时，要准确清晰，不能差不多，过得去。解题时，重视解题过程、思路，同样听习题讲评时，注意听老师分析解题的过程和思路，而不是只对答案，记答案。还要重视反思，听课的反思，错题的反思，与老师的思路对照，与标准答案对照，就能逐步建立起良好的思维习惯。
五、课堂总结
重视联系生产生活实践，结合生物学知识，多应用，多思考。通过这节课的学习，同学们对生物学什么、有什么用、怎么学已经有所了解了。课下大家可以搜集一些感兴趣的生物学家们的资料，下节课我们一起分享一下。
</td></tr>
<tr><td colspan="2">
教学准备
教学活动需要准备的资料、材料（表格、挂图、调查表、画图笔等）及相关视频、图片。
</td></tr>
<tr><td>注意事项</td><td>在本节课的操作上，可以多鼓励学生参与，如搜集生物学相关应用的资料；对于如何学好生物，可以让学生来分享好的做法。</td></tr>
<tr><td>课后探究（调查、访谈、体验等）</td><td>课下学生搜集一些生物学名人的励志故事，下节课分享。</td></tr>
</table>

续表

【课后反思】

本节课从当下热点话题"问题疫苗"开始，抛出多个问题，让学生带着好奇心投入本节课的学习。对于生物学学习什么，如果只是单纯的理论介绍，学生会觉得枯燥无味。教师通过图片和视频的形式向学生展示生物学在生活中的应用以及高科技方面的研究，可以很好地激发学生的兴趣，活跃课堂气氛。另外又承接导入的免疫学应用，引出2018诺贝尔生理学或医学奖，让学生认识到要想更好地为人类服务、体现自身价值，就需要学好相关的理论知识。本节的几部分内容通过问题形式自然地衔接起来，能够很好地完成本节的学习目标。因为时间问题，有关生物学名人的相关资料需要课下学生自己去挖掘，学生可以通过自己挖掘资料对生物学有更深的理解，坚定学习生物的信心。对于课堂的语言表述，需要进一步斟酌。在应用方面，可以多让学生表达一下自己的认识，以提高学生的课堂参与度，从而体现学生的主体地位。

心理健康学科与生涯规划教育

——寻找优势职业能力

能力是指完成一定活动的本领，是一个人能否从事职业的先决条件。无论从事什么职业总要有一定的能力作保证。很多高中生对职业的了解还停留在表层，往往只看到其风光有趣的一面，对职业期望过高，不知道工作实质，难免出现选择错误。因此，了解自己的能力倾向对合理选择职业具有重要意义。

优秀教学案例　生涯规划导师　刘延玲

课　题	寻找优势职业能力	1课时
教学目标	1. 了解霍华德·加德纳的多元智能理论及自己的优势职业能力； 2. 了解与自己优势职业能力匹配的职业； 3. 思考自身能力与喜欢职业之间的差距，并思考现在可以做什么来缩小差距。	

续表

教学过程

一、课堂导入

游戏——职业竞猜

1. 游戏规则

请在两分钟之内尽可能多地说出你知道的职业，以小组为单位记录这些职业并拍照上传。

2. 游戏分享

你们组想到了多少种职业？

你喜欢什么职业？

你觉得职业的选择与能力有关吗？

每种职业对能力的要求各不相同，只有能力与职业相匹配才能更容易成功。美国著名心理学家、哈佛大学教授霍华德·加德纳博士提出的多元智能理论很好地解释了这一现象，这节课就让我们一同来寻找各自的优势职业能力。

二、职业与智能

1. 下面请同学们快速阅读 E 学本推送给大家的材料，了解霍华德提出的多元智能理论。（身体运动智能、音乐智能、语言智能、数学逻辑智能、人际智能、内省智能、自然探索智能、空间智能）看过材料，我们大概了解了八种职业智能，它们是（PPT 展示）。

2. 优势智能竞猜：说说他们具有哪种智能优势。

郎朗　撒贝宁　杨利伟　关晓彤

比尔·盖茨　霍华德·加德纳　李四光　杨洁篪

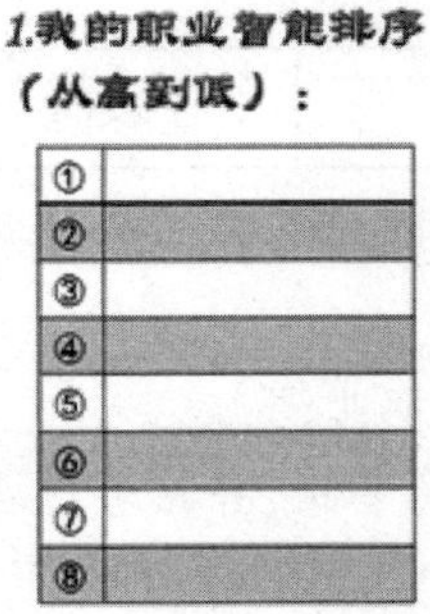

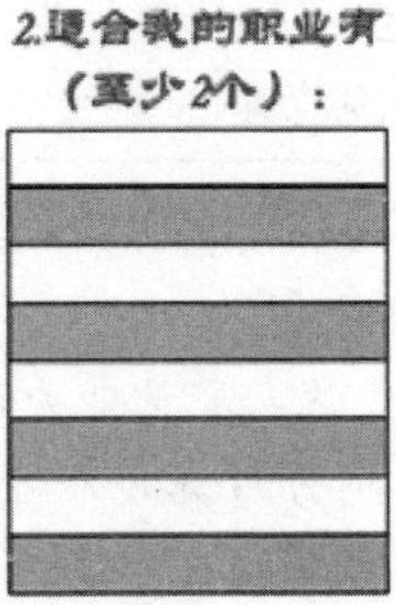

3. 我们每个人的能力都是这 8 种能力的组合，请将你自己的智能从高到低排序，并选出 2–3 种相匹配的职业。

4. 活动分享：请同学们分享自己的能力排序和选择的职业。

续表

<table>
<tr><td colspan="2">三、职业招聘海报设计
1. 同学们都根据自己的能力选择了与之相匹配的职业，根据这个职业，我们来做个假设，如果 15 年之后你作为某公司某职业的主管或单位的领导准备招聘一名员工，你对员工有什么要求，请大家设计一张招聘海报，要求：
（1）为公司或单位命名；
（2）选择一个适合你的职业作为招聘职业；
（3）以海报的形式展示出对所招职位的条件和要求。
2. 海报分享
先小组分享，每个小组选出一份海报上传分享。
你选择的职业是什么？
这个职业需要哪些能力？
如果从事这个职业你还欠缺哪些能力？
四、故事分享
美国知名企业家比尔·拉福在年轻时立志要做一名优秀的商人。他和他父亲共同制订了一个重要的生涯规划。经历了工科学习、经济学学习、政府部门工作、通用公司锻炼、自己创业 5 个阶段，最终他功成名就，成为 2 亿美元大公司的老板。
同学们，分享了这则故事，你感悟到了什么？
五、课堂总结
同学们，今天这节课的主要目的是带领大家寻找我们的优势职业能力，希望同学们对自己的未来做好规划，利用好自己的优势智能，不断挖掘自己的潜在能力，让我们每个人都拥有一个美好的未来。</td></tr>
<tr><td colspan="2">教学准备
教学活动需要准备的资料、材料（表格、挂图、调查表、画图笔等）及海报纸、彩笔、“优势职业能力”活动单、E 学本推送霍华德的多元智能理论。</td></tr>
<tr><td>注意事项</td><td>注意调节课堂气氛和节奏，课堂不能过于严肃，但也不能太随意、散漫，重点要明确。</td></tr>
</table>

续表

课后探究（调查、访谈、体验等）	选择一种自己喜欢的职业亲身体验，找出自己身上能力欠缺之处，以求在今后的学习中不断进步。

【课后反思】

本节课是一节有关生涯规划的心理辅导活动课，心理健康课堂与其他课堂不一样的地方在于以活动为中心。因此在课程安排上，我坚持面向全体学生，以学生活动为主体，设计游戏、智能排序、海报分享、故事等丰富实际的内容。高中阶段的学生需要智慧的成长，堆砌过多的课堂活动会让学生静不下心去思考。在构思这堂课的时候，既怕整节课下来过于严肃，又怕课堂太过闹腾，太过散漫，重点不明确。因此，在围绕优势职业能力这个核心主题的前提下，我通过游戏等活动活跃课堂气氛，又有相对而言比较静态的海报设计等活动，让学生在愉悦的体验中，沉下心去思考，入耳入心。

通过课后分析与反思，对这节课有两点感受很深：第一，教学设计要与学生实际情况相结合，千万不能纸上谈兵，尤其是教学活动设计，主题要明显，数量要适中，能为教学服务。在教学时还要根据不同班级学生的特点，及时调整教学方法和教学策略，否则，将达不到理想的教学实效。第二，教学是一个生成的过程，很多东西不能实现预设，因为我们面对的是有思想的学生，所以教师要充分利用课堂中现场产生的资源，及时开发，进行教学。这样，更有利于情感态度价值观、能力、知识等教学目标的提升和内化。老师自身的素质、人格魅力、亲和力、教学机智等直接影响着心理课的教学效果。通过这次的讲课，让我发现自己的课堂教学存在着很多的不足。有一些教学环节的过渡性语言还有待于改进；教学机智不够，这方面还需要不断提高，只有这样才能使学生获得更深入的心理体验。